Harro Koch

Gehölzschnitt

Das Schneiden der Ziergehölze
in Garten und Park

Begründet von Franz Boerner
Siebte Auflage
90 Zeichnungen

VERLAG
EUGEN
ULMER

CIP-Kurztitelaufnahme der Deutschen Bibliothek

Koch, Harro:
Gehölzschnitt : d. Schneiden d. Ziergehölze in Garten u. Park / Harro Koch. Begr.
von Franz Boerner. – 7. Aufl. – Stuttgart :
Ulmer, 1987
    ISBN 3-8001-6347-0

NE: Boerner, Franz [Begr.]

© 1951, 1987 Eugen Ulmer GmbH & Co.
Wollgrasweg 41, 7000 Stuttgart 70 (Hohenheim)
Printed in Germany
Einbandgestaltung: A. Krugmann, Freiberg am Neckar
mit einem Foto (Malus toringoides) von Sebastian Seidl, München
Satz: Typobauer Filmsatz GmbH, Ostfildern-Scharnhausen
Druck: Gutmann, Heilbronn
Bindung: Nething, Weilheim

Vorwort

Als Franz Boerner mich vor etwa drei Jahren bat, die Neubearbeitung dieses Buches zu übernehmen, sagte ich gerne zu. Zum einen war ich mit Franz Boerner befreundet und hatte zur vorigen Auflage schon einen Beitrag geleistet, zum anderen stimmten unsere Auffassungen zum Thema Gehölzschnitt fast völlig überein. Diese unsere Auffassung, zugleich die Leitschnur für das vorliegende Buch, kommt am besten durch ein Zitat aus dem von Franz Boerner geschriebenen Vorwort zum Ausdruck: „Es ist wohl so, daß sehr viele von uns den Ziergehölzschnitt als reine Handarbeit betrachten und dabei ihren Kopf viel zu wenig anstrengen. Dieses Büchlein möchte nur helfen, den Schnitt der Ziergehölze so auszuführen, wie er der ‚Natur‘ jeder Gehölzart am dienlichsten ist. Rezepte dafür lassen sich nicht geben, es können nur Richtlinien aufgestellt werden, und was zu tun ist, das müssen wir selbst entscheiden, nachdem wir gut darüber nachgedacht haben."
Franz Boerner starb im Frühjahr 1975. Er hat mit seinen Büchern und Schriften eine große Zahl von Garten- und Pflanzenfreunden für die Dendrologie, für die Liebe zu Baum und Strauch begeistert. Sie alle sollen auch in dieser Neuauflage den Begründer des Buches wiedererkennen. Boerners brillanter Stil, die Genauigkeit seiner Aussagen sind unerreicht.

Das Buch zeigt sich heute in einem völlig neuen Gewand. Auch die Bebilderung ist durchgehend neu und modern. Der Text ist so praxisnah wie möglich abgefaßt. Der Leser soll jedes ihn interessierende Kapitel verstehen können, ohne daß er dazu das ganze Buch studieren muß. So kommt es an einigen Stellen zu kleinen Wiederholungen, die man eben der Verständlichkeit wegen billigen sollte. Der Text bestimmter Kapitel wurde gestrafft, damit sich auch der eilige Leser ohne Umschweife zurechtfindet. Neben ergänzenden Beispielen wurden die zwischenzeitlich neu entwickelten Geräte, Werkzeuge und Präparate aufgenommen. Der bewährte Aufbau des Buches ist im wesentlichen erhalten geblieben.
Vielleicht wird der ratsuchende Gartenbesitzer, der dieses Buch zum ersten Mal in die Hand nimmt, durch die Vielfalt des Stoffes zunächst verwirrt sein. Doch für die erste praktische Anleitung genügt es durchaus, die „Allgemeinen Grundsätze" durchzulesen und die jeweiligen Schwerpunkte aus dem Inhaltsverzeichnis herauszulesen. Auch ist das umfangreiche Register am Anfang hilfreich. Später erwacht oft das Verlangen, auf diese und jene mehr theoretische Frage eine Antwort zu finden. Einige der einführenden Kapitel, z.B. die über Wuchsformen, Knospen usw., sind ausführlicher gehalten

als zur Erklärung der reinen Schnittmaß-nahmen nötig. Je eingehender sich der Gartenbesitzer nicht „nur" im Rahmen des Schnittes mit den Gehölzen beschäf-tigt, um so mehr wird er erkennen, daß ihm auch diese grundlegenden Abhand-lungen Nutzen bringen.

Köln, Botanischer Garten, August 1976

Dr. Harro Koch

Vorwort des Verlages

Mitten in seiner Arbeit, kurz nach Voll-endung des Manuskripts zur Neuauflage dieses Buches, starb Harro Koch. Er hatte sich um den neuen „Schnitt der Zierge-hölze" besonders gemüht. Auch die Frage der Bebilderung lag ihm sehr am Herzen; sie war zum damaligen Zeitpunkt noch nicht gelöst. Auf Bitte des Verlages über-nahm dann dankenswerterweise Andreas Bärtels, Forstbotanischer Garten Göttin-gen, die weitere Betreuung. Er sorgte ne-ben einigen aktuellen Textzusätzen für die fachgerechte Abwicklung der Korrektu-ren, vor allem aber für die völlig neue und ausgiebige Illustration. Die Ausführung lag in den Händen von Frau Gisela Tam-bour, Göttingen. Auch ihr gebührt für die sorgfältige Arbeit besonderer Dank. So konnte jetzt die längst erwartete Neube-arbeitung des Buches im Sinne von Harro Koch, der sich ausdrücklich auf die Boer-nersche Konzeption stützte, abgeschlos-sen werden.

Inhaltsverzeichnis

1 Sinn und Zweck des Gehölzschnittes

Das Schneiden ist sicher kein lebensnotwendiger Vorgang, wird uns doch von der Natur vor Augen geführt, daß es auch ohne solche Eingriffe geht. Gibt es nicht herrliche Blütensträucher in „freier Wildbahn", die noch nie einen Gärtner, geschweige denn dessen Werkzeug. sahen? Sind nicht die Bäume am schönsten, majestätischsten, die noch nie eines Astes oder Zweiges beraubt wurden? Ja und nein. Bei näherer Betrachtung erweisen sich nämlich vor allem solche natürlich gewachsenen Sträucher oftmals als vergreist: altes, funktionslos gewordenes Holz im Inneren der Pflanze behindert den Austrieb neuer, basaler Triebe, dürre Zweige verunzieren die nur schwächlichen Jahrestriebe. So heißt *eine* der Aufgaben des Schnittes, den Sträuchern über eine möglichst lange Zeit hinweg die Eleganz und die Blühfreudigkeit der Jugend zu erhalten.

Ähnlich ist es bei den Bäumen. Wenn wir in der Natur vom Menschen unberührte, prächtige Exemplare bewundern, ist dies noch kein Beweis, daß es im Garten oder Park ganz ohne Schnittmaßnahmen geht. Wir sehen nämlich nicht die Gehölze, die längst auf der Strecke geblieben sind, weil sie der Konkurrenz unterlagen und vorzeitig zu Krüppeln wurden. Wir sehen und beurteilen draußen in der Natur meist nur die Bäume, die im harten Kampf ums Dasein überlebten.

Im Garten dagegen müssen wir von Anfang an dafür sorgen, daß die von uns gepflanzten Bäume und Sträucher miteinander auskommen und sich dabei doch in der jeweils eigenen und charakterischen Art entwickeln können.

Um schon gleich eine Vorstellung zu geben, was von Zeit zu Zeit mit dem einen oder anderen Schnitt bezweckt wird, werden hier die verschiedenen Arten des Gehölzschnittes genannt:

Aufbauschnitt

Der Aufbauschnitt umfaßt alle Schnittmaßnahmen, die man an jungen Stecklingen, Veredlungen oder Sämlingen ausführt, damit sie zu möglichst vollkommen gewachsenen Pflanzen werden. Wegen dieser Erziehung, die sie hier erhalten, nennt man die Anzuchtstätten recht treffend *Baumschulen*. Hierüber wird noch ausführlich gesprochen.

Pflanzungsschnitt

Der Pflanzungsschnitt wird unmittelbar vor bzw. nach der Pflanzung durchgeführt und hat die Aufgabe, Wurzeln und oberirdische Teile in ein sinnvolles Verhältnis zu bringen, welches das Anwachsen, wenn nicht garantiert, so doch erleichtert.

Erhaltungsschnitt

Hierunter fallen alle Maßnahmen, die wir den erwachsenen Gehölzen im Garten und im Park angedeihen lassen. Mit ihm werden wir uns am ausführlichsten beschäftigen.

Verjüngungsschnitt

Wie schon aus der Bezeichnung hervorgeht, dient der Verjüngungsschnitt dazu, ältere, aus der Form geratene oder blüh-faul gewordene Gehölze, insbesondere Sträucher zu verjüngen. Siehe hierzu die Seiten 24, 25, 87 ff.

Hecken- oder Formschnitt

Dieser besondere Schnitt wird in einem eigenen Kapitel auf Seite 70 ff. besprochen.

2 Von der Vielfalt der Wuchsformen der Gehölze

Entsprechend der Größe und den Verzweigungsformen unterteilt man die Gehölze in Bäume, Sträucher und Halbsträucher.
Wie überall in der Natur bestehen dazwischen fließende Übergänge.
Wir bezeichnen ein Gehölz dann als *Baum*, wenn es eine gewisse Mindestgröße erreicht, die etwa bei 6 m liegt. Ein Baum ist in der Regel einstämmig, kann sich jedoch auch nahe über dem Boden verzweigen. Bildet das Gehölz im Gegensatz zum Baum mehrere, relativ dünne Stämme, die gleichzeitig aus dem Boden hervorkommen, rechnen wir es den *Sträuchern* zu, vorausgesetzt, daß die Höhe begrenzt ist, also bei etwa 6 bis 8 m liegt. Bei „Mitteldingen" haben wir die Möglichkeit, sie als *strauchartigen Baum* oder *baumartigen Strauch* zu bezeichnen.

2.1 Über die Bäume

Bei den Bäumen unterscheiden wir mehrere Typen. Sprechen wir zuerst von den *Schopfbäumen*, die ausnahmslos in subtropischen und tropischen Bereichen vorkommen. Wie der Name schon aussagt, tragen sie die Blätter in Form eines Schop-

Schopfbäume wie diese Palme kommen in unseren Breiten nicht vor.

Wipfelbaum (Quercus robur). Die meisten Laubbäume der gemäßigten Zonen gehören zu den Wipfelbäumen.

schon von weitem an ihrem typischen Kronenbild erkennen kann.

Die meisten Arten können wir in die Gruppe der „*Kegelbäume*" einstufen. Bei ihnen geht der Stamm, von dem die Seitenäste, oft in Quirlen, abzweigen, bis hinauf zum Wipfel. Zu dieser Gruppe zählen die Roßkastanien, Buchen, Ulmen, Platanen, Eichen, Kirschen usw. Die Kronen zahlreicher Arten sind – wenn sie sich frei entwickeln – so ebenmäßig ausgebildet, daß wir diese Exemplare treffend als *Kugelbäume* ansprechen.

Die eigentliche *Kegelform* ist fast ausschließlich auf die Nadelhölzer beschränkt und besonders ausgeprägt bei den Tannen, Fichten, Scheinzypressen, Lebensbäumen, Hemlockstannen und Mammutbäumen. Von den Laubbäumen

fes, d. h. ihre Blattstiele entspringen alle unmittelbar dem Stamm. Natürlich denkt hier jeder an die Palmen und Drachenbäume, von denen leider bei uns nur die Palmen sehr bedingt winterhart sind. Von den fremdländischen Gehölzen unserer Gärten erinnern allenfalls einige Aralien (*Aralia chinensis, A. elata* und *A. spinosa*) mit ihrer schwachen Verzweigung und mit ihren an den Sproßenden gedrängt stehenden, großen Blättern an die Schopfbäume.

Unsere heimischen sowie die hierzulande kultivierten Bäume gehören fast ausnahmslos zu den *Wipfelbäumen,* die durch reichliche Verzweigung eine Krone ausbilden. Sie ist bei den einzelnen Arten so typisch, daß man die verschiedenen Arten – vor allem im winterlichen Zustand – oft

Kegelförmige Baumkronen finden wir vor allem bei den Nadelgehölzen (Pinus peuce).

Kugelbaum (Aesculus hippocastanum). Im Alter entwickeln einige Baumarten im freien Stand eine nahezu vollkommen runde Krone.

bilden nur bestimmte Sorten eine Säulenform aus. Es sind die sog. Fastigiata-Formen.

Eine andere Form der Wipfelbäume sind die *Schirmbäume*. Bei diesen scheint das Höhenwachstum des Stammes sehr frühzeitig, oft schon wenige Meter über dem Boden, aufzuhören. Es bildet sich dann eine mehr oder weniger flache, schirmförmig ausgebreitete Krone.

Sie sind uns am besten bekannt von den *Acacia*-Arten der afrikanischen Steppen-(Savannen-)gebiete. In unseren Bereichen finden wir nur Anklänge an Schirmkronen, etwa in alten Beständen unserer Kiefer, bei Libanon-Zedern, bei einer Form der Robinie (*Robinia pseudoacacia* 'Tortuosa'), der selten zu findenden japanischen *Pinus densiflora* und im Kleinen bei einigen Formen von *Acer palmatum*, dem Fächer-Ahorn. Nebenbei

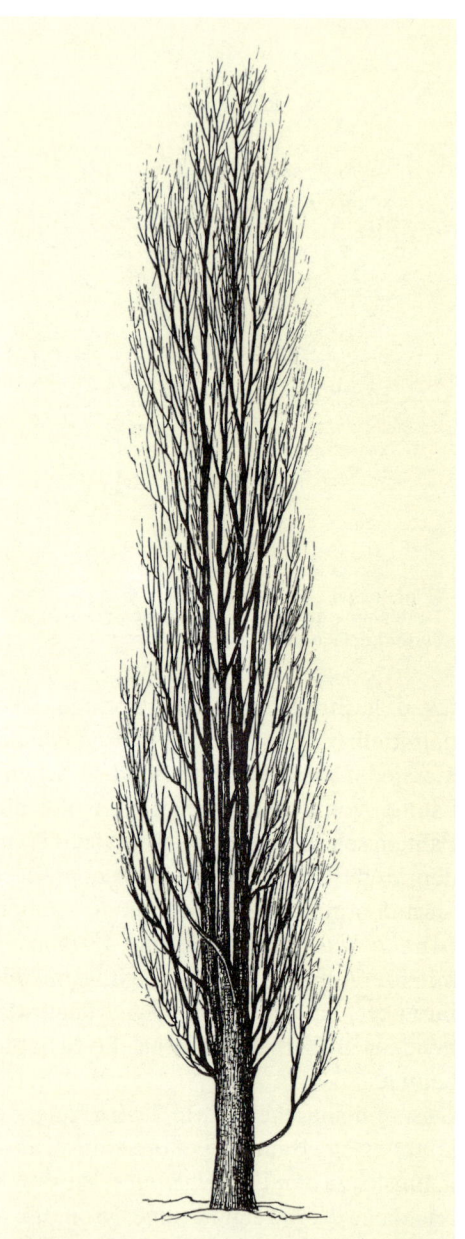

Populus nigra 'Italica', ein typisches Beispiel für säulenförmigen Wuchs, der als Kulturvarietät bei einigen Baumarten vorkommt.

Schirmbaum, Pinus sylvestris (Wallensteinkiefer bei Kriegenbrunn), kann bei freiem Stand im Alter eine typische Schirmkrone entwickeln.

sei gesagt, daß man einige Baumarten gelegentlich zu Schirmbäumen „vergewaltigt", nämlich Platanen und Linden beim sog. Kastenschnitt (Seite 80).

Unsere Betrachtungen über die Wuchsformen sind nun beileibe nicht rein theoretisch. Sie haben durchaus praktischen Wert. Schon beim Erziehungsschnitt (wir kommen auf Seite 35 darauf zurück) haben wir darauf zu achten, daß Bäume sich richtig aufbauen. Dazu gehört, daß sie den durchgehenden Stamm behalten und daß wir nötigenfalls Konkurrenztriebe der Stammverlängerung entfernen. Andernfalls bilden sich Zwiesel oder aber – bei drei Konkurrenztrieben – Triesel. Nur in Ausnahmefällen sollte man sie dulden. So können einzelne, unnormal gewachsene Bäume recht interessant aussehen, es besteht jedoch die Gefahr, daß sie später in dieser Gabel brechen.

Neben den *Arten* der Gehölze gibt es eine ganze Reihe verschiedener Formen, d. h. *Sorten* oder *Kulturvarietäten*. Von ihnen weichen viele durch einen ungewöhnlichen oder absonderlichen Wuchs von der reinen Art ab. Sehr oft besitzen solche Sonderlinge kegelförmige Kronen, die man als Fastigiata-Formen bezeichnet (wir sprachen oben schon davon). Wir finden solche bei der Eiche, Buche, Pappel, Eibe usw. Bei anderen, ebenfalls vom ursprünglichen Wuchs abweichenden Formen, sind die Äste und Triebe korkenzieherartig gedreht – es sind die sog. Contorta-Formen. Man denke hier nur an solche der Robinie und vor allem an die Korkenzieher-Hasel und -Weide. Wohl den ausgefallendsten Wuchs zeigen die Pendula-Formen, die „Trauerbäume". Die häufigsten sind wohl die Trauer-Buchen, -Eschen, -Ulmen und -Weiden. Bei allen

13

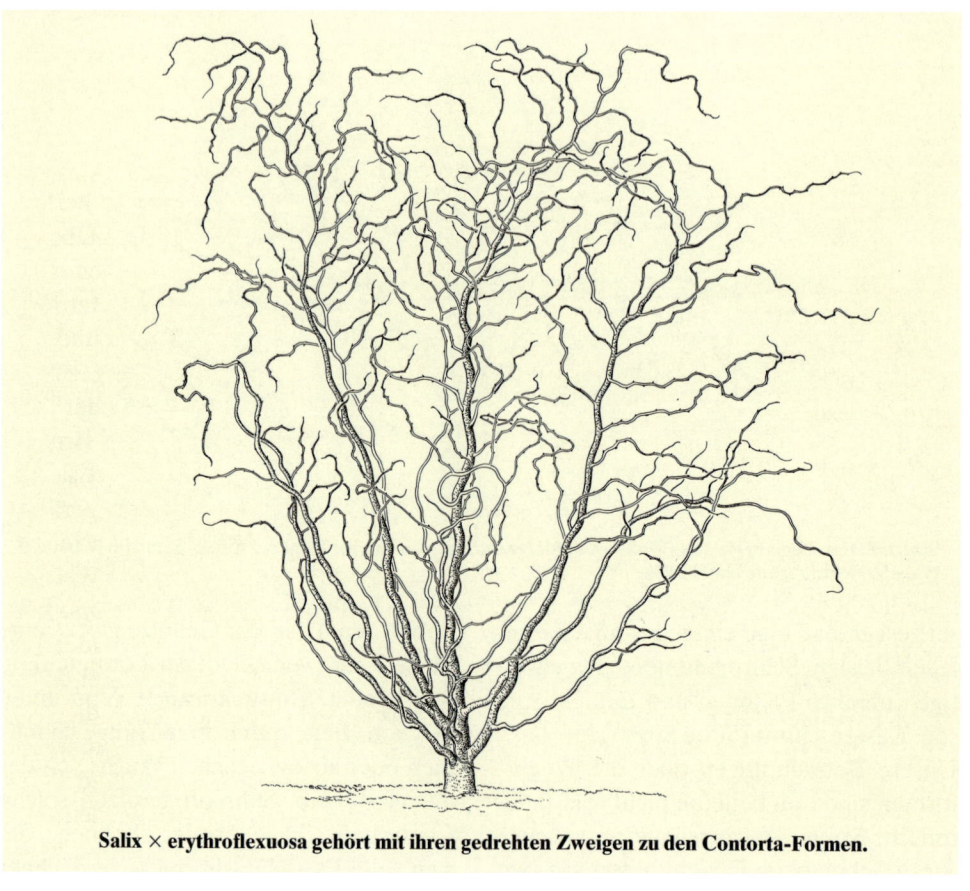

Salix × erythroflexuosa gehört mit ihren gedrehten Zweigen zu den Contorta-Formen.

abweichenden Formen handelt es sich um Mutationen, d. h. um sprunghafte Erbänderungen. Die außergewöhnliche Wuchsform ist also fest fixiert, sie wird nur durch ständige vegetative Vermehrung erhalten. Einmal so veranlagte Gehölze kann man durch keinerlei Kunstgriffe wieder „normalisieren". Man kann sie dann höchstens *ver*schneiden. Ebenso kann man „normal" wachsende Gehölze durch Schnittmaßnahmen nie in solche Formen zwingen. Sie wirken dann immer unnatürlich oder gar verstümmelt. Sollte bei derartigen Sonderlingen ein Eingriff erforderlich sein, so muß er so durchgeführt werden, daß dadurch die ungewöhnliche Form des Baumes nicht zerstört wird.

2.2 Die Einteilung der Sträucher

Nachdem wir die Sträucher bereits charakterisiert haben, brauchen wir hier nur kurz das Wesentliche der Einteilung zu

14

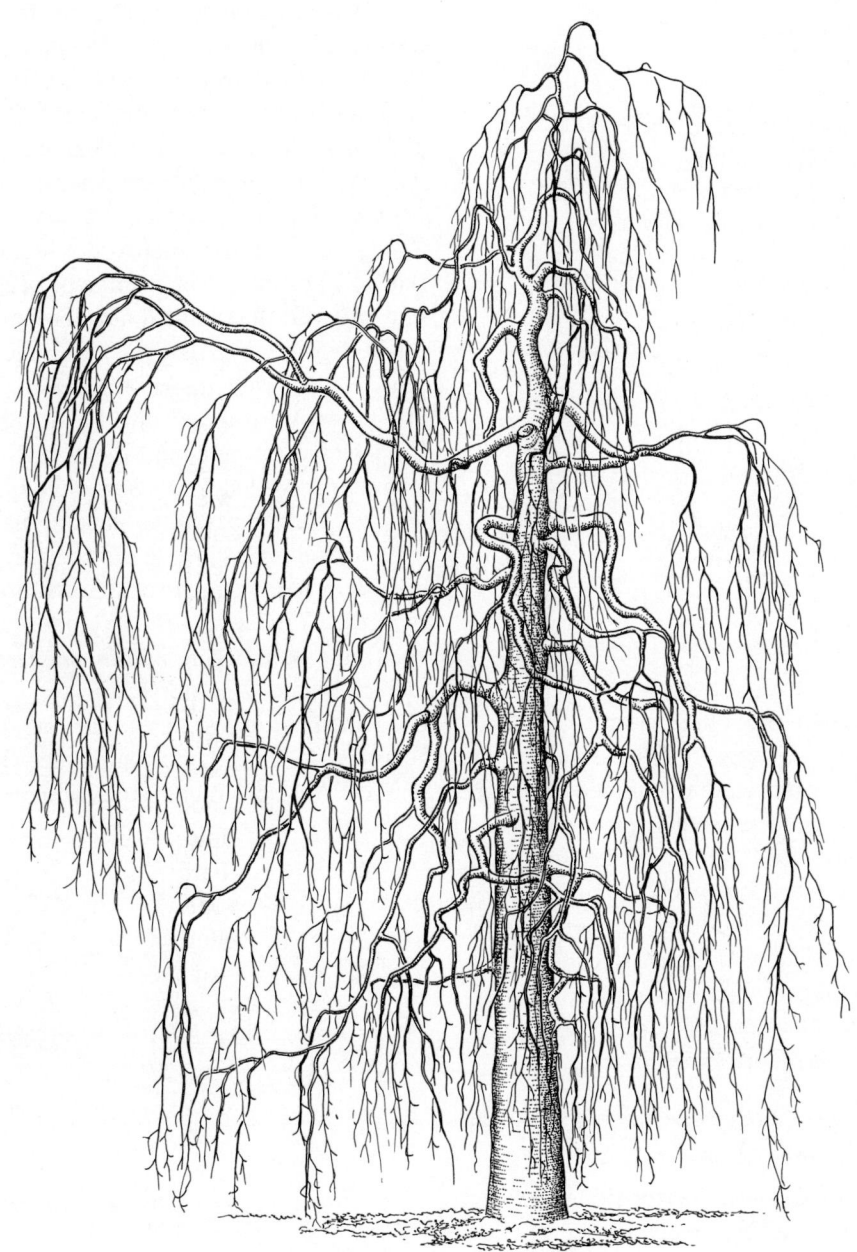

Fagus sylvatica 'Pendula' ist einer der häufigsten Vertreter der Pendula-Formen.

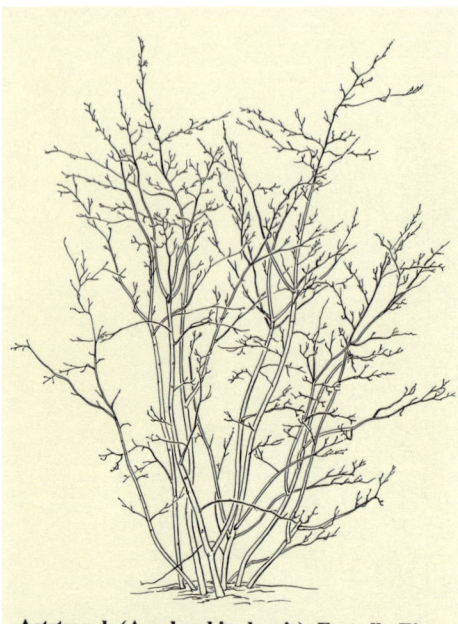

Aststrauch (Amelanchier laevis). Fast alle Ziersträucher gehören in diese Gruppe.

besprechen. Fast alle Ziersträucher gehören in die Gruppe der *Aststräucher,* die aus reich verzweigten Stämmen bestehen. Ihnen gegenüber stehen die *Rutensträucher* mit meist dünnen, rutenförmigen, teilweise auch dornigen Zweigen, deren Blätter oft zu schuppenförmigen, kurzlebigen Gebilden reduziert sind. Zu ihnen zählen Ginster (*Genista-* und *Cytisus*-Arten), der Pfriemenginster *(Spartium junceum)* und Meerträubel *(Ephedra).*

In bezug auf ihre Größe unterteilt man die Sträucher wie folgt:

Großsträucher mit einer Höhe über 1 m
Kleinsträucher, die etwa 1 m erreichen
Zwergsträucher, die unter 50 cm Höhe bleiben.

Zu den *Zwergsträuchern* gehören die *Polstersträucher* mit stark verzweigtem, gestauchtem Sproßsystem, die im Laufe ihres Lebens zu flach gewölbten bis halbkugeligen, dichten und festen Polstern werden. Weiter zählen dazu die *Spalier-* oder *Teppichsträucher,* deren Stämme und Zweige dem Boden mehr oder weniger flach aufliegen, auf ihm entlangkriechen und sich verschiedentlich auf der ganzen Länge bewurzeln. Als Beispiel sei die alpine Netz-Weide *(Salix reticulata)* und ihre nahen Verwandten angeführt.

Eine kleine Gruppe sind die bereits erwähnten *Schößlingssträucher,* die alljährlich aus der Basis eine Anzahl neuer Sprosse treiben, während die vorjährigen nach dem Blühen und Fruchten absterben (wie die Himbeeren, *Rubus*) oder aber auch eine Reihe von Jahren am Leben bleiben können (Kletter-Rosen).

Die *Bambusform* kommt nur bei den Bambuseae, einer Unterfamilie der Gräser, vor. Aus dem Wurzelstock bilden sich

Rutenstrauch (Cytisus × praecox). Eine Vielzahl dünner Zweige kennzeichnet die Rutensträucher. Unmittelbar nach der Blüte kann man jeweils etwa die Hälfte der Triebe um ein Drittel ihrer Länge einkürzen.

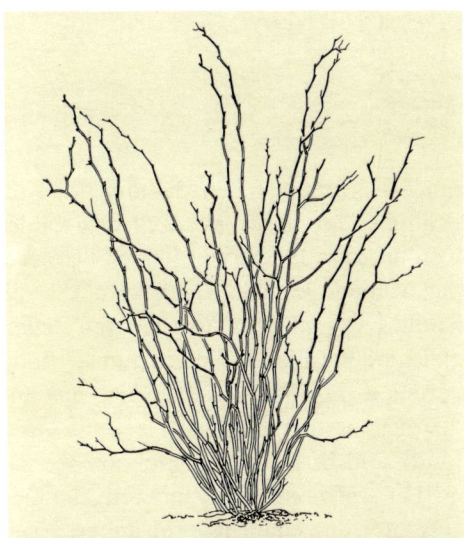

Die Zweige der Schößlingssträucher (Rubus odoratus) sterben im zweiten Jahr ab, nachdem sie geblüht und gefruchtet haben; man schneidet sie im Herbst oder Frühjahr heraus.

Anzahl Gehölze, die in ihrer Heimat wohl echte Sträucher sind, wie Halbsträucher: ihre Triebspitzen verholzen in unserem zu kühlen und feuchten Herbst nicht genügend. Sie frieren dann mehr oder weniger weit zurück, wenn der Winter stärkere Kälte bringt. Hierzu gehören z. B. die Bartblume (*Caryopteris*), Säckelblumen (*Ceanothus*), Kamminze (*Elsholtzia stauntonii*), Perovskie (*Perovskia*) und Keuschbaum (*Vitex agnus-castus*). Alle diese Sträucher regenerieren sich sehr willig und kommen auch zur Blüte, weil sie von Natur aus Sommer- oder gar Frühherbstblüher sind. Bezüglich der erforderlichen Schnittmaßnahmen stellen sie eine eigene Gruppe dar (siehe Seite 47f).

hier meist sehr zahlreich hohle, knotig gegliederte, meist wenig verzweigte Sprosse von verschieden langer Lebensdauer (*Sinarundinaria, Sasa* und Verwandte).
Den Sträuchern reihen sich die *Halbsträucher* an, die man als ein Bindeglied zu den Stauden hin sehen kann. Bei ihnen verholzen die Sprosse nicht in ihrer ganzen Länge, sondern nur in ihrem basalen Teil. Die oberen, krautig bleibenden Sproßteile sterben fast regelmäßig in jedem Winter ab, selbst schon bei geringen Kältegraden. Aus den verholzenden Sproßteilen werden alljährlich neue Sprosse gebildet, die auch blühen und fruchten, allerdings erst im Sommer oder gar Frühherbst. Zu ihnen zählen *Lavandula, Hyssopus* und *Salvia officinalis*.
In unserem Klima benehmen sich eine

Bambus (Sinarundinaria). Aus dem Wurzelstock entwickeln sich knotig gegliederte Sprosse.

17

3 Grüne Theorie: vom Aufbau der Gehölze

Das kennzeichnende Merkmal aller Holzgewächse, also der Bäume und Sträucher, sind die *oberirdischen, verholzenden Sproßsysteme*, die „ausdauern", also mindestens zwei Vegetationsperioden, häufiger jedoch Jahrzehnte oder Jahrhunderte am Leben bleiben. Wir gliedern sie in Stamm, Äste und Zweige, je nach der Stellung, die sie an dem Holzgerüst einnehmen. Grundlegende Unterschiede zwischen diesen drei Formen bestehen nicht. Kennzeichnend für alle ist das Wesentliche ihrer Substanz: das Holz. Deshalb sei dieses als erstes so weit beschrieben, wie es zum Verständnis dieses Buches erforderlich ist.

3.1 Das Holz

Betrachten wir den Querschnitt eines Astes oder Zweiges, so ist der Aufbau der wichtigsten Teile leicht zu erkennen. In der Mitte befindet sich das *Mark*, das wir am besten vom Holunder her kennen. Es ist bei allen zweikeimblättrigen Gehölzen vorhanden, jedoch oft wenig ausgeprägt. Es dient vor allem in der Jugendphase als Speichergewebe. Später wird es bei den meisten Gehölzen zusammengedrückt. Nach außen zu schließt sich ringförmig der jeweilige Jahreszuwachs des Holzes an. Wir erkennen bei allen Nadelgehölzen, daneben vor allem bei den Eichen, Ulmen, Ahornen und Hainbuchen, die *Jah-*resringe. Sie entstehen dadurch, daß im Frühjahr große, weite Zellen gebildet werden, zum Herbst hin jedoch kleinere, dickwandige Gefäße. Die Arten, die die Bildung von großen und kleineren Zellen gleichmäßig über die Wachstumsperiode verteilen, zeigen die Jahresringe nur undeutlich ausgeprägt, wie z. B. Buche, Linde und Birke. Ältere Gehölze weisen im Holz oftmals einen inneren, dunkler gefärbten und einen helleren äußeren Teil auf. Demzufolge unterscheiden wir das festere *Kernholz* (innen) und das oft weichere *Splintholz*. Das Kernholz hat Gerbstoffe eingelagert, die es vor allem gegen den Angriff schädigender Pilze oder Insekten widerstandsfähiger machen. Wir kommen noch häufiger hierauf zurück.

Gehölze, die kein Kernholz ausbilden, sind für die Kurzlebigkeit des Holzes – besonders im verbauten Zustand – und der oftmals rapiden Fäulnis berüchtigt, so z. B. Pappel und Weide.

Es ist wesentlich zu wissen, daß das Innere des Holzes nicht mehr aktiv tätig, sondern „tot" ist. Die Lebensvorgänge vollziehen sich nur in den äußersten Schichten; lediglich die jüngsten, höchstens drei bis fünf Jahre alten, sind noch tätig! Hohle Weiden mit Stamm-„Schalen", die nur wenige Zentimeter dick sind, dienen hier als Beispiel.

Im einzelnen stellt das Holz ein kompliziert gebautes Gewebe aus längs verlau-

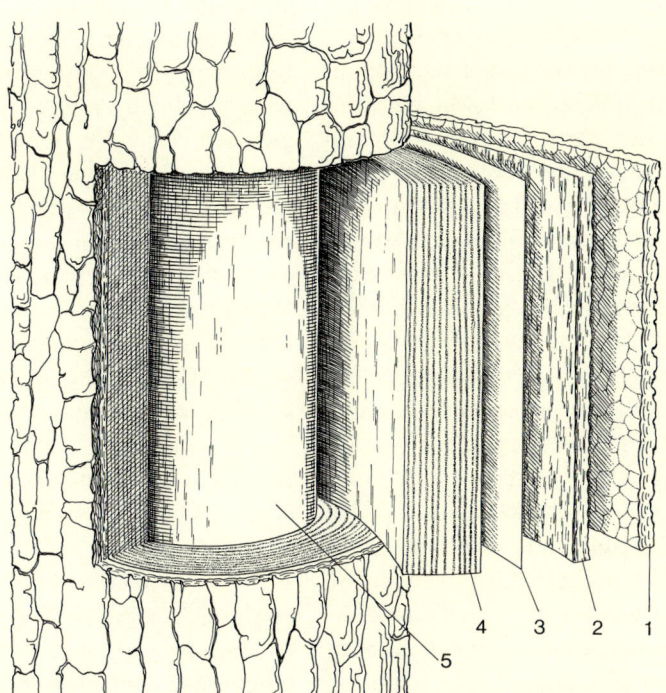

4 3 2 1
5

Stammquerschnitt (nach Reineke und Köpp, Information der Schutzgemeinschaft Deutscher Wald, abgeändert). 1 = Äußere Rinde (Borke). 2 = Im Bast vollzieht sich der Transport der Assimilate von den Blättern zu den übrigen Teilen des Baumes. 3 = Die äußerst dünne Zellschicht des Kambiums, die zwischen Rinde und Holz liegt, ist der eigentlich wachsende Teil des Stammes. 4 = Im Splintholz wird das Wasser mit den Nährstoffen von den Wurzeln in den Kronenraum transportiert. 5 = Kernholz, die zentrale und stützende Säule des Baumes.

fenden Zellen dar, das sich unter dem Mikroskop als Wunderwerk der Schöpfung darbietet. Es entsteht einzig und allein durch die Tätigkeit des *Kambiums.* Das wiederum ist die Voraussetzung des „sekundären Dickenwachstums" und hat somit, gemessen an der äußerst geringen Ausdehnung (es besitzt nur die Stärke eines Bruchteiles eines Millimeters!), eine entscheidende Aufgabe. Wer einmal den Zweig eines Gehölzes abgeschnitten und betrachtet hat, kennt das Kambium: es ist die helle, fast stets weiße, „feuchte" Schicht zwischen Rinde und Holz, wodurch sich während des Wachstums beide so leicht voneinander trennen lassen. Jeder, der sich darauf versteht, Flöten aus frischem Holz zu schnitzen, kennt den Zeitpunkt, an dem Holz und Rinde sich am besten lösen: März bis Mai! Dann ist das Kambium besonders aktiv. Dieses Bildungsgewebe besteht nur aus wenigen

Zellschichten, die sich immer wieder teilen. Nach innen zu gliedern sie das besagte Holz ab, nach außen zu den Bast. Während in den äußeren *Holz*schichten das Wasser mit den darin gelösten anorganischen Stoffen von den Wurzeln bis in die Blätter geleitet wird, vollzieht sich im *Bast* der Transport der Assimilate: Stärke, Zucker usw. in entgegengesetzter Richtung. Die Borke schließlich, die den Abschluß bildet, schützt das gesamte Gewebe. Die Aufgabe des Bastes, unmittelbar unter der Rinde, wird uns besonders deutlich vor Augen geführt, wenn wir aus Unachtsamkeit einen Etikettendraht einwachsen lassen. Oberhalb dessen nämlich bildet sich dann im Laufe von einigen Jahren eine immer dickere Anschwellung, da die Nährstoffe aus dem Bereich der Blätter nicht nach unten abgeführt werden können. Der Ast oder Zweig bleibt so lange lebensfähig, wie das Holz noch arbeitet, also Wasser und Nährstoffe herbeischafft. Da die Funktionsfähigkeit jedoch allerhöchstens auf 5 bis 7 Jahre begrenzt ist, ist das Ende des ganzen Astes schon abzusehen.

3.2 Schlüssel für die Vielfältigkeit des Aufbaues: Symmetrieverhältnisse

Das Sproßsystem der Holzgewächse zeigt nun sehr verschiedene *Wuchsformen,* die durch eine bestimmte, arteigene Rhythmik und Gesetzmäßigkeit in der Verzweigung zustande kommen. Dies besagt, daß die Gestalt jedes Holzgewächses durch äußere Einflüsse zwar mehr oder weniger beeinflußt werden kann, aber doch nicht in seiner Eigenart, seinem Artcharakter, bestimmt wird. Kein Baum oder Strauch wird je einem anderen Individuum der gleichen Art vollkommen gleichen, aber doch werden wir bei allen Individuen einer Art bestimmte, durch erbliche Faktoren festgelegte Verhältnisse immer wiederfinden, die sich in kennzeichnender Weise im Aufbau prägen. Die wesentlichen Wuchseigenschaften sollte derjenige, der Bäume oder Sträucher schneidet, kennen. Nur so ist er in der Lage, „mit der Natur" zu gehen, d. h. die natürliche Schönheit des Gehölzes zu fördern oder aber – zum mindesten – nicht zu beeinträchtigen.

Wenn oben von Symmetrieverhältnissen gesprochen wird, so besagt das, daß die Gehölze bestrebt sind, sich – arttypisch – symmetrisch aufzubauen. Die Pflanze ist bemüht, ihre Äste und Zweige gleichmäßig nach einem bestimmten Bauplan allseitig zu entwickeln und möglichst günstig im vorhandenen Raum zu verteilen. Man erkennt dies an allen Gehölzen, die einigermaßen frei stehen.

Formen der Verzweigung

Bei dem symmetrischen Aufbau der Gehölze kennen wir – grob gesehen – drei verschiedene Arten der Verzweigung: die Förderung der Spitzentriebe (Akrotonie), Pflanzen, deren Verzweigung im mittleren Bereich gefördert wird (Mesotonie) und Gehölze, die sich vom Boden, also von der Basis her, verzweigen (Basitonie). Die *akrotone Förderung der Verzweigung* findet man nahezu bei allen jungen Gehölzen, später im wesentlichen nur noch bei Bäumen. Bei Fichten, Tannen, Chinesischem Rotholz *(Metasequoia)* und Hemlockstannen *(Tsuga)* zeigt sich dies besonders deutlich, auch noch im Alter: Aus der Gipfelknospe bildet sich der Verlängerungstrieb; die starken Seitenknospen, die unmittelbar unter der Gipfelknospe stehen, ergeben den neuen Astquirl. Die übrigen schwächeren Knospen entlang des letztjährigen Triebes treiben entweder überhaupt nicht aus, oder es entstehen aus ihnen nur schwache Zweige, die infolge ungünstiger Belichtungsverhältnisse nach wenigen Jahren bereits wieder absterben. Durch diese Art der Verzweigung entstehen die bei vielen Nadelhölzern so auffälligen Sproßetagen. Bei den Laubhölzern liegen die Verhältnisse ganz ähnlich, nur daß sie nicht so auffällig sind, da hier die starken sproßbildenden Knospen nicht kranzförmig um die Gipfelknospe herum gedrängt stehen, sondern gleichmäßiger auf den oberen Teil des Sprosses verteilt sind.

Ausgeprägte Gipfelknospen erkennt man u. a. bei Eichen, Ahornen, Eschen und Buchen. Sie sind die Grundlage der echten Spitzentrieb-Förderung (Primäre Akrotonie). So entstandene Stämme bilden ein Monopodium. Bei Arten, deren Gipfelknospen eintrocknen, übernimmt die jeweils höchste, intakt gebliebene deren Aufgabe. In einem solchen Fall spricht man von falschen oder Pseudo-Terminalknospen. Es gibt aber noch eine zweite Art unechter Gipfelknospen, gewissermaßen in Serie gefertigt: Bei genauer Betrachtung zeigen die Triebe von Linden,

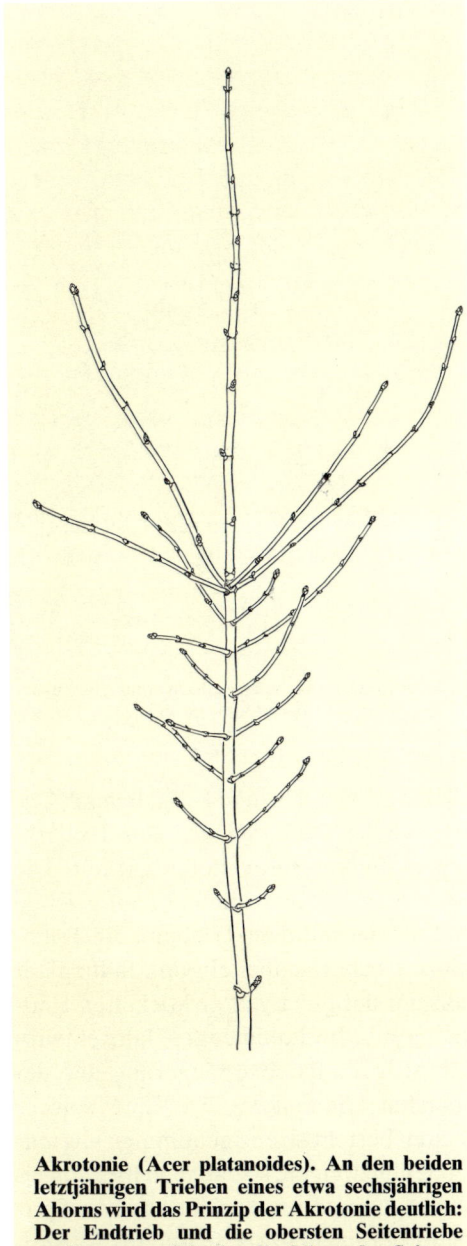

Akrotonie (Acer platanoides). An den beiden letztjährigen Trieben eines etwa sechsjährigen Ahorns wird das Prinzip der Akrotonie deutlich: Der Endtrieb und die obersten Seitentriebe wachsen am stärksten, die Länge der Seitentriebe nimmt nach unten kontinuierlich ab.

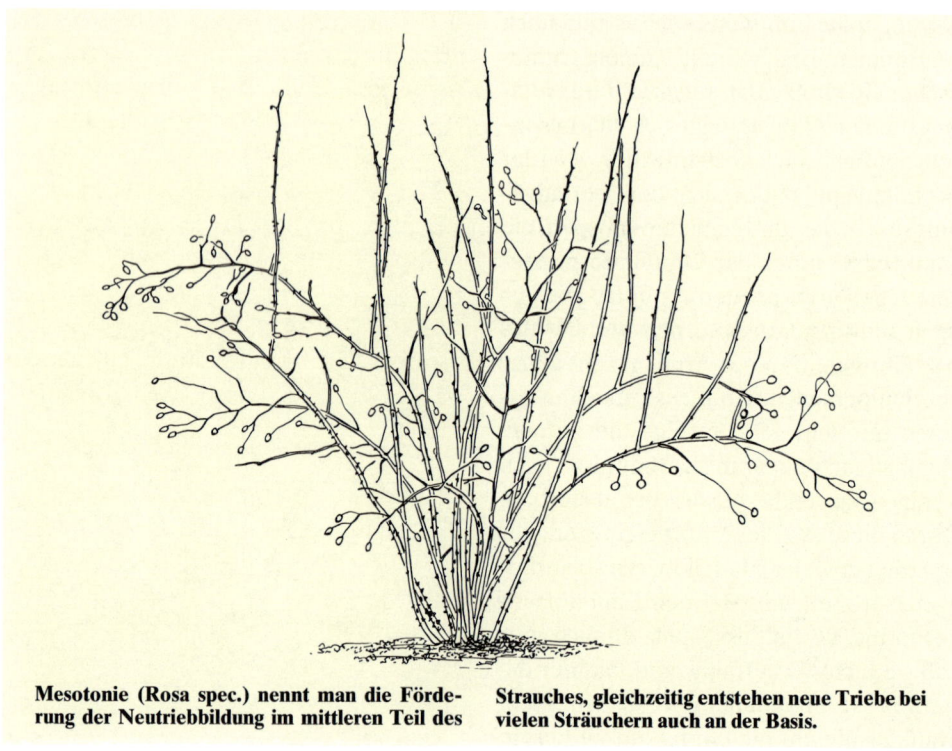

Mesotonie (Rosa spec.) nennt man die Förderung der Neutriebbildung im mittleren Teil des **Strauches, gleichzeitig entstehen neue Triebe bei vielen Sträuchern auch an der Basis.**

Ulmen, Hainbuche und Zürgelbaum *(Celtis)*, daß der Trieb sich nicht aus der wirklichen Endknospe weiterentwickelt. Die genannten Arten schließen häufig schon im Sommer mit dem Trieb ab, die Triebspitze trocknet dabei ein und fällt später mitsamt der nicht voll entwickelten Endknospe ab. Im kommenden Jahr entwickelt sich die Triebverlängerung aus der obersten Seitenknospe. Ein solcher Stamm besteht streng genommen aus lauter Seitenzweigen, so daß man hier von einem Scheinstamm spricht, dessen Spitzenförderung man als sekundäre Akrotonie bezeichnet. An Stelle eines Monopodiums entwickelt die Pflanze somit ein Sympodium (gr. syn = zusammen, podos = Fuß). Damit sind die Besonderheiten jedoch noch nicht erschöpft. Bei Gattungen mit gegenständigen Knospen – man denke hier an Flieder *(Syringa)* oder Schneeball *(Viburnum)* – bleiben beim verkümmern der Gipfelknospe zwangsläufig zwei gleichwertige Seitenknospen übrig, die Ursache der gabelförmigen Verzweigung sind. Auch hier haben wir ein Sympodium vor uns.

Die Form einer „zusammengesetzten Verzweigung" entsteht auch, wenn man bei einem Rückschnitt bzw. beim Pinzieren (vgl. Seite 33) den Trieb mehr oder weniger stark einkürzt. Welche Maßnahmen man auch immer ergreift, ein Baum wird durch seine ausgeprägte Spitzenförderung immer wieder seine Akrotonie unter Beweis stellen und sich nur unter äußeren Bedingungen (ungünstiges Klima oder brutaler Schnitt) in eine Strauchform zwingen lassen, wie wir dies beim Schnitt der Hecken praktizieren. Und auch da haben wir Mühe, die Verzweigung bis zum Boden am Leben zu erhalten. Ebenso wirken sich Schnittfehler bei Bäumen verheerend aus.

Die akrotone Verzweigung und die Bildung eines Stammes sind die Voraussetzung für den baumförmigen Wuchs eines Gehölzes. Für den strauchförmigen Wuchs ist nach Rauh (1939) die basitone Verzweigung charakteristisch. Der Primärsproß bleibt schwach, stellt nicht selten nach 1 bis 2 Jahren sein Wachstum ein und beginnt in seinem oberen Teil abzusterben. Schon bald bilden sich aus den basalen Knospen in Bodennähe neue Sprosse, die oft innerhalb eines Jahres den Primärsproß an Länge überflügeln, ihm damit Nährstoffe streitig machen und ihn

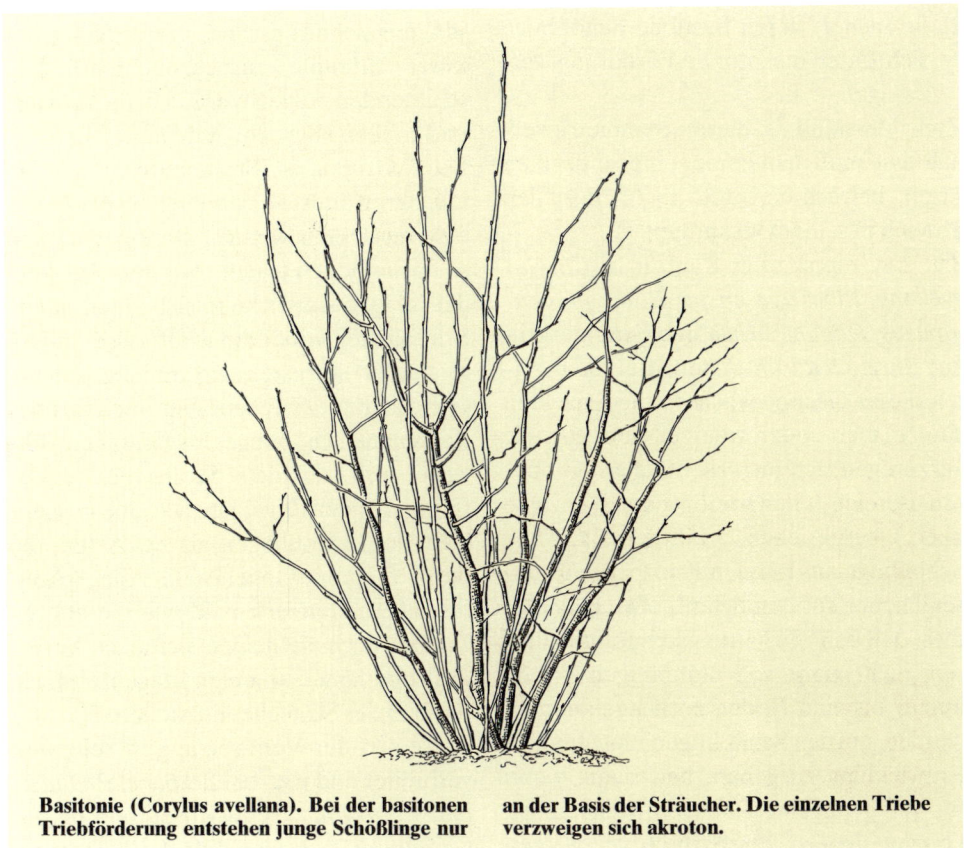

Basitonie (Corylus avellana). Bei der basitonen Triebförderung entstehen junge Schößlinge nur an der Basis der Sträucher. Die einzelnen Triebe verzweigen sich akroton.

immer mehr zur Seite drängen. Die Bildung solcher Schößlinge wiederholt sich jährlich, die Sträucher verjüngen sich dadurch fortlaufend selbst. Die Anzahl und Stärke der Schößlinge ist artspezifisch und schwankt in sehr weiten Grenzen, auch innerhalb der gleichen Art.

Obwohl die Basitonie im allgemeinen als Voraussetzung für den strauchigen Wuchs gilt, lassen sich hinsichtlich der Bildung junger Schößlinge zwei Gruppen von Sträuchern unterscheiden:

1. Sträucher, deren basitone Schößlinge sich aktroton verzweigen und
2. Sträucher, deren basitone Schößlinge sich unter mesotoner Förderung verzweigen.

Zum Verständnis dieser Symmetrieverhältnisse muß man immer einen einzelnen Trieb betrachten, und nicht nur den Strauch in seiner Gesamtheit.

Zur 1. Gruppe zählt Rauh u. a. *Corylus avellana, Ribes uva-crispa, Euonymus europaeus, Daphne striata* und (sommergrüne) *Rhododendron*-Arten. Bei allen Arten dieser Gruppe wachsen die einzelnen Triebe mehr oder weniger aufrecht, sie verzweigen sich im wesentlichen im oberen Bereich. Gleichzeitig entstehen, wie oben beschrieben, jährlich kräftige Schößlinge aus basalen Knospen. Für unser Thema, für den Schnitt also, bedeutet dies, daß beim Erhaltungsschnitt die älteren, nicht mehr voll blühfähigen Triebe immer bis zum Boden zurückgenommen werden, um den Schößlingen Platz für ihre Entwicklung zu geben. Nur dann, wenn für sie genügend Raum vorhanden ist, können sie sich artspezifisch verzweigen

und schließlich in optimaler Weise zur Blüte kommen. Das bedeutet, daß ein Erhaltungsschnitt kontinuierlich in ziemlich kurzen Abständen (höchstens 2 bis 3 Jahre) durchgeführt werden muß. Dabei werden nicht nur die jeweils ältesten Triebe entfernt, sondern notfalls ein Teil der zu dicht stehenden jungen Schößlinge. Daß man nur einen Teil der älteren Triebe entfernt, versteht sich wohl von selbst.

Die basitone Veranlagung hat auch die Bildung schlafender Augen (= Adventivknospen) an der Astbasis zur Folge. Dies eröffnet die Möglichkeit, bei einem Verjüngungsschnitt auch ältere Äste bis auf kurze Stümpfe zurückzunehmen. Die schlafenden Augen werden dann aktiviert und treiben in großer Zahl aus.

Die 2. Gruppe von Sträuchern umfaßt Arten, deren älteste Triebe sich an der Spitze bald mehr oder weniger stark neigen und so flache Bögen bilden. Aus der Oberseite der Bögen entwickeln sich dann junge Schößlinge, wobei die kräftigsten im Bereich der stärksten Krümmung stehen. Gleichzeitig entstehen aber auch aus der Basis neue Schößlinge. Insgesamt entwickelte sich an den Sträuchern dieser Gruppe in der Regel jährlich eine größere Zahl von Schößlingen als bei Arten, die der 1. Gruppe angehören. Alle Schößlinge verhalten sich bald wie die älteren Triebe; auch sie neigen sich nach kurzer Zeit und lassen so einen etagenförmigen Aufbau des Strauches entstehen.

Diese Art der Verzweigung ist sehr weit verbreitet und u. a. bei *Berberis, Philadelphus, Forsythia*, Wild-Rosen und bei *Ribes aureum* zu finden. Für den Schnitt der

**Acer palmatum. Eine kleine Gruppe von Sträu-
chern verjüngt sich weder basiton noch mesoton,
sie verhalten sich wie baumförmige Gehölzarten.
Auslichten ist in der Regel überflüssig.**

Sträucher ergibt sich aus einer derartigen Verhaltensweise im Vergleich zur 1. Gruppe nur eine Abweichung: beim Erhaltungs- und Verjüngungsschnitt müssen die älteren Triebe nicht bis zum Boden zurückgenommen werden, man kann sie auch bis auf einen im Bogen stehenden Trieb zurückschneiden.

Da bei den Sträuchern beider Gruppen fortlaufend neue Triebe gebildet werden, ist ein ständiger Erhaltungsschnitt (besser Auslichtungsschnitt) notwendig. Sonst entwickeln sich die Sträucher zu dichten, undurchdringlichen und „unordentlichen" Gestalten, die durch einen hohen Anteil alten und abgestorbenen Holzes, durch schwachen Zuwachs und spärliche Blüte gekennzeichnet sind. Der Erhaltungschnitt muß schon wenige Jahre nach der Pflanzung einsetzen. Läßt man die Sträucher lange Jahre ungeschnitten wachsen, ist man schließlich zu einem

Verjüngungsschnitt gezwungen. Die Veranlagung zu einer basitonen und mesotonen Verzweigung gibt uns die Chance, alte oder unsachgemäß gepflegte Sträucher von Grund auf neu aufzubauen.

Eine 3. Gruppe von Sträuchern ist durch das nahezu völlige Fehlen der basitonen oder mesotonen Verjüngung gekennzeichnet. Hier führen offenbar eine frühzeitige Hemmung der Spitzentriebförderung und die gleichzeitige Förderung von Trieben 2. oder 3. Ordnung zu strauchförmigem Wuchs. Kennzeichnend für diese Gruppe von Sträuchern sind u. a. *Hamamelis, Laburnum,* strauchförmige Ahorne, *Exochorda, Photinia, Cotinus* und immergrüne *Rhododendron.* Die meisten werden nie so dicht wie die Sträu-

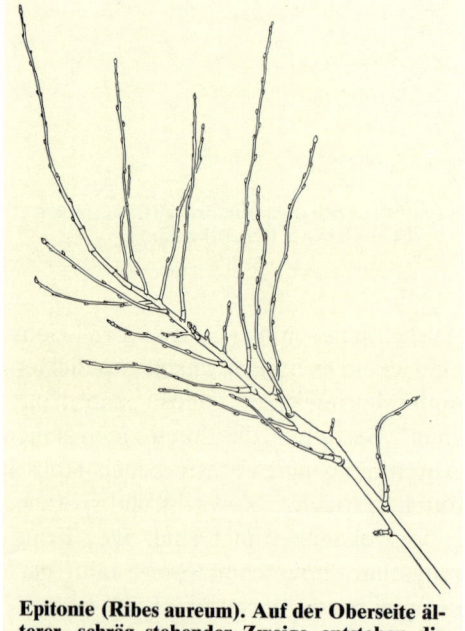

Epitonie (Ribes aureum). Auf der Oberseite älterer, schräg stehender Zweige entstehen die stärksten Jungtriebe.

cher der oben behandelten Gruppen. Ein Erhaltungsschnitt im oben beschriebenen Sinn ist daher nicht notwendig, aber auch nicht möglich. Da an der Basis kaum schlafende Augen vorhanden sind, muß auch ein Verjüngungsschnitt auf Schwierigkeiten stoßen. Aus praktischen Erfahrungen wissen wir tatsächlich, daß die meisten dieser Arten (mit Ausnahme der *Rhododendron*) nach einem starken Rückschnitt ins mehrjährige Holz nur sehr widerwillig neue Triebe entwickeln. Oft bleibt ein erhoffter Austrieb völlig aus. Arten dieser Gruppe muß man also recht vorsichtig schneiden; der Schnitt beschränkt sich in der Regel auf ein sparsames Auslichten zu dicht stehender, kranker oder abgestorbener Zweige.

Die seitlichen Symmetrieverhältnisse

Ebenso wie sich das Gehölz als solches – von der Seite gesehen – symmetrisch aufbaut, kann man auch bei den Ästen oder Zweigen einen regelmäßigen Bauplan erkennen.

Ist der Austrieb an der Zweigoberseite gefördert, spricht man von *Epitonie,* bei seitlicher Verzweigung spricht man von Amphitonie, während Hypotonie eine Förderung der Knospen auf der Unterseite der Zweige und Äste kennzeichnet.

Eine epitone Verzweigung finden wir bei allen Sträuchern, die sich von der Mitte her aufbauen (Mesotonie, s. oben). Geradezu klassische *amphitone Verzweigungen* kennen wir alle von der Fächer- und der Rundblättrigen Zwergmispel (*Cotoneaster horizontalis* und C. rotundi-

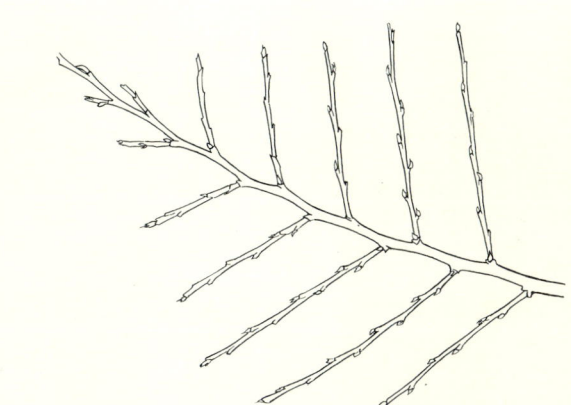

Amphitonie (Cotoneaster horizontalis). Aus den zweizeilig angeordneten Knospen entwickelt sich eine fischgrätenartige Verzweigung.

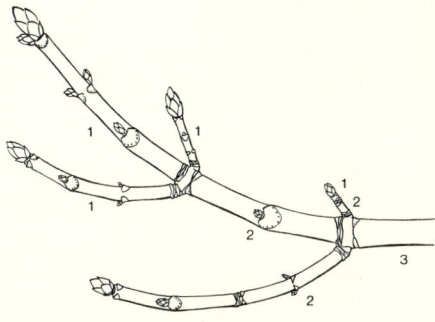

Hypotonie (Aesculus hippocastanum). Nur bei wenigen Baumarten werden die Knospen an den Zweigen alter Kronen auf der Zweigunterseite gefördert (1, 2, 3jährige Sproßteile).

folia) her. Natürlich denkt jeder auch an die gleichmäßige Ausbildung der Seitenzweige von Tannen, Fichten und Hemlockstannen, bei denen stets jene großen, flach ausgebreiteten Sproßsysteme entstehen.

Hypotonie, d. h. die Förderung der Zweigunterseite, ist eigentlich recht selten. Am häufigsten treffen wir diese Erscheinung noch an den tief hängenden Ästen und Zweigen älterer, weit ausladender Bäume an: in Ermangelung des Lichtes im Inneren der Krone werden die Knospen an der Unterseite gefördert. Nicht zuletzt hierdurch sind die Kronen voll entwickelter Gehölze tief nach unten ausgewölbt und verleihen so Eschen, Roßkastanien und Linden ihre majestätische Erscheinung. Einen Sonderfall hypotoner Verzweigung findet man bei der Nordmanns-Tanne *(Abies nordmanniana):* Hier entwickelt sich fast regelmäßig an den Enden

27

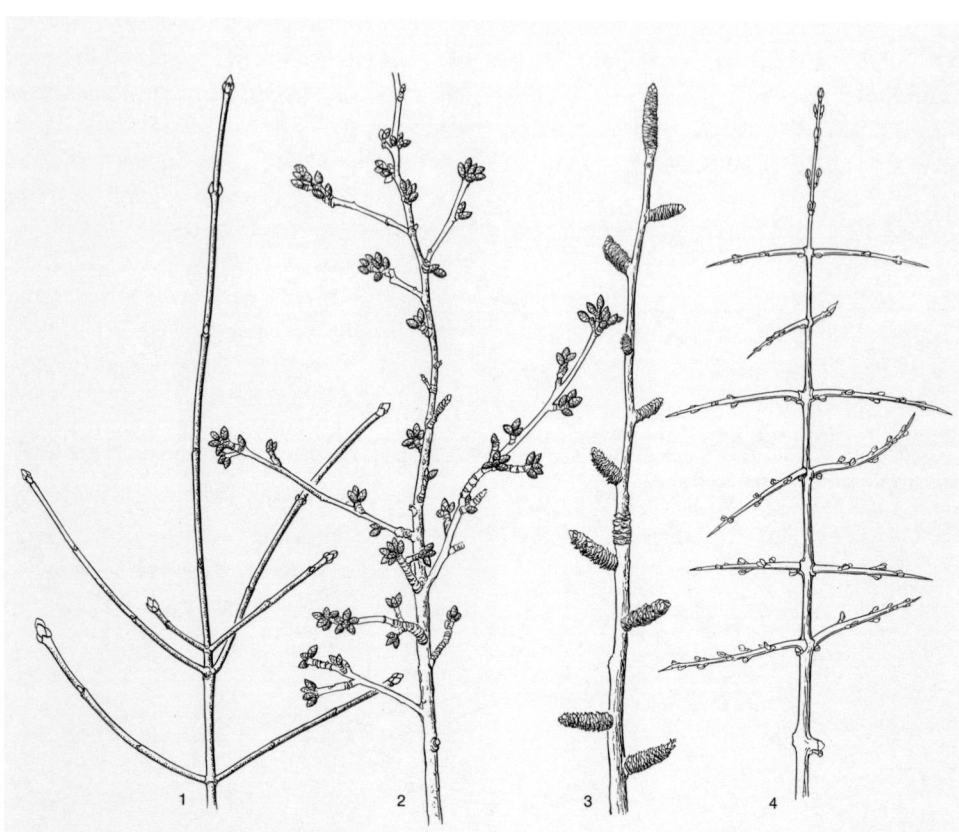

1
Langtriebe (Acer platanoides) sind vorwiegend
an jungen Bäumen und Sträuchern zu finden.

2
Kurztriebe (Prunus spec.) entwickeln sich über-
wiegend in den Kronen älterer Bäume. Bei vielen Arten werden die Blütenknospen nur an
Kurztrieben angelegt.

3
Sehr stark gestauchte Kurztriebe sind u. a. bei
Ginkgo biloba zu beobachten.

4
Bei einigen Straucharten (Hippophae rhamnoi-
des) sind die Enden der Kurztriebe zu Dornen
ausgebildet.

der Seitenzweige erster Ordnung ein einzeln stehender, unverzweigter, nach unten
gerichteter Trieb, den wir als Sporn bezeichnen. Dieser ist bei der genannten
Tannen-Art geradezu ein Erkennungs-
merkmal.

3.3   Langtriebe und Kurztriebe

Das Wesentliche wird schon durch die Bezeichnung klar. Langtriebe haben die
Aufgabe, das Gerüst des jeweiligen Gehölzes zu bilden: sie greifen weit aus, um

der Pflanze möglichst schnell eine große Assimilationsfläche zu verleihen. Diese Langtriebe sind mit Knospen (Nodien, Einzahl Nodium) besetzt. Zwischen ihnen befindet sich der jeweils knospenlose Teil, das Internodium (lat. inter = zwischen). Langtriebe haben naturgemäß einen kräftigen Zuwachs: So kann der Seitenzweig eines Spitz-Ahorns *(Acer platanoides)* im Laufe eines Sommers ohne weiteres $1^1/_2$ m an Länge gewinnen – wahrlich eine beachtliche Leistung.

Sprosse mit begrenztem Längenwachstum bezeichnen wir als Kurztriebe. An ihnen entwickelt sich der größte Teil der Blätter und in der Regel die Blüten. Zwischen

1
Bedeckte Knospen (Aesculus hippocastanum). Fast alle Baum- und Straucharten legen mit Schuppen bedeckte Winterknospen an.
2
Nackte Knospen (Pterocarya fraxinifolia). Nur wenige Arten kommen ohne Knospenschuppen aus.

Lang- und Kurztrieben gibt es bei einer Anzahl von Gehölzen fast alle Übergänge; andererseits kennt man ebenso ganz extreme Ausbildungen von Kurztrieben: Beim Ginkgo, bei der Zeder und beim Katsurabaum *(Cercidiphyllum)* sind sie geradezu Zwerge. Hier beträgt der jährliche Zuwachs oftmals nur den Bruchteil eines Millimeters. So entwickelt sich nur ein Minimum an neuem Holz, gerade so viel, wie zur Ausbildung der erforderlichen Knospen nötig ist. Beim Weißdorn *(Crataegus)*, dem Sanddorn *(Hippophae)*, bei verschiedenen Kreuzdorn- oder Faulbaum-Arten *(Rhamnus)* und bei der Ölweide *(Elaeagnus)* verdornen die Kurztriebe an der Spitze. Manche können im unteren Teil noch Knospen und Blätter entwickeln und auch Blüten bilden.

3.4 Knospen und Knospenstellung

Wohl jedem ist bekannt, daß sich hierzulande die neuen Triebe oder auch die Blüten und Blütenstände aus Knospen entwickeln. Das „hierzulande" deutet bereits an, daß dies nicht die Regel ist. Unser Klima zwingt fast alle Gewächse zu einer Ruhezeit. Diese wird am ehesten überbrückt, wenn die jungen Triebe des kommenden Jahres – auf ein Minimum ihrer ursprünglichen Größe zusammengepackt – die kritische Jahreszeit in Knospen wohlgeschützt überbrücken. Daß dies nicht unbedingt so sein muß, beweisen Mammutbaum *(Sequoia* und *Sequoiadendron)*, das Rotholz *(Metasequoia)* und auch Zypressen; *Yucca,* Palmen, der Dra-

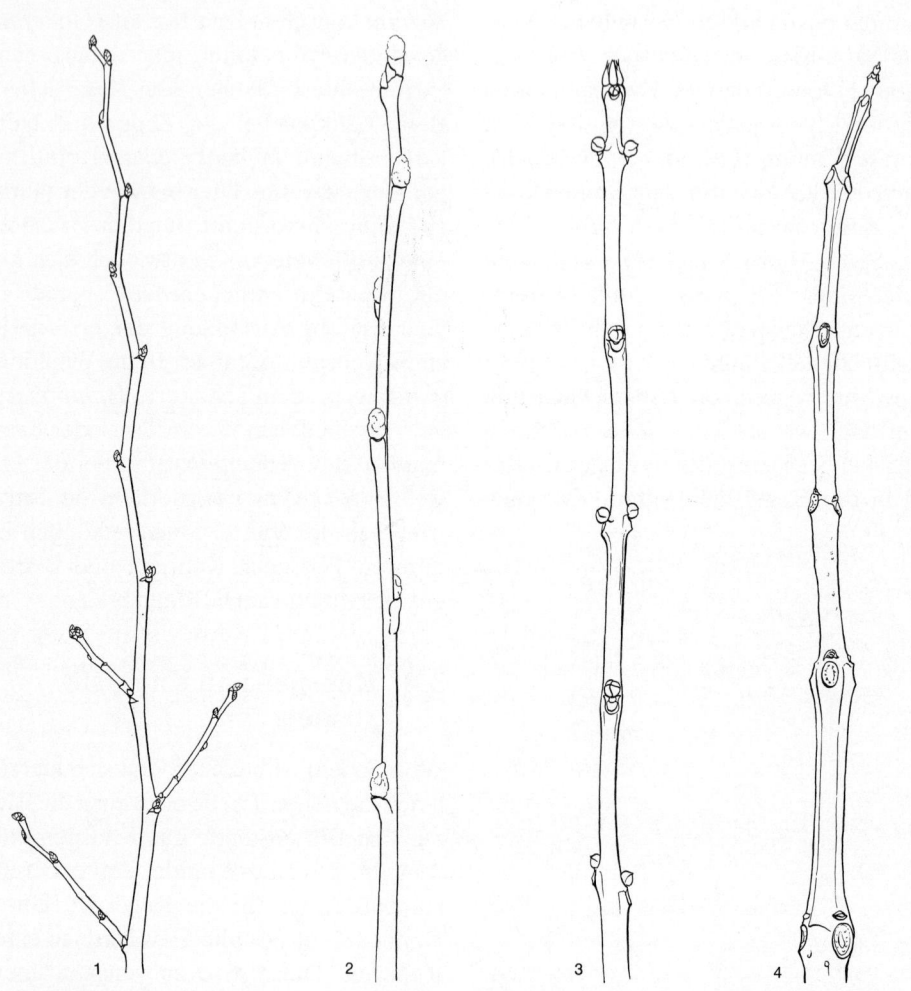

1
Zweizeilige Knospenstellung bei Cotoneaster hrizontalis.

2
Die spiralige Knospenstellung ist weit verbreitet (Sorbus aucuparia).

3
Gegenständige Knospenstellung bei Fraxinus excelsior.

4
Eine quirlständige Knospenstellung tritt bei Laubgehölzen nur selten auf (Catalpa bignonioides).

30

chenbaum *(Dracaena)* und die *Eucalyptus-* Arten bilden ebenfalls keine eigentlichen Knospen aus. Schließlich gibt es – wie so oft – noch ein Mittelding: nackte Knospen. So bei der Runzelblättrigen Schlinge *(Viburnum rhytidophyllum)* und der Flügelnuß *(Pterocarya fraxinifolia)*.

Wenn Laub- und Blütenknospen zu gleicher Zeit im Frühjahr austreiben, kann man sie meist schon im Winter an der Größe unterscheiden. Blütenknospen zeigen sich in der Regel größer und rundlicher als Blattknospen. Das ist natürlich nicht der Fall bei all denen, die erst im Laufe des Sommers ihre Blüten ausbilden, z. B. beim Sommerflieder *(Buddleja)*.

Auch die Stellung der Knospen zueinander ist arttypisch. Sind sie in zwei sich gegenüberliegenden Reihen angeordnet, so spricht man von zweizeiliger Knospenstellung, wie wir sie bei der Amphitonie auf Seite 26 kennenlernten. Sind sie unregelmäßig um den Zweig angeordnet, nennt man dies eine spiralige Knospenstellung. Sie kommt am häufigsten vor, als Beispiele seien lediglich Spiraeen und Magnolien genannt. Eine gegenständige Anordnung der Knospen kennen wir bei der Esche *(Fraxinus)* und beim Geißblatt oder Jelängerjelieber *(Lonicera)*. Besonders auffällig ist die quirlständige Knospenstellung, bei der drei oder mehr Knospen in gleicher Höhe angeordnet sind. Als Beispiele hierfür seien der Trompetenbaum *(Catalpa)* und die Andentanne *(Araucaria)* angeführt.

Eine besondere Form stellen die *schlafenden Knospen* dar, auch schlafende Augen oder Adventivknospen genannt. Diese sind während des normalen Wachstums angelegte Knospen, die jedoch nicht voll ausgebildet werden. Sie sind von außen nicht kenntlich, dabei jedoch stets vorhanden und funktionsbereit. Sie werden im Zuge des Dickenwachstums der Äste bzw. Zweige weiter nach außen befördert und liegen dicht unterhalb der Rinde, also gewissermaßen auf dem Sprung. Den Startschuß zum Austrieb lösen offensichtlich das Licht und ein Überangebot an Nährstoffen aus: bricht ein Teil des Astes ab oder wird er zurückgeschnitten, treten diese schlafenden Knospen urplötzlich in Aktion. Die sich aus ihnen entwickelnden Triebe sind enorm wüchsig, da Wasser und Nährstoffe in ursprünglicher Menge hochgepumpt werden, aber nur wenige Abnehmer finden. Jeder von uns kennt die Wasserreiser oder Wasserloden, die sich nach scharfem Rückschnitt an Obstbäumen entwickeln.

Ähnliche Wuchsfreudigkeit zeigen auch die Ziergehölze. Mit nur wenigen Einschränkungen kann man auch hier feststellen: je schärfer der Rückschnitt, um so stärker der neue Trieb.

Ein Teil des in den vorigen Kapiteln dargelegten Wissens ist ganz sicher theoretischer Natur, wichtig für den, der einen Einblick in die Gesetzmäßigkeiten des Wuchses und der Entwicklung der Gehölze nehmen möchte. Das folgende Kapitel sollte jedoch von jedermann eingehend gelesen und beachtet werden. Jeder, der die Schere zum Schnitt ansetzt, sollte sich darüber im klaren sein, warum er gerade hier schneiden will. Dazu muß er das Einmaleins des Schneidens kennen. Wir zeigen es im folgenden auf.

Zuvor jedoch ein paar Worte zu der Frage, wie man die blattabwerfenden Gehölze im Winter erkennen kann.

4.1 Das Erkennen der Bäume und Sträucher im Winter

Bei allen Hinweisen in diesem Buch für den Schnitt bestimmter Gehölzarten wird vorausgesetzt, daß man die Pflanzen kennt. Immergrüne lassen sich natürlich zu allen Jahreszeiten verhältnismäßig sicher ansprechen, aber sie werden am wenigsten einer regulierenden Behandlung mit der Schere unterzogen.

Anders ist es mit den sommergrünen Gehölzen. Wenn sie ihre Blätter abgeworfen haben, sind sie nicht leicht zu erkennen.

Dem Gartenfreund sind seine Gehölze großteils allein vom Standort her bekannt; für den Gärtner, der vielfach in fremden Revieren arbeitet, ist es schon schwieriger, sie alle richtig anzusprechen.

In allen Fällen ist das auch nicht erforderlich. Der Habitus der Pflanze verrät oftmals, was und wie geschnitten werden muß. Dennoch sollte man bemüht sein, mehr und mehr die Gehölze auch im laublosen Zustand kennenzulernen.

Es ist gar nicht so schwer, sich wesentliche Merkmale einzuprägen. Viele fallen gleich ins Auge: die Wuchsform der Pflanze und ihre Symmetrieverhältnisse, über die eingehend berichtet wurde. Zuweilen sind auch noch alte Fruchtstände vorhanden, die Hinweise geben. Ferner ist die Struktur und Farbe der Rinde maßgebend, eine ganze Menge sagen die Knospen aus: ihre Stellung am Zweig, ob gegen- oder wechselständig, ihre Größe und Form, Behaarung, Zahl und Farbe der Knospenschuppen usw. Auch die Narben, die die abgefallenen Blattstiele hinterließen, sowie das Vorhandensein und die Art des Markes sind ausschlaggebend. Wer sich daraufhin die Feinheiten der winterkahlen Gehölze einmal ansieht, wird sicher seine Freude an der Vielfalt der oft übersehenen Ausbildungsformen finden.

4.2 Winterschnitt

Grundsätzlich kann zu jeder Jahreszeit geschnitten werden.

Allgemein wird der Schnitt aber während

der winterlichen Ruheperiode vorgezogen. Einmal hat man dann mehr Zeit dafür übrig, zum anderen lassen sich bei allen laubabwerfenden Gehölzen im winterkahlen Zustand die erforderlichen Maßnahmen viel besser und klarer erkennen. Nicht zuletzt ist für die meisten Gehölze der Winterschnitt physiologisch richtiger, d. h. die Pflanzen vertragen ihn leichter und haben Gelegenheit, die Wunde, wenn auch vorerst provisorisch, zu verschließen.

Dieser Schnitt beginnt im Spätherbst oder Vorwinter und kann sich bis zum zeitigen Frühjahr fortsetzen.

Während des Winters selbst sollte man an sehr kalten Tagen nicht schneiden: −6 °C gilt als unterste Grenze, andernfalls splittert das Holz zu leicht. Zudem erhöht sich die Unfallgefahr bei den Schnittarbeiten beträchtlich, vor allem an höheren Bäumen.

Die günstigste Zeit zum Schneiden ist der Winterausgang, wenn keine stärkeren Fröste mehr zu befürchten sind. Doch wird es nicht immer möglich sein, bis dahin zu warten, man würde die Arbeit nicht mehr schaffen.

Bei allen Arten, bei denen der Saft bereits sehr früh zu steigen beginnt und die bei Verletzungen stark bluten, soll der Schnitt möglichst im Vorwinter erfolgen. Dies gilt z. B. für Ahorn (Acer), Birke (Betula), Flügelnuß (Pterocarya), Gelbholz (Cladrastis). Kann man den Schnitt dieser Gehölze nicht rechtzeitig beenden, so ist es besser, ihn auf den Sommer zu verschieben, da dann die Wunden nicht bluten und leichter und schneller verheilen.

Spät im Nachwinter erst wird man Arten mit weitem, weichem Mark schneiden wie Clematis, Trompetenbaum (Catalpa) und die Rosen. Walnüsse schneidet man – wenn überhaupt – besser im Sommer. Frostempfindliche oder gar frostgeschädigte Gehölze schneide man ebenfalls erst ausgangs des Winters, wenn man das Ausmaß des Schadens voll erkennen kann.

Der Schnitt der Sommer- und Herbstblüher fällt in den Frühling, kurz bevor die Knospen austreiben. Es handelt sich um die Gruppe B (vgl. Seite 44, 54).

4.3 Sommerschnitt

Während der Vegetationsperiode wird man sich wegen der oben dargelegten Gründe nur ausnahmsweise, d. h. in Notfällen, zu einem tiefgreifenden Schnitt entschließen. Eine Ausnahme bilden jedoch die Hecken, die regelmäßig und oft im Laufe des Sommers gestutzt werden. Über ihre Behandlung wird in einem eigenen Kapitel ausführlich berichtet. Eine andere Form des Sommerschnittes im weiteren Sinne soll hier besonders herausgestellt werden – das Entspitzen oder Pinzieren. Beim Betrachten der jungen und jüngsten Bäume und Sträucher fällt einem immer wieder auf, daß sie häufig aufschießen, ohne genügend Nebentriebe anzusetzen; dies kann auch nach kräftigem Rückschnitt der Fall sein. Hier genügt es, die wachsenden Triebe zu entspitzen. Dabei kneift man mit den Fingernägeln die weiche Triebspitze aus. Diese Maßnahme zwingt das Gehölz dazu, sich gleich zu Anfang richtig aufzubauen. Anstatt nur an der Spitze weiter zu wachsen, „besinnt" sich der Trieb, daß er ja auch noch Seitentriebe zu bilden hat. Er bleibt dann natürlich kleiner, bekommt eine ganz andere Statur, wird somit kräftiger, widerstandsfähiger und „selbstbewußter". Man gewinnt hierdurch fast eine Vegetationsperiode. Wird ein Schnitt erst im Winter durchgeführt, muß das unnötig gewachsene Holz entfernt werden, die Pflanze hat es umsonst produziert.

Besonders wirkungsvoll ist das Pinzieren bei Arten, die infolge zu langen Wachstums in den Herbst hinein nicht richtig ausreifen, d. h. krautig bleiben und dann leicht durch Frost geschädigt werden. Hier zur rechten Zeit pinziert – ein Datum ist schlecht zu nennen, der richtige Zeitpunkt ist gekommen, wenn die Triebe ihr Wachstum verlangsamen – begünstigt sehr das Ausreifen, d. h. das Verholzen der Triebe. Die Winterhärte läßt sich so unmittelbar erhöhen. Ganz besonders sollte man es nach nassen Sommern nicht unterlassen, um bis zum Herbst festeres, widerstandsfähigeres Holz zu erzielen.

Das Pinzieren begünstigt gleichzeitig die Ausbildung der Knospen in den Blattachseln. In gewissem Maße ist auch eine Beeinflussung in Hinsicht auf die Blütenknospenbildung möglich. Es ist eine Tatsache, daß pinzierte Triebe williger Blütenknospen ansetzen als unpinzierte.

In der Parkpflege ist der Sommer auch die gegebene Zeit, trockenes Holz aus den Kronen zu entfernen, da dies im Winter oftmals übersehen wird.

4.4 So wird's gemacht

Eine allgemeine Vorschrift besagt, daß einjährige Sprosse immer dicht über einer Knospe geschnitten werden sollen. Der

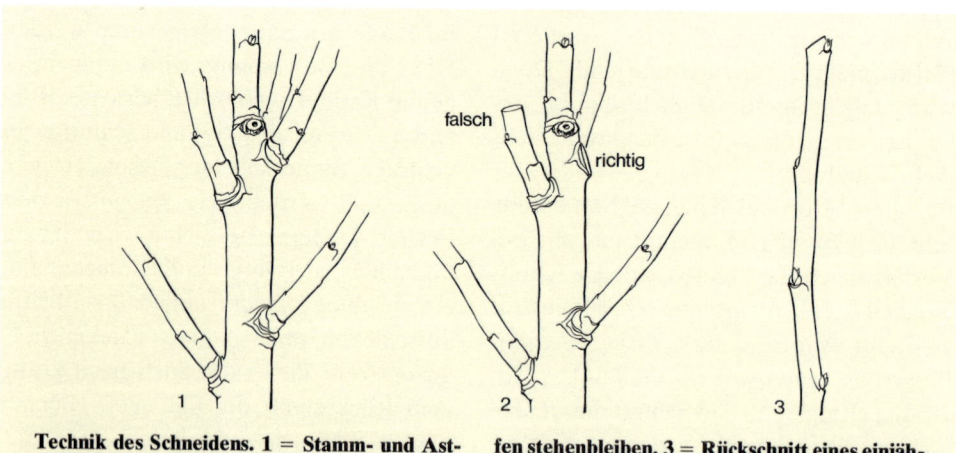

Technik des Schneidens. 1 = Stamm- und Astverlängerung mit Leit-, Konkurrenz- und Seitentrieb. 2 = Falsches und richtiges Entfernen von Seitenzweigen; immer muß auf Astring geschnitten werden, es soll kein sogenannter Zapfen stehenbleiben. 3 = Rückschnitt eines einjährigen Triebes (Prunus). Der Schnitt liegt dicht und schräg über einem Auge. Bei vielen Arten ist ein derart exakter Schnitt über einem Auge nicht erforderlich.

Schnitt selbst erfolgt etwas schräg zur Längsachse des Sprosses, und zwar vom Auge weg schräg nach unten.

Je dünner der Trieb ist, um so mehr wird man den Schnitt rechtwinklig zur Sproßachse führen, und zwar dicht über der Spitze einer Knospe. Der im rechten Winkel geführte oder der nur mäßig ansteigende Schnitt ergibt eine kleine Wunde und sichert die Knospe davor, daß sie vor dem Austrieb etwa eintrocknet. Es ist auf jeden Fall zu vermeiden, den Schnitt tiefer zu beginnen, als die gegenüberliegende Knospenbasis sitzt. Verpönt ist es auch, den Schnitt irgendwo durch das Internodium zu führen, so daß ein mehr oder weniger langer, zurücktrocknender Zapfen bleibt. Doch in dieser gutgemeinten Vorschrift steckt etwas Theorie, jedenfalls kann sie, wenn die Arbeit flott vorangehen soll, immer nur annähernd befolgt werden. Je wertvoller ein Gehölz ist, um so mehr sollte man die „goldenen Regeln" berücksichtigen.

Bei einem Rückschnitt in mehrjähriges Holz kann man gewöhnlich die Vorschrift, auf eine Knospe zu schneiden, nicht erfüllen. Man wird aber hier, wenn eben möglich, über einem Seitenzweig schneiden, der als Zugast dient. Bei radikalem Rückschnitt, z. B. beim Kappen von Baumkronen oder überständigen Sträuchern, ist man gezwungen, irgendwo durch ein Internodium zu schneiden. Man kann hier jedoch erwarten, daß schlafende Knospen austreiben.

5   Das Schneiden der Ziersträucher

Über den Aufbau der Ziersträucher wurde schon gesprochen. Ihr gemeinsames Merkmal ist die Mehrzahl von Stämmen, die dem Boden entsprießen. Es ist wichtig, durch einen sinnvollen Schnitt laufend für die Bildung neuer, basaler Triebe zu sorgen, damit die „ewige Jugend" möglichst lange währt.

Wie alt bei sachgemäßer Pflege Gehölze tatsächlich werden können, zeigt der „Tausendjährige Rosenstock" zu Hildesheim. Nach neueren Untersuchungen ist es durchaus möglich – wenn nicht sogar wahrscheinlich –, daß er dieses sagenhafte Alter besitzt.

Dabei sind die jeweiligen Stämme höchstens 50 Jahre alt. Bei entsprechender Betreuung – dazu gehört vor allem der Schnitt – sind Sträucher tatsächlich theoretisch unsterblich.

5.1   Erziehung ist alles: der Aufbauschnitt

Es wurde schon gesagt, daß diese Grunderziehung in der Baumschule stattfindet. Sie sei deshalb hier nur kurz gestreift. Wer Sträucher selber vermehrt, hat sicher die Erfahrung gemacht, daß Stecklinge, Steckhölzer oder Sämlinge sich nicht oder nur ungenügend verzweigen. Dies bietet natürlich keine Grundlage dafür, daß schon in Kürze ein ansehnlicher Strauch entsteht. Rechtzeitiges, gerade in den allerersten Monaten mehrfaches Pinzieren (Auskneifen, siehe Seite 33) oder ein Rückschnitt im ersten Winter sind hier erforderlich.

5.2 Der Pflanzungsschnitt

Vielen Gartenbesitzern widerstrebt es, ein Gehölz, das sie gerade frisch erworben haben, bei der Pflanzung sogleich zurückzuschneiden, d. h. einzukürzen. Schließlich wurde es in seiner ganzen Größe bezahlt.

Dennoch ist ein Pflanzungsschnitt bei fast allen Gehölzen, die ohne Ballen geliefert wurden, angebracht. Die Erklärung ist einleuchtend: Beim Verpflanzen büßt bekanntlich jeder Strauch einen Teil seiner Wurzeln ein; insbesondere die feineren Saugwurzeln, die fast ausschließlich (!!) die Wasser- und Nährstoffaufnahme vollziehen, fehlen. Es gilt also, durch Rückschnitt der oberirdischen Teile die Wurzeln in die Lage zu versetzen, die Pflanze von Beginn an ausreichend zu versorgen. Die meisten Ziersträucher, die aus der Baumschule ohne Erdballen geliefert werden, bestehen aus einem Gerüst ein- bis dreijähriger, selten auch älterer Triebe. Um ihnen das Anwachsen zu erleich-

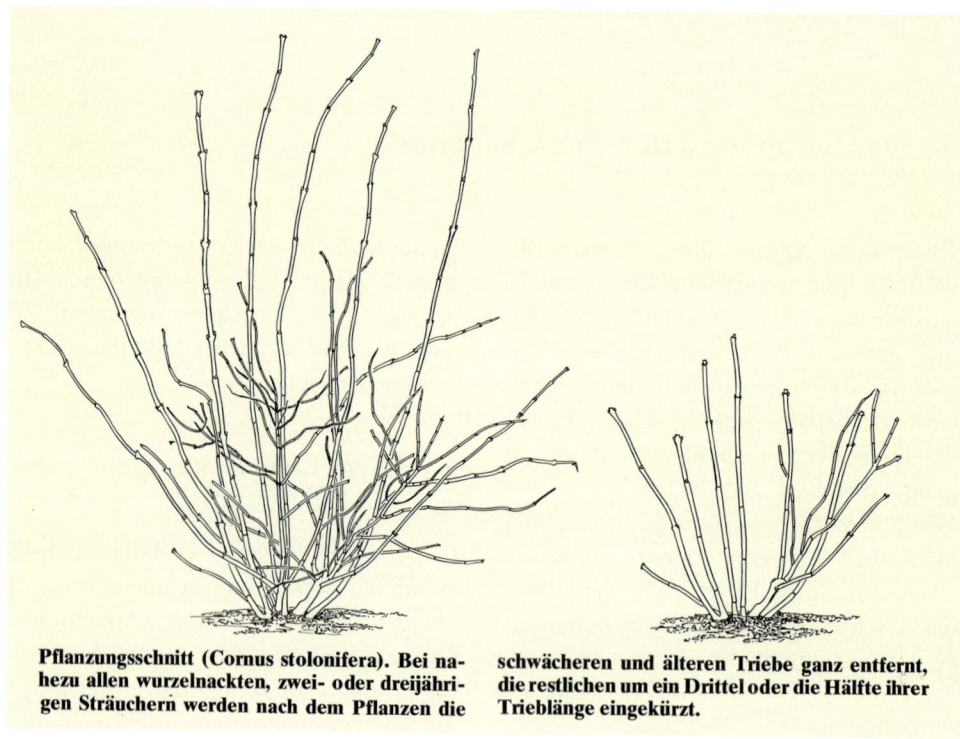

Pflanzungsschnitt (Cornus stolonifera). Bei nahezu allen wurzelnackten, zwei- oder dreijährigen Sträuchern werden nach dem Pflanzen die schwächeren und älteren Triebe ganz entfernt, die restlichen um ein Drittel oder die Hälfte ihrer Trieblänge eingekürzt.

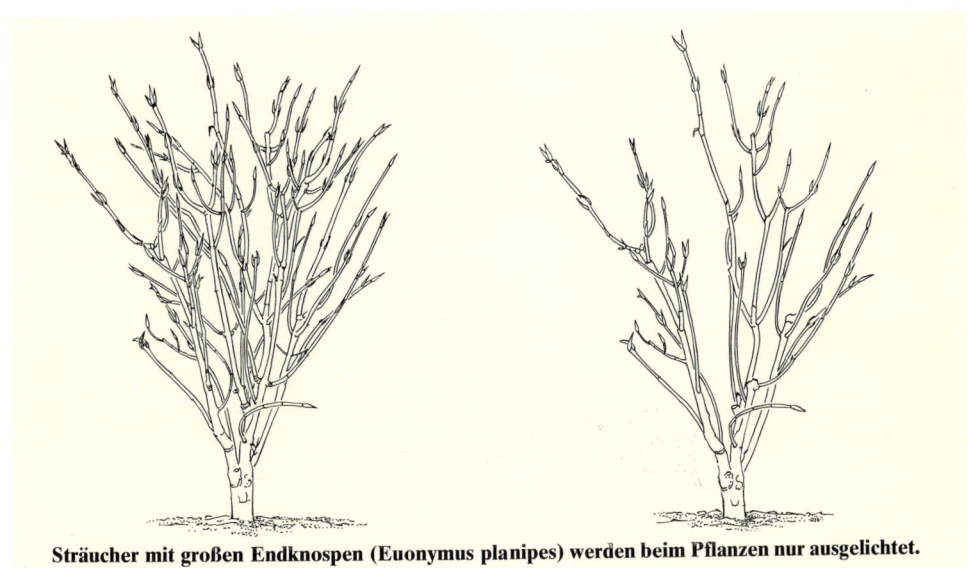

Sträucher mit großen Endknospen (Euonymus planipes) werden beim Pflanzen nur ausgelichtet.

tern, werden sie bei der Pflanzung ausgelichtet, wobei ihnen jedoch nicht mehr Holz genommen werden soll, als zu diesem Zweck nötig erscheint. Bei jüngeren, wenig verzweigten Pflanzen bleiben nur einige der starken Langtriebe stehen, die dann noch um ein Viertel bis ein Drittel ihrer Länge zurückgeschnitten werden. Älteren, schon stärker verzweigten Pflanzen entnimmt man gleichmäßig ältere und jüngere Triebe, die unverzweigten Langtriebe werden wie oben beschrieben zurückgeschnitten.

Bei Arten, bei denen zwischen den Knospen an den Spitzen und am basalen Teil der einjährigen Triebe auffällige Größenunterschiede bestehen, beschränke man sich auf Auslichten, bei den übrigen, bei denen die Knospen auf der ganzen Sproßlänge ziemlich gleichartig sind, darf man ruhig kräftig zurückschneiden.

Sträucher, die nur aus einer geringen Zahl dicker, starrer Triebe bestehen, wie z. B. Teufelsspazierstock *(Aralia),* Blaubohnenbaum *(Decaisnea),* Flügelnuß *(Ptero-*

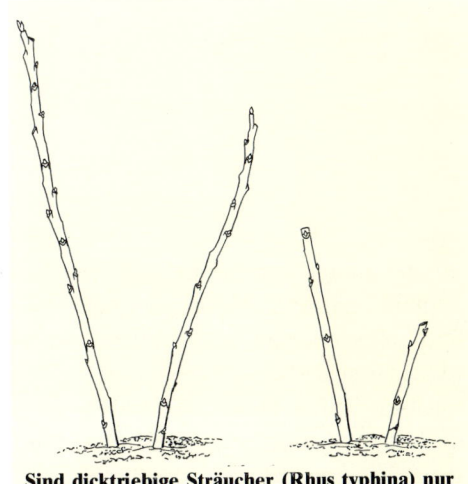

Sind dicktriebige Sträucher (Rhus typhina) nur spärlich verzweigt, können sie beim Pflanzen zurückgeschnitten werden.

carya), Essigbaum *(Rhus typhina)* u. a. schneide man so wenig wie möglich, allenfalls schneide man schwächliche Seitentriebe zurück. Hier versuche man, das Anwachsen durch andere Maßnahmen zu fördern, etwa durch Sonnen- oder Windschutz. Dieser Hinweis gilt allerdings nur für ältere, schon relativ gut verzweigte Sträucher,die dann in der Regel auch mit Ballen geliefert werden. Junge, kaum verzweigte Pflanzen dieser Gruppe kann man durchaus in der üblichen Weise zurückschneiden.

Bei Veredlungen wird man sich verschieden verhalten. Während z. B. Zier-Pfirsiche, Zier-Mandeln, Zier-Pflaumen und Zier-Kirschen eines kräftigen Rückschnittes der einjährigen Leittriebe wie

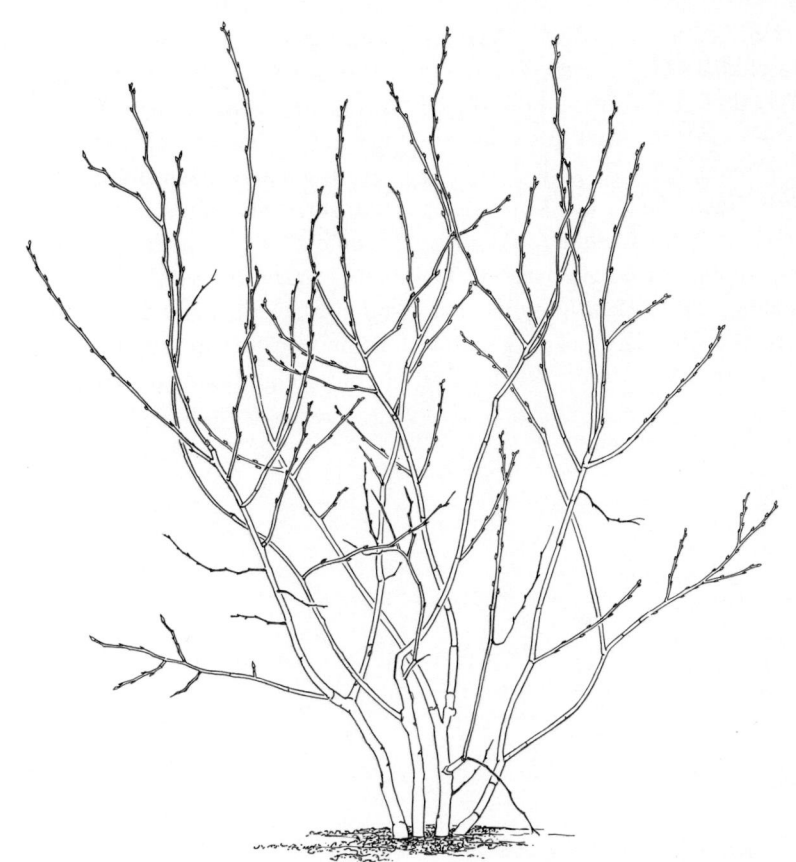

Locker aufgebaute Gehölze (Ameianchier lae-vis) werden nur vorsichtig ausgelichtet, wenn sie mit Ballen gepflanzt werden. Ein Rückschnitt ist in der Regel nicht notwendig.

der Seitenzweige bedürfen, kann man bei Zier-Äpfeln den Schnitt bei der Pflanzung unterlassen und erst im folgenden Winter nachholen. In der Regel vertragen sie aber einen Rückschnitt bei der Pflanzung recht gut. Auch veredelten Flieder sollte man nur auslichten, die verbleibenden Triebe jedoch nicht zurückschneiden, da die schwachen Knospen an den unteren Tei-len der Zweige bei der kurzen Wuchspe-riode des Flieders nur einen schwächli-chen Trieb ergeben.

Die ausgesprochenen Sommer- und Herbstblüher treiben am besten aus und wachsen am ehesten an, wenn sie bei der Pflanzung einem starken Rückschnitt un-terzogen werden. Hierzu zählen Sommer-flieder *(Buddleja),* Bartblume *(Caryopte-*

ris), Kamminze *(Elsholtzia)*, Hahnenkopf *(Hedysarum)*, Johanniskraut *(Hypericum)*, Buschklee *(Lespedeʒa)*, Perovskie *(Perovskia)* und der winter-empfindliche Keuschbaum *(Vitex)*. Aber auch der Eibisch *(Hibiscus)*, die Rispen-Hortensie *(Hydrangea paniculata)*, die Leycesterie *(Leycesteria)* und die Weiden *(Salix)*-Arten vertragen eine solche „Pferdekur".

Ein Pflanzungsschnitt erübrigt sich bei allen Arten, die mit Erdballen geliefert werden. Genannt seien hier nur der Fä-

cher-Ahorn *(Acer palmatum)* mit seinen zahlreichen Formen, die Zaubernuß *(Hamamelis)*, die Scheinhasel *(Corylopsis)*, die Magnolien *(Magnolia*-Arten) usw. „Es wäre Sünde", sagt Boerner, „allen diesen und vielen anderen Kostbarkeiten ohne Not auch nur einen Zweig zu nehmen." Es ist ja der Sinn des Erdballens, Wachstumsstörungen beim Verpflanzen weitgehend auszuschließen.

Beim Verpflanzen älterer Sträucher, die bereits lange Jahre an ihrem Platz gestan-

Der Pflanzungsschnitt bei Zier-Kirschen (zum Beispiel Prunus serrulata 'Kanzan') und Zier-Äpfeln ist dem im Obstbau üblichen Schnitt ähn- lich: **Die Seitentriebe werden bis auf eine Ebene zurückgeschnitten, der Mitteltrieb bleibt 20 bis 30 cm länger.**

Alle Sommer- und Herbstblüher (Buddleja davidii) schneidet man im Frühjahr nach der Pflanzung ganz kurz zurück.

den haben, ist das Anwachsen infolge des größeren Verlustes gerade der Ernährungswurzeln an der Peripherie des Ballens stets schwieriger als bei jüngeren Baumschulpflanzen. Den großen Wurzelverlust kann man nur durch ein gründliches Auslichten ausgleichen, wobei die älteren Stämme mit verringerter Wuchskraft fallen müssen, während die jüngeren Stämme, die noch wüchsige Langtriebe besitzen, erhalten bleiben müssen. Diese Langtriebe werden zwar eingekürzt, jedoch nur so, daß ihnen noch einige größere Laubknospen erhalten bleiben, von denen man im Frühjahr einen frühzeitigen und regelmäßigen Austrieb erwarten kann. Auch hier gilt als goldene Regel: *Je kleiner und schlechter der Wurzelballen, desto schärfer hat der Rückschnitt zu erfolgen.*

5.3   Der Erhaltungsschnitt

Spricht man allgemein vom Schnitt der Ziergehölze, so ist (fast) immer der Erhaltungsschnitt gemeint. Er erstrebt die Erhaltung der Lebenskraft und Gesundheit des Gehölzes, weil der Schnitt zur ständigen Ersatzbildung für einzelne, alternde und funktionsuntüchtig werdende Teile anregt. Zudem will er jeder Pflanzenart helfen, die ihr eigene Form zu bilden und zu erhalten. Hierhin gehört auch der Schnitt, der auf die Bildung von Blütenanlagen gerichtet ist, ebenso wie die Beseitigung von Rückschlägen bei buntlaubigen Formen und die Entfernung von Unterlagentrieben bei Veredlungen.

Um es gleich vorweg zu nehmen: Der Schnitt der Ziergehölze unterscheidet sich grundsätzlich von dem der Obstgehölze.

Kaum eine der Regeln, die den Schnitt betreffen, lassen sich von einem Gebiet auf das andere übertragen. So wie im Obstbau sich die Ansichten über die sinnvollste Art des Schnittes wandeln, gibt es ebenso bezüglich des Schnittes der Ziergehölze widersprüchliche Auffassungen. Sie beziehen sich jedoch nur auf einzelne Pflanzengruppen oder -Arten, wie z. B. Rosen oder *Clematis*. Glücklicherweise ist man in den letzten Jahren – vor allem durch die Veröffentlichungen Franz Boerners – einem naturnahen Schnitt erheblich näher gekommen!

Ziel des Schnittes kann nur sein, regulierend und anregend einzugreifen, nicht aber die Sträucher zu uniformieren. Man muß den Strauch sich so aufbauen lassen, wie es seiner Natur entspricht. Diesem trägt man grundsätzlich Rechnung, wenn man sich immer wieder bewußt wird, daß man weniger zurückschneiden als auslichten sollte! Alte, überständige Äste zu entfernen, ist für viele Ziersträucher die beste Kur, um munter und gesund zu bleiben. Ein kritischer Blick genügt meistens um zu sehen, wo das Übermaß an „Holz" weggenommen werden muß. Man erkennt es an der Dicke, der Farbe und der Struktur der Rinde: sie wird dunkler und rissig. Beim Auslichten kann man – ebenso wie bei einem starken Rückschnitt in mehrjähriges Holz – die Vorschrift „auf eine Knospe schneiden" nicht erfüllen. Man wird aber hier, um das Eintrocknen eines längeren Zapfens zu vermeiden, nach Möglichkeit dicht über einem seitlichen Zweig schneiden, der als Zugast wirkt, oder unmittelbar über dem Boden.

Beim Auslichten älterer, überständiger Sträucher ist dies zuweilen weder möglich noch nötig. Hier setzt man die Säge so tief wie möglich über dem Boden an – es sind ja genügend andere Stämme da, die den Strauch aufbauen.

5.4 Blüten so viel wie möglich

Die Erhaltung des äußeren Erscheinungsbildes ist nur eine der Aufgaben der Schnittmaßnahmen. Wesentliches Ziel ist es, die Blühfreudigkeit der Arten zu erhalten oder gar zu verbessern. Deshalb ist es unumgänglich, daß wir uns mit den Blühverhältnissen der Ziersträucher auseinandersetzen.

Allgemein ist bekannt, daß zwei große Gruppen unterschieden werden: Zu der ersten zählen die Arten, die bereits im Herbst, zum Abschluß der Vegetationsperiode, Blütenknospen gebildet haben. Es sind dies alle *Frühblüher:* Flieder, Kirschen, Forsythien usw. Ein Querschnitt durch die Blütenknospe im Winter zeigt, daß diese bereits fertig angelegt ist, sie wartet nur noch auf den Startschuß. Bei der anderen Gruppe werden die Blütenknospen erst während der Vegetationsperiode gebildet; wir wollen sie hier als *Sommerblüher* bezeichnen.

Doch je eingehender man sich mit der Blütenbildung auseinandersetzt, um so vielgestaltiger zeigt sie sich. Die verschiedenen Formen werden in dem folgenden Schema zusammengefaßt. Es wirkt auf manchen Leser gewiß verwirrend. Dann sollte er sich nicht damit abquälen. Es genügt für die praktische Arbeit durchaus,

Bei Forsythien und vielen anderen Arten werden die Blütenknospen auf der ganzen Zweiglänge im Jahr vor der Blüte angelegt.

Beim Flieder (Syringa reflexa) werden die Blütenknospen am Ende der vorjährigen Triebe angelegt.

wenn er sich in der alphabetischen Übersicht (Seite 147 ff) Rat holt – alles Wesentliche ist dort verzeichnet.

5.5 Blütenbildungsverhältnisse bei den Ziersträuchern

A. Blütenanlagen in Gestalt von Blütenknospen sind *bereits im Herbst vorgebildet.*

1. Blütenknospen sind in der Regel *auf der ganzen Länge* der letztjährigen Sprosse vorgebildet. Die Blüten und Blütenbüschel entwickeln sich dabei unmittelbar aus den Blütenknospen (Beispiel: Forsythien)

oder aber es ist eine Achse mit Laubblättern zwischengeschaltet (Beispiel: Gefalteter Schneeball).

2. Blütensprosse *an der Spitze* der letztjährigen Sprosse vorgebildet, oder auch die nächstfolgenden Seitenknospen sind in Blütenknospen umgewandelt. Vereinzelt sind auch in Blütenknospen endende Kurztriebe vorhanden.
Wie bei 1. erwähnt, können sich die Blütenstände unmittelbar aus den Blütenknospen bilden (Beispiel: Rhododendron, Gemeiner Flieder) oder es ist wiederum eine Achse mit Laubblättern zwischen-

43

geschaltet (Beispiel: Pfingstrosen, Hänge-Flieder).

3. Blütenknospen an besonderen *Kurztrieben* an zwei- bis mehrjährigem Holz.
Das Blühholz bleibt mehrere Jahre lang am Leben. Wie oben erwähnt, können sich die Blüten unmittelbar aus den Knospen entwickeln (Zwergmispel, Zier-Äpfel, Magnolien) oder es sind wiederum einige Blätter zwischengeschaltet (wie bei zahlreichen Berberitzen).

4. Blüten erscheinen *unmittelbar aus dem Holz* mehrjähriger Zweige.
Die Kurztriebe sind nicht erkennbar, da sie im Holz verborgen sind. Diese als Stammblütigkeit (Cauliflorie) bezeichnete Blütenbildung finden wir hierzulande wohl nur beim Judasbaum.

B. Blütenanlagen bilden sich an den *wachsenden* Trieben und entwickeln sich unmittelbar zu Blüten.
Blütenanlagen, Blüten und Früchte entwickeln sich also in einer Wachs-

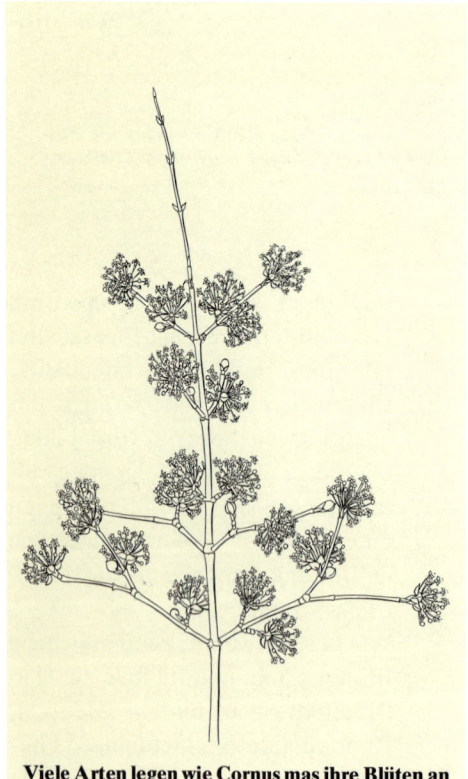

Viele Arten legen wie Cornus mas ihre Blüten an Kurztrieben an.

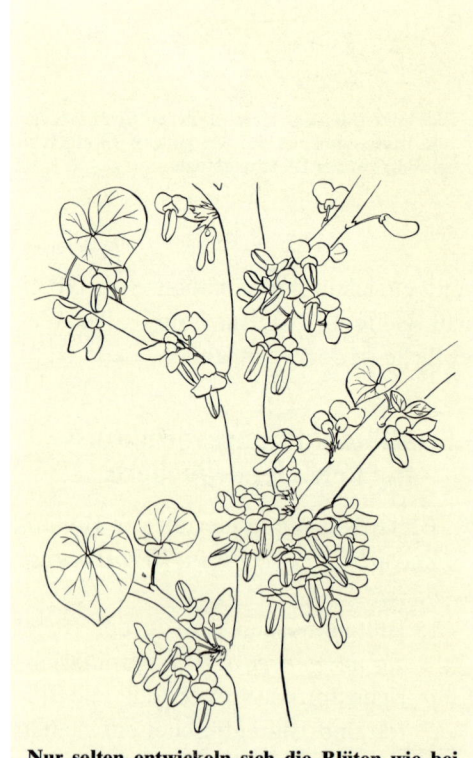

Nur selten entwickeln sich die Blüten wie bei Cercis aus dem alten Holz.

Bei Buddleja davidii entstehen die Blüten nach Abschluß des Wachstums am Ende der diesjährigen Triebe.

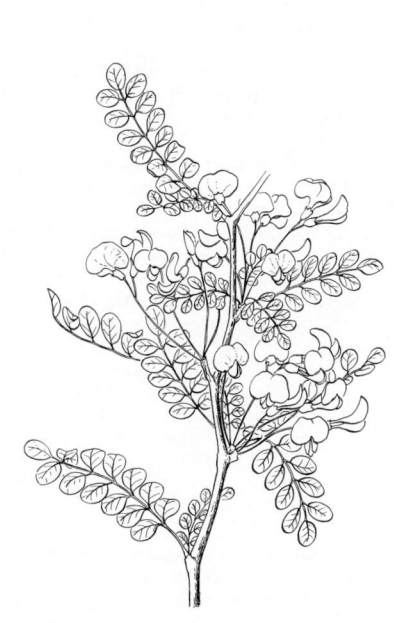

In den Blattachseln wachsender Triebe entstehen die Blüten bei Colutea arborescens.

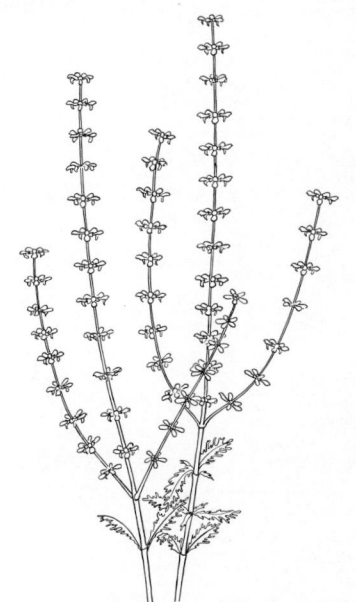

Verschiedene Halbsträucher (Perovskia abrotanoides) entfalten ihre Blüten am Ende von Langtrieben, die sich von der Basis der Sträucher aus jährlich neu entwickeln.

tumsperiode; in Ausnahmefällen (Beispiel: Efeu) reifen die Früchte im folgenden Jahr.

Bei dieser Pflanzengruppe sind in der Ruheperiode keine erkennbaren Blütenknospen vorhanden.

1. Blüten oder Blütenstände bilden sich *nach Abschluß des Wachstums* als End- oder Seitentriebe.
   Beispiel: Sommerflieder, Heide.

2. Blüten und Blütenstände entwickeln sich während des Sommers *aus den Blattachseln.* (Beispiele: Erbsenstrauch, Bartblume, Eibisch.)

45

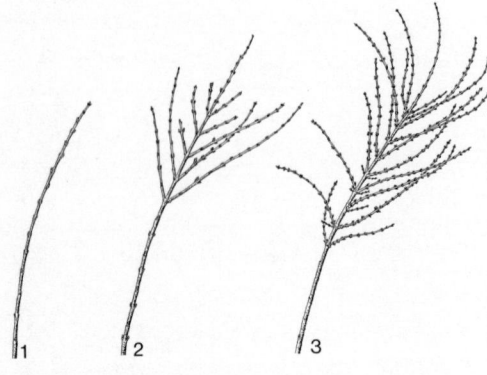

Alterungsprozeß von Forsythien. An den Zweigen der Forsythie sollen die verschiedenen Altersstufen verdeutlicht werden. Die Darstellung läßt sich auf viele andere Straucharten übertragen. 1 = Einjähriger Jungtrieb ohne seitliche Verzweigung und ohne Blütenknospenansatz. 2 = Der Johannistrieb läßt am Ende des einjährigen Triebes gelegentlich eine Seitenverzweigung entstehen. 3 = Aus dem einjährigen Trieb entwickelt sich im zweiten Jahr eine seitliche Verzweigung, die neben Blattknospen auch Blütenknospen entwickelt; sie entfalten sich im Frühjahr des dritten Jahres. Die im Winter in den Blumengeschäften angebotenen Forsythienzweige entstammen dieser Altersstufe.

Im dritten Jahr hat sich unser Trieb weiter verzweigt und in der Regel ein wenig geneigt. Er entwickelt nun die Hauptmasse seiner Blüten.

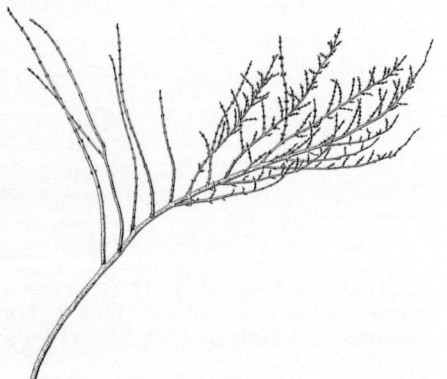

Am vierjährigen Zweig beginnt bereits der Vergreisungsprozeß. Seine zahlreichen schwachen Triebe werden nur noch dürftig blühen. Der gesamte Zweig wird sich seitwärts überneigen und an seinem Scheitelpunkt kräftige Triebe entwickeln. Zu diesem Zeitpunkt soll der Erhaltungsschnitt einsetzen, der das jeweils älteste Holz des Strauches entfernt, entweder dicht am Boden oder bis auf die starken Jungtriebe am Scheitelpunkt der älteren Zweige.

3. Blüten und Blütenstände der *Halbsträucher.*

Bei dieser Gruppe entwickeln sich basiton, d. h. vom Grund der Pflanze aus, alljährlich Langtriebe, an denen sich die Blüten bilden (in Ausnahmefällen erscheinen sie auch an Seitentrieben überwinterter Langtriebe). Diese Pflanzengruppe ist wohl am deutlichsten von allen anderen abgetrennt. (Beisp.: Perovskie, Indigostrauch.)

5.6 Anweisungen zum Schnitt der Sträucher der einzelnen Gruppen

Zu der Gruppe A 1, also den Sträuchern, die ihre Blüten entlang der vorjährigen Langtriebe tragen, gehören Vorfrühlings- und Frühlingsblüher, dazu auch noch wenige Frühsommerblüher.

In Anweisungen zum Schnitt dieser Sträucher heißt es immer ganz lapidar „Rückschnitt im Frühjahr nach der Blüte", womit gesagt werden soll, daß die abgeblühten Langtriebe auf etwa ein Viertel ihrer Länge eingekürzt werden sollen. Strikt durchgeführt, muß solche Anweisung zu einem gräßlichen, uniformierenden Schematismus führen.

Handelt es sich darum, etwa von Forsythien, Weiden u. a. jährlich zum Schnitt von Blütenzweigen für die Wohnung lange, schlanke, blütenbesetzte Ruten zu gewinnen, so ist ein solcher Schnitt vollauf gerechtfertigt. Im Garten jedoch wollen wir keine Sträucher, die ständig verschnitten aussehen. Aus den unteren und mittleren Teilen der Langtriebe entwickeln sich aus Blattknospen Seitentriebe, die infolge der kürzeren Internodien viel reicher mit Blüten besetzt sind als die langen Ruten. Durch jährlich sich entwickelnde, neue Seitenzweige bleiben die einzelnen Zweige dieser Sträucher jahrelang voll blühfähig. Lassen sie in der Blühwilligkeit nach, werden sie gänzlich bis zum Boden herausgenommen, um neuen Bodentrieben, die in 1 bis 2 Jahren wiederum zu blühen beginnen, Platz zu machen. So bleiben die Sträucher jugendlich, blühen reich und büßen vor allem ihren natürlichen Wuchs nicht ein. Wir schneiden also nicht alle jungen Triebe zurück, lichten die Sträucher vielmehr kontinuierlich aus und schneiden an jungen Sträuchern bestenfalls einige besonders lange Triebe leicht zurück. Der Schnitt muß unmittelbar nach Beendigung der Blüte erfolgen, jeder Tag bedeutet dabei einen Gewinn oder Verlust. Frühsommerblüher, wie Falscher Jasmin *(Philadelphus)* oder Weigelie *(Weigela)* blühen schon so spät, daß einem Rückschnitt nach der Blüte kein oder nur ein sehr schwacher Durchtrieb folgt. Bei ihnen ist daher ein Auslichten im Winter vorzuziehen.

Deutzien und Falscher Jasmin haben eine so ausgeprägt mesotone, also von der Mitte her erfolgende Verzweigung, daß sie nach einem Rückschnitt bis zum Boden oftmals nicht austreiben. Man schneide deshalb auf einen vorhandenen Langtrieb im mittleren Teil des Astes zurück.

Bei Sträuchern dieser Gruppe, die gleichzeitig Fruchtsträucher sind, wie etwa

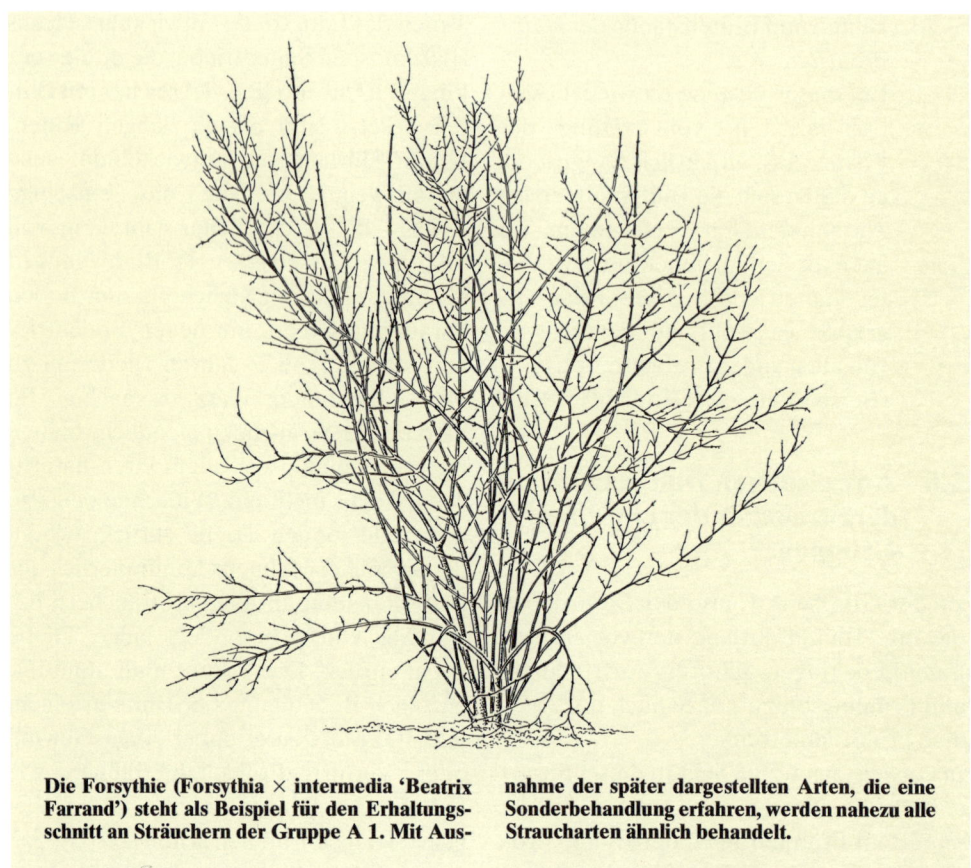

Die Forsythie (Forsythia × intermedia 'Beatrix Farrand') steht als Beispiel für den Erhaltungsschnitt an Sträuchern der Gruppe A 1. Mit Ausnahme der später dargestellten Arten, die eine Sonderbehandlung erfahren, werden nahezu alle Straucharten ähnlich behandelt.

Cotoneaster, Elaeagnus, sommergrünen Ilex-Arten u. a., ist ebenfalls das Verfahren des fortgesetzten, mäßigen Auslichtens im Winter die empfehlenswerteste Methode.

Zur Gruppe A 2, also zu den Sträuchern, bei denen die Blütenknospen vor allem an den Spitzen der vorjährigen Triebe konzentriert sind, zählen eine große Anzahl Frühlingsblüher sowie im Frühsommer blühende Arten. Beim Flieder (Syringa vulgaris) und dem Schneeball (Viburnum opulus) fehlen echte Terminalknospen. Die Seitenknospen sind zu Blütenknospen umgebildet. Diese können in mehreren Paaren untereinander erscheinen, so beim „Chinesischen" Flieder (Syringa chinensis), dem Gefalteten Schneeball (Viburnum plicatum) u. ä. Beim Behaarten und Runzelblättrigen Schneeball (Viburnum lantana und V. rhytidophyllum) findet sich an Stelle der oberen Knospe bereits im Herbst ein voll ausgebildeter, überwinternder Blütenstand mit nackten

Blütenknospen. Bei Arten mit echter Terminalknospe, wie bei vielen Ericaceen, vor allem Rhododendron, entwickelt sich aus ihnen häufig ein Blütenstand.

Erst nach der Blüte setzt die Entwicklung der neuen Triebe voll ein. Die gleiche Erscheinung haben wir beim Flieder. Bei Arten und Sorten, die Samen ansetzen, sollte man die sich bildenden Samenstände deshalb möglichst unmittelbar nach der Blüte auskneifen, damit die Nährstoffe ganz zur Ausbildung des Neu-

triebes zur Verfügung stehen. Aber Vorsicht: die jungen Triebe brechen zuweilen wie Glas!

Neben derartigen „Kleinmaßnahmen" kommt ein Schnitt zur Anwendung, der dem der Gruppe A 1 gleichzusetzen ist, jedoch die vorwiegend akrotone Verzweigung, d. h. Spitzenförderung, vieler Arten berücksichtigt. Er besteht also auch in maßvollem, fortgesetztem Auslichten mit dem Ziel, von unten her neue Stämme zu erhalten. Einige der starken Langtriebe

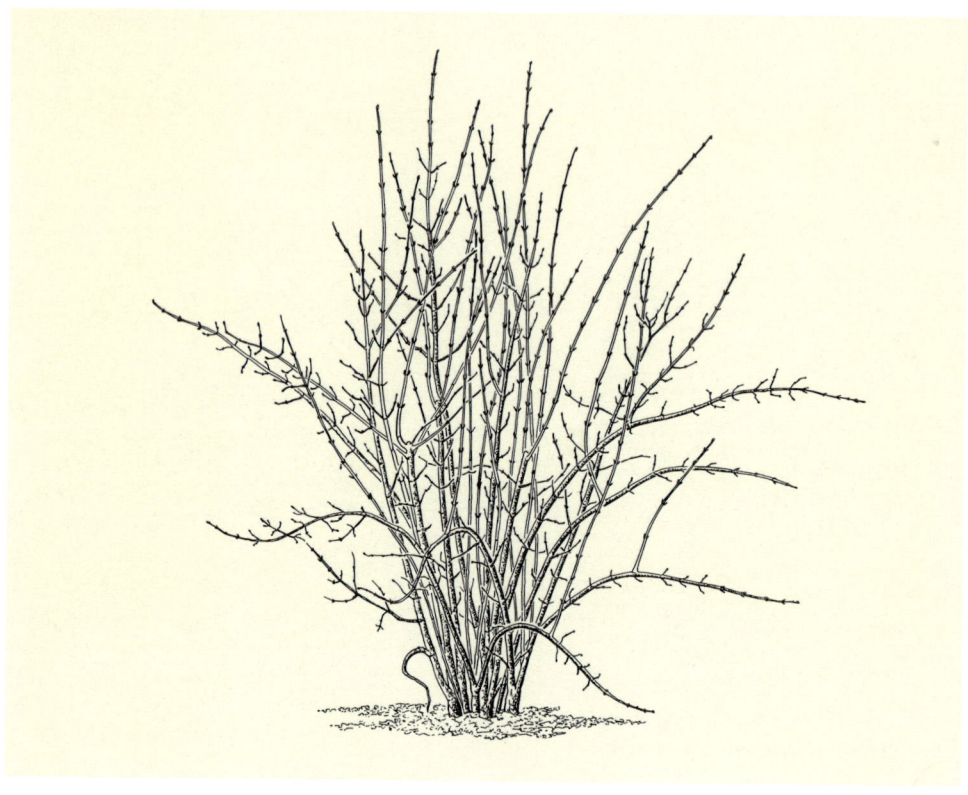

werden kräftig zurückgeschnitten. Sie sollen sich, entgegen ihrer Neigung zur akrotonen Verzweigung, an der Basis ihrer Triebe verzweigen. Für veredelte Fliederbüsche kommt ein Auslichten üblicher Art nicht in Frage, da sie ja keine Erneuerungstriebe aus der Basis bilden können. Hier kommt bei nachlassender Triebkraft nicht nur ein scharfer Rückschnitt des letztjährigen Holzes in Betracht, sondern darüber hinaus eine regelrechte Verjüngung ins mehrjährige Holz, die dann aber mit besonders guter Ernährung und, wenn nötig, Wässerung Hand in Hand gehen soll.

Zur Gruppe A 3, d. h. den Frühjahrsblühern, deren Blüten an zwei- und mehrjährigem Holz erscheinen, gehören vor allem Zier-Äpfel, -Birnen und -Quitten. Natürlich zählen hierzu auch die Zier-Kirschen, jedoch nicht die Zier-Pfirsiche und -Mandeln, die in Gruppe A 1 genannt wurden. Im Gegensatz zum Obstbau, bei dem es ja in erster Linie auf eine reiche Fruchtbildung ankommt, brauchen wir uns hier nicht mit besonderen Schnittanweisungen zu plagen. Alle Sorten sind von ihren Züchtern vor allem auch wegen ihrer Reichblütigkeit auserwählt worden, auch mit einem gezielten Schnitt läßt sich mehr

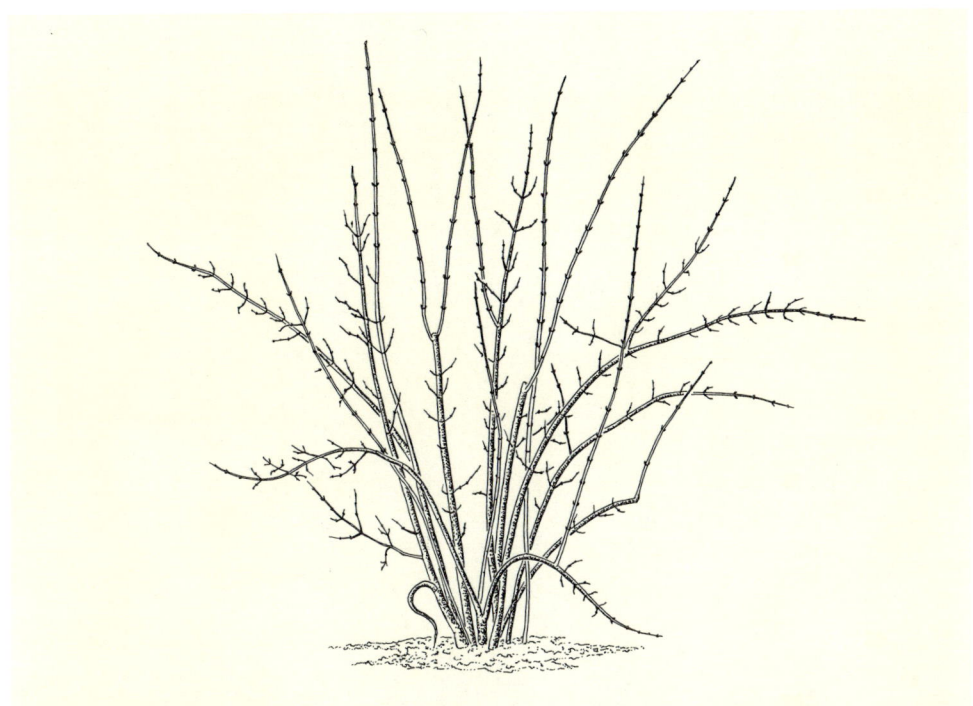

Viburnum × bodnantense. Entwickeln Sträucher sehr viele Jungtriebe, werden beim Auslichtungs-schnitt auch davon einige entfernt.

kaum erreichen. Man lichtet aus, wenn das Innere des Strauches zu dicht wird und die Blütenbildung infolgedessen nachläßt. Bei den Zier-Kirschen erfolgt diese Maß-nahme am besten nach der Blüte, da sie ansonsten durch Gummifluß stark ge-fährdet sind.

Bei vielstämmigen Arten oder Gattungen, wie Berberitzen *(Berberis)* oder Erbsen-strauch *(Caragana),* kommt ein normaler Auslichtungsschnitt wie für die Arten der Gruppe A 1 in Frage, sofern es sich nicht um Veredlungen handelt.

Bei Gattungen wie Zwergmispel *(Coto-neaster), Hamamelis, Amelanchier lamar-*ckii, strauchförmige Ahorn-Arten, *Exo-chorda* und Goldregen *(Laburnum)* dage-gen läßt sich dieser nicht durchführen, da sie kaum basitone Erneuerungstriebe bil-den. Sie werden nur dann vorsichtig aus-gelichtet, wenn die Sträucher zu dicht werden. Ein Verjüngen ist in der Regel nicht notwendig.

Bei einzelnen Gattungen, insbesondere den Zier-Äpfeln, kommt bei jüngeren Pflanzen, die noch ein üppiges Wachstum und dementsprechend eine geringe Nei-gung zur Blühholzbildung zeigen, ein frühsommerliches Entspitzen (Pinzieren) in Betracht, wodurch der Wuchs gebän-

Werden Zierkirschen (Prunus spec.) oder Zier-Äpfel einige Jahre nach dem Aufbauschnitt zu dicht, können sie vorsichtig ausgelichtet werden.

Bei so regelmäßig und locker aufgebauten Sträuchern wie Amelanchier laevis erübrigt sich jeder Schnitt.

digt wird. Wieweit das Pinzieren wirklich eine Umstimmung der Knospen von Blatt- in Blütenanlagen bewirkt, ist wohl immer noch nicht exakt nachgewiesen, es wird jedoch von der Praxis seit je ein solcher Einfluß angenommen.

Die Gruppe A 4, cauliflore = stammblütige Sträucher, hat ihre einzigen Vertreter bei uns in der Gattung Judasbaum (Cercis). Ein Schneiden dieser Sträucher ist kaum nötig. Wenn, dann führe man es im Frühsommer aus, damit die Schnittflächen bis zum Winter wieder eingetrocknet sind. Wichtig ist bei *Cercis siliquastrum* und dem noch empfindlicheren *Cercis chinensis,* alles frostgeschädigte oder sonst abgängige Holz sauber herauszu-

schneiden. Die Faulstellen breiten sich leicht und schnell aus!

Die zur Gruppe B 1 gehörenden Sträucher entsprechen in ihrer Blühweise denen der Gruppe A 1, nur daß die Blüten oder Blütenstände nicht unmittelbar am vorjährigen Zweig sitzen, sondern den Abschluß mehr oder meist weniger langer beblätterter Sprosse darstellen.

Die Blüte ist gewissermaßen der Abschluß des diesjährigen Wachstums, bei der Gruppe A 1 dagegen der des vorjährigen. Bei den Ziersträuchern dieser Gruppe sind nie so überwältigende Blütenbilder zu erwarten, da sie ja im vollbelaubten Zustand blühen.

Ein Rückschnitt dieser Sträucher in der Vegetationsruhe ist also möglich, ohne daß zu befürchten ist, daß dadurch die Blütenbildung beeinträchtigt wird. Es scheint eher der Fall zu sein, daß ein starker Rückschnitt des letztjährigen Zuwachses der Blütenbildung zuträglich ist. Das Paradebeispiel ist die Rispen-Hortensie (*Hydrangea paniculata* 'Grandiflora') die am üppigsten blüht, wenn im Winter alle letztjährigen Triebe auf fingerlange Zapfen zurückgeschnitten werden. Die Deutung ist leicht: Alle abgeblühten Triebe haben eine Anzahl Knospen, von denen die Mehrzahl austreiben würde. Durch den starken Rückschnitt wird die Zahl der Neutriebe wesentlich herabgesetzt, es fließt ihnen aber von den Wurzeln her die gleiche Menge Nährstoffe zu. Dasselbe gilt für einen Wurzelkletterer: Die Trompetenblume (*Campsis radicans*) blüht am schönsten, wenn alle vorjährigen Triebe im Nachwinter (der Frostempfindlichkeit wegen nicht früher) auf Zapfen mit je 2 bis 3 Knospen zurückgeschnitten werden.

Aber auch die Vertreter dieser Gruppe lassen sich nicht alle über einen Kamm scheren. Die Schwester der oben genannten, die Sargents Hortensie *(Hydrangea aspera* ssp. *sargentiana)*, sollte man überhaupt nicht „zum Frisör" schicken, desgleichen nicht die schwachwüchsige Abelie *(Abelia)* und die Scheineller-*(Clethra-)*Arten. Auch die Blütenbäume *Koelreuteria* und Stinkesche *(Euodia)* bedürfen keines Schnittes.

Bei der Gattung *Rubus*, die auch in diese Gruppe gehört, werden die abgeblühten vorjährigen Triebe selbstverständlich vollkommen herausgeschnitten, da sie ja nur zweijährig sind und nach der Blüte allmählich absterben. Bei weißrindigen Arten, wie *Rubus coreanus, R. giraldia-*

nus, R. tibetanus, sowie auch bei der durch unzählige Drüsenhaare geschmückten Japanischen Weinbeere *(Rubus phoenicolasius)* nimmt man diese Arbeit noch im Herbst oder frühen Winter vor: so kommt der ganze Reiz der diesjährigen Ruten im Winter voll zur Geltung.

In die Gruppe B 2 gehören die Sträucher, die fortlaufend Blüten in den Blattachseln der wachsenden Triebe entwickeln. Dies hat natürlich eine lang anhaltende Blütezeit zur Folge. Hierzu zählen nur wenige Vertreter, so der Blasenstrauch *(Colutea)*, Eibisch *(Hibiscus)*, Pfriemenginster *(Spartium junceum)* und das Beilholz *(Securinega)*. Bei allen Arten genügt ein Auslichten. Der Eibisch blüht reicher, wenn die vorjährigen Triebe auf fingerlange Zapfen zurückgeschnitten werden. Der Pfriemenginster ist – das sei besonders erwähnt – gegenüber einem starken, radi-

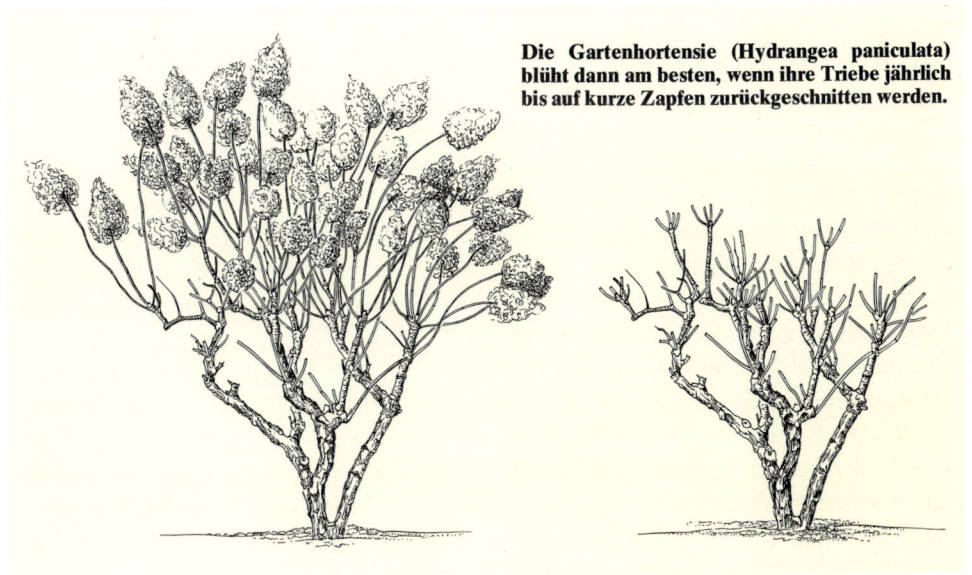

Die Gartenhortensie (Hydrangea paniculata) blüht dann am besten, wenn ihre Triebe jährlich bis auf kurze Zapfen zurückgeschnitten werden.

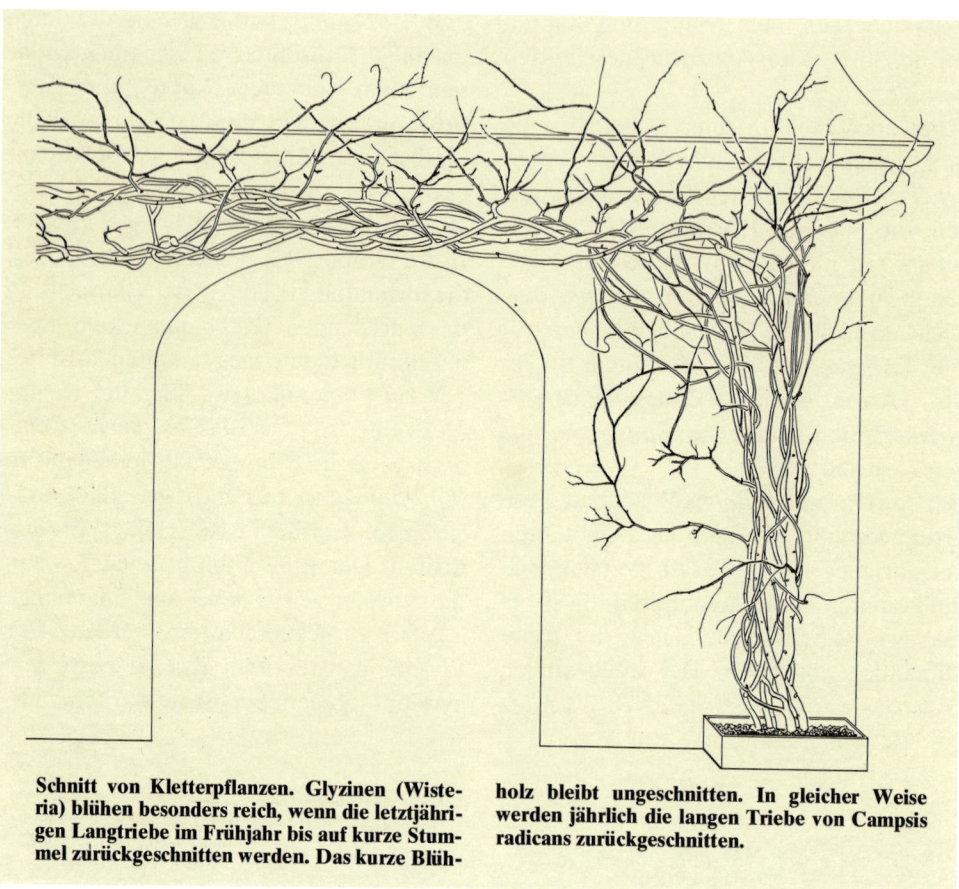

Schnitt von Kletterpflanzen. Glyzinen (Wisteria) blühen besonders reich, wenn die letztjährigen Langtriebe im Frühjahr bis auf kurze Stummel zurückgeschnitten werden. Das kurze Blüh- **holz bleibt ungeschnitten. In gleicher Weise werden jährlich die langen Triebe von Campsis radicans zurückgeschnitten.**

kalen Rückschnitt empfindlich. Auch der Auslichtungsschnitt sollte daher mit Maßen durchgeführt werden.

Der letzten Gruppe, B 3, haftet vielleicht etwas Künstliches an: sie umfaßt im wesentlichen eine Anzahl sommer- und herbstblühender Arten, die man auch in die Gruppe B 1 einreihen könnte, wenn sie nicht in unserem Klima, selbst in normalen Wintern, regelmäßig mehr oder weniger stark zurückfrieren würden. Sie müssen sich infolgedessen in jedem Jahr

sehr wesentlich aus der Basis ergänzen. Bei einigen Vertretern dieser Gruppe, wie etwa der Perovskie *(Perovskia)* liegen die Verhältnisse in den Heimatgebieten ähnlich.

Bei anderen dagegen, wie beim Gerberstrauch *(Coriaria)*, der Kamminze *(Elsholtzia)*, Fuchsie *(Fuchsia)* und beim Keuschbaum *(Vitex)*, bringt lediglich unser – für diese Arten schon recht extreme – Winter deren oberirdische Teile zum Absterben. Sie alle, ebenso der Hahnen-

kopf *(Hedysarum)* und der Indigostrauch *(Indigofera)* werden am schönsten, wenn sie in jedem Frühjahr bis zum Boden zurückgenommen werden. Für alle diese empfindlichen Gehölze ist der Schutz einer Laubdecke im Winter sehr zu empfehlen. Da viele von ihnen der Steppe entstammen, sollte ferner für einen guten Wasserabzug gesorgt werden.

Zu dieser Gruppe zählt erstaunlicherweise auch der Sommerflieder *(Buddleja),* der fast baumartig werden kann, wenn man ihn ungeschoren läßt; mit seiner Blüte sieht es dann allerdings recht betrüblich aus. Ein alljährlicher Rückschnitt im Frühjahr bis auf kurze Zapfen der vorjährigen Triebe ist das Beste, was man ihm angedeihen lassen kann. Er produziert willig Jahr für Jahr lange Triebe, und die farbenfrohen Blütenstände werden nie üppiger und kommen nie so zur Wirkung wie nach einem Rückschnitt. Notfalls verträgt der Sommerflieder auch einen kräftigen Rückschnitt bis ins alte Holz.

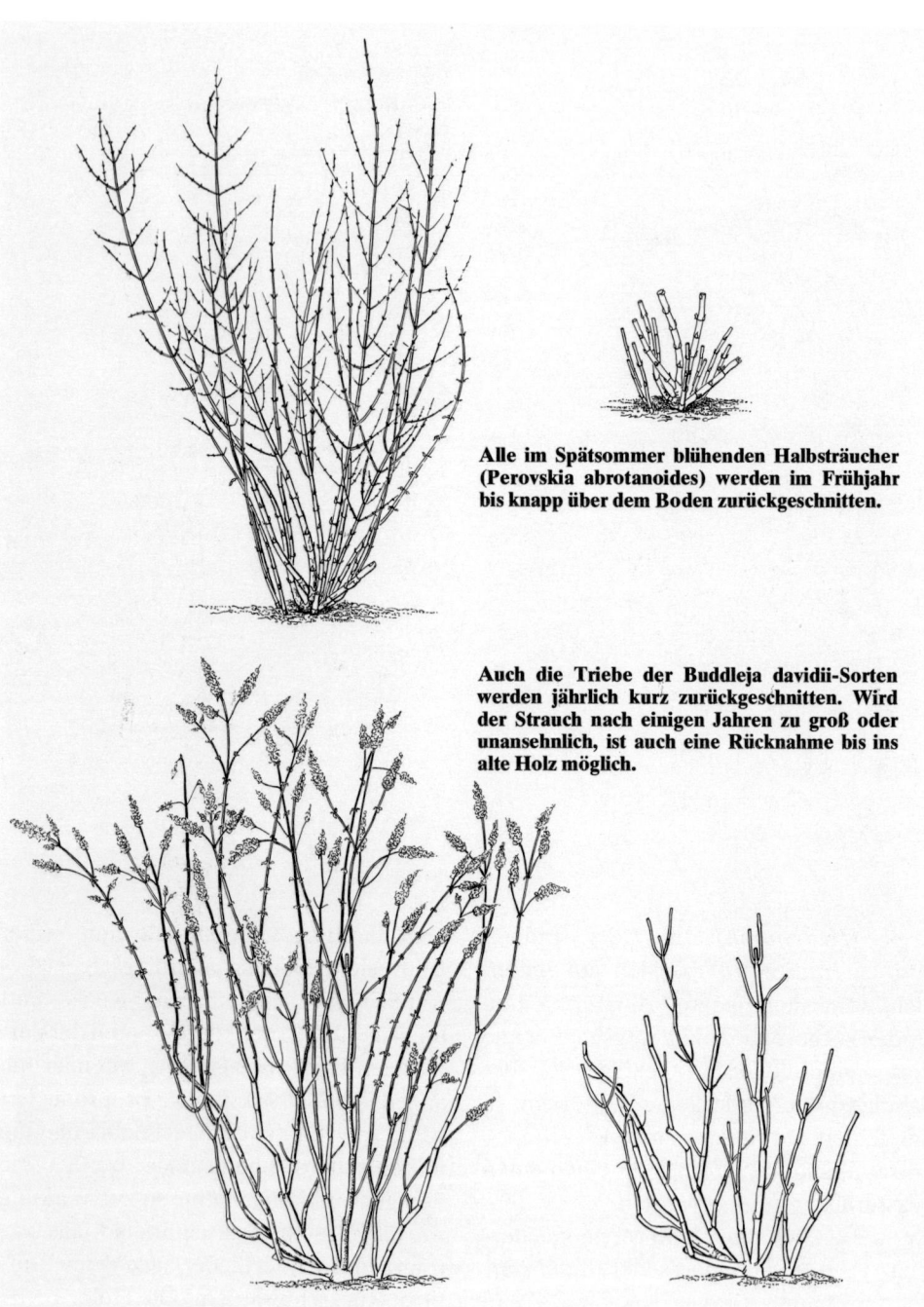

Alle im Spätsommer blühenden Halbsträucher (Perovskia abrotanoides) werden im Frühjahr bis knapp über dem Boden zurückgeschnitten.

Auch die Triebe der Buddleja davidii-Sorten werden jährlich kurz zurückgeschnitten. Wird der Strauch nach einigen Jahren zu groß oder unansehnlich, ist auch eine Rücknahme bis ins alte Holz möglich.

58

Von unseren heimischen Arten gehört lediglich der Gamander *(Teucrium chamaedrys)* hierher. Als anständiger Mitteleuropäer friert er nicht zurück, deshalb wird er gern als Kleinhecke gepflanzt. Da die Büsche jedoch recht breit werden, kommt man nicht darum herum, ihm ab und zu einen militärischen Haarschnitt zu „verpassen". Am besten schneidet man ihn, wie alle Heckenpflanzen, mit einer Heckenschere entlang einer Schnur.

6 Der Schnitt der Kultur-Rosen

Unter diesem Namen fassen wir alle die zusammen, die sich von ihrem ursprünglichen Wildcharakter entfernt haben. Über jene wird in der alphabetischen Übersicht auf Seite 177 berichtet, so daß wir sie hier übergehen können. Die verbleibenden verteilen sich in folgende Gruppen: Beet-Rosen, Hochstamm-, Kletter-, Hänge- oder „Trauer"-Rosen und Zwergbengal-Rosen. Da der Schnitt auf ihre recht unterschiedlichen Wuchseigenschaften Rücksicht nehmen muß, besprechen wir jede Gruppe für sich.

6.1 Der Pflanzungsschnitt

Obgleich wir bereits das Wesentliche hierüber in einem anderen Zusammenhang berichteten, sei noch einmal darauf hingewiesen. Bei den Rosen ist ein sachgemäßer Pflanzungsschnitt deshalb besonders wichtig, weil sie ausgesprochene Tiefwurzler sind und deshalb keinerlei Ballen halten. Die feinen Faserwurzeln sind darum zum größten Teil eingetrocknet. Aber nur sie können Wasser aufnehmen, denn die Oberhaut der stärkeren Wurzeln ist verkorkt und nahezu wasserundurchlässig. Da nun fast alle Saugwurzeln neu gebildet werden müssen, sind die verbliebenen nicht mehr in der Lage, die oberirdischen Triebe genügend zu versorgen. Darum muß man diese bei der Herbstpflanzung einkürzen, im Frühjahr dann (bei der Pflanzung zu dieser Zeit natürlich gleich) auf wenige, nach außen stehende Knospen zurückschneiden. Dünne Triebe entfernt man völlig. Da das letztjährige Holz weich ist und an den Schnittstellen zurücktrocknet, läßt man es etwa $1/2$ cm über der Knospe stehen.

6.2 Schnitt der Beet-Rosen

Zu ihnen zählen Tee- und Tee-Hybrid-Rosen, Polyantha- und -Hybrid-Rosen, Floribunda-Rosen und ihre Verwandten. Die Namen dieser Gruppen sind den meisten Gartenfreunden bekannt, wenn auch die genaue Zugehörigkeit zu einzelnen Sorten manchem fraglich ist. Hier sei gleich angeführt, daß es für den Nichtfachmann gar nicht so einfach ist, eine Rose stets korrekt den genannten Grup-

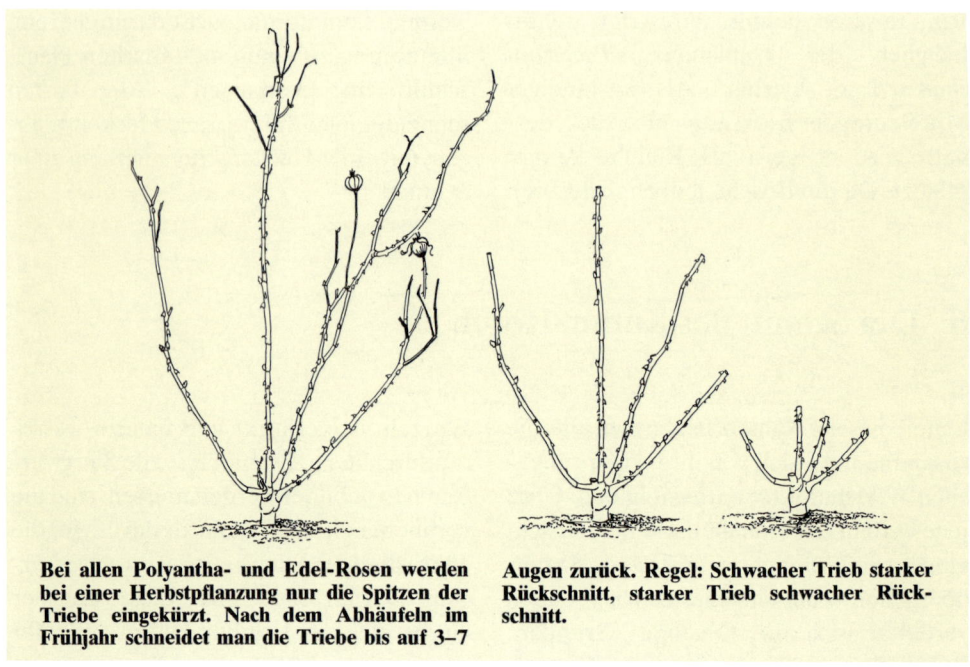

Bei allen Polyantha- und Edel-Rosen werden bei einer Herbstpflanzung nur die Spitzen der Triebe eingekürzt. Nach dem Abhäufeln im Frühjahr schneidet man die Triebe bis auf 3–7

Augen zurück. Regel: Schwacher Trieb starker Rückschnitt, starker Trieb schwacher Rückschnitt.

pen zuzuordnen, aber das schadet nichts. Wir richten uns beim Schnitt nach der äußeren Erscheinung, dem Habitus der Pflanze, nicht nach der Kategorie – das ist wichtig.

Wie der Name Beet-Rosen sagt, haben sie die Aufgabe, auf Beeten zu glänzen: hier sollen sie zur Parade stehen, das heißt, möglichst sauber ausgerichtet in Reih und Glied, wie die Soldaten. Das zwingt zu besonderen Maßnahmen, sprich: einem Schnitt, der ihrer Natur im Grunde zuwider läuft. Besonders stark wachsende Beet-Rosen können sich nämlich – wenn sie nur dezent geschnitten werden – zu ansehnlichen Sträuchern entwickeln, wie z. B. die Sorte 'Käthe Duvigneau', die oft mannshoch wird. Während man noch vor 30 Jahren einen fast radikalen Rück-

schnitt propagierte, geht es heute doch etwas individueller zu – zu unserer Freude, denn so entwickeln sich die Pflanzen stärker und blühen eher und reicher.

Zeitpunkt des Erhaltungsschnittes

Hat im Spätherbst der Frost die letzten Blüten zerstört, möchte man die Rosenbeete ordentlich in den Winter bringen. Das einfachste wäre nun, sie gleich auf die gewünschte Höhe zu schneiden. Dann käme man mit einem Arbeitsgang aus. Das kann man jedoch nicht empfehlen, wenn auch die milden Winter der ersten 70er Jahre einen dazu verleiten mochten. „Unsere" Rosen sind das Ergebnis unzähliger Kreuzungen. Solange sie vorwiegend das Blut der alten Essig-Rose (Rosa gallica), der Centifolien (Rosa centifolia) und

60

der Damaszener-Rose *(Rosa damascena)* besitzen, halten sie sich an „unsere" Ruhezeit, da sie es von Hause aus nicht viel anders „kennen". Aber da sind die Spielverderber oder, wenn man so will, auch die Nimmermüden, die am liebsten den ganzen Winter durchwachsen würden. Vor allem die Nachkommen der Tee-Rose *(Rosa odorata)* und der China- oder Bengal-Rose *(Rosa chinensis)* können sich nur mit Mühe an die aufgezwungene Ruhezeit gewöhnen. Sie reifen im Herbst nicht aus, und das wiederum bedingt eine mangelhafte Winterhärte. Das ist der Grund, weshalb wir im Herbst die Triebe der Ordnung halber um, sagen wir, zwei Drittel einkürzen, ihnen jedoch den eigentlichen Rückschnitt erst im Frühjahr zuteil werden lassen.

Dieses sollte nach den eigentlichen Winterfrösten geschehen, jedoch so früh wie möglich. Hierdurch wird vermieden, daß an den Enden der Triebe die Knospen bereits stark vorgebildet sind und dann dem Schnitt zum Opfer fallen. Das bedeutet sowohl Kraft- wie auch Zeitverlust: der neue Austrieb erfolgt später und ist z. T. schwächer entwickelt, so daß man 10 bis 14 Tage länger auf die ersten Blüten warten muß.

Der Erhaltungsschnitt

Beim Schnitt der Beet-Rosen werden zunächst einmal alle schwachen Triebe entfernt, die keinen befriedigenden Wuchs erwarten lassen. Man schneidet sie auf Astring zurück. Als nächstes werden diejenigen entfernt, die sich ins Innere des Strauches richten. Der eigentliche Rück-

schnitt erfolgt nun individuell je nach Wüchsigkeit der Sorte. Stärker wachsende schneidet man auf etwa 6 bis 8 Augen zurück. Je flacher der jeweilige Trieb am Strauch steht, desto mehr Knospen können an ihm verbleiben, weil bei mehr horizontaler Stellung die unteren, basalen Knospen stärker gefördert werden, als bei den aufrecht wachsenden. Es war bereits davon die Rede, daß es nicht erforderlich ist, die Sorte oder die jeweils dazugehörige Gruppe zu kennen. Man sieht es ihnen an: Sorten mit kräftigen, stark ausgebildeten Trieben beläßt man weitaus mehr Substanz, während man schwächer wachsende Sorten auf 3 bis 5 Augen zurückschneidet. Das ist gerade so viel, daß ein guter Austrieb, flottes Wachstum und genügende Trieblänge zu erwarten ist. Es ist also eine Sache des Einfühlungsvermögens und der Erfahrung, wie weit man das alte Holz beläßt. Je schärfer der Rückschnitt erfolgt, desto weniger, aber längere und kräftigere Stiele erscheinen, jedoch auch weniger Blüten. Gerade für die Beet-Rosen besagt dies, daß wir auf eine Vielzahl von Blüten verzichten, wenn wir den Rückschnitt zu rigoros vornehmen. Die oft geäußerte Behauptung, die Blüten würden bei schwächer zurückgeschnittenen Pflanzen kleiner, stimmt nicht. Es treten zwar innerhalb der Variationsbreite geringe Unterschiede auf, doch sind sie kaum wahrzunehmen.

Es sei noch einmal darauf hingewiesen, daß dieser Rückschnitt nur für Beet-Rosen gilt und für solche, die zum Schnitt gedacht sind, vor allem Tee-Hybriden. An Stellen, wo genügend Platz vorhanden ist

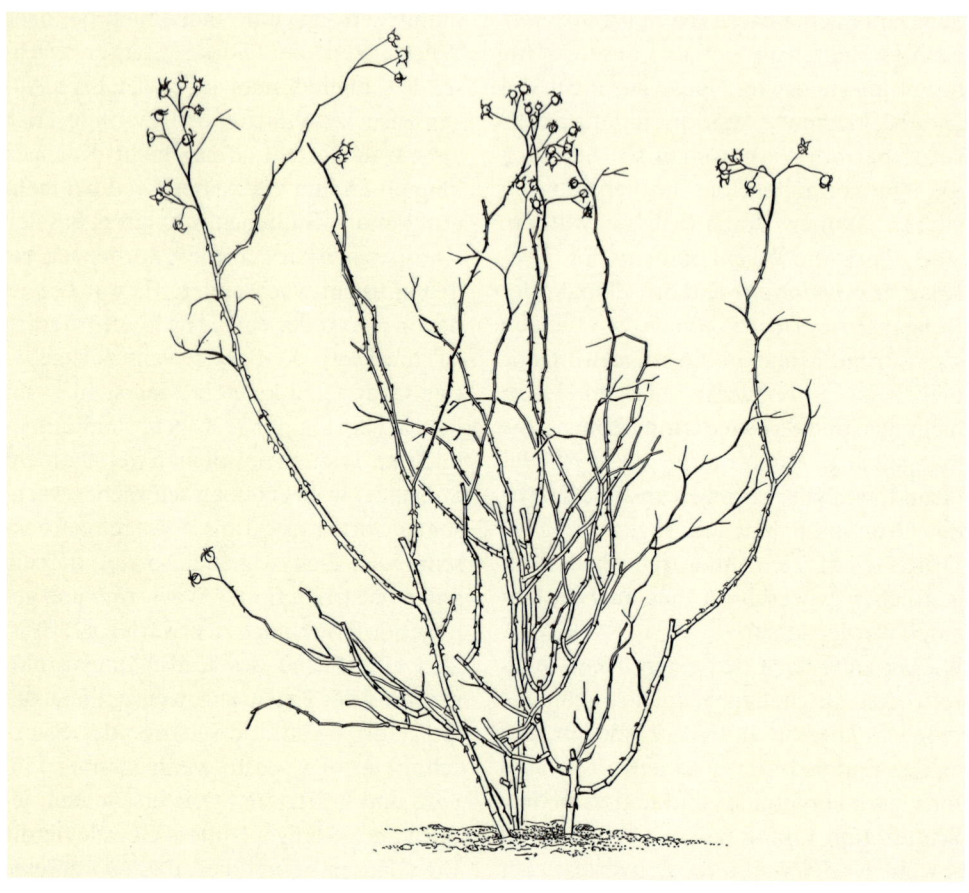

und Rosen einzeln oder in kleinen Gruppen mit entsprechenden Begleitpflanzen stehen, löse man sich von der allgemeinen Auffassung und der hier abgewandelten Darstellung und halte sich an das Sprichwort: Probieren geht über Studieren. Man lasse, wenn auch nur zur Probe, Edel-, Polyantha-Rosen und Verwandten einmal die Zügel locker – manche werden sich dann von einer ganz neuen Seite zeigen! Edel-Rosen wie 'Sutters Gold' und 'Roter Stern' oder Polyantha-Rosen (im weiteren Sinne) wie 'Märchenland', 'Käthe Duvigneau' und 'Schneeschirm' überraschen uns mit einem völlig neuen Bild: sie können durchaus mannshoch werden, und die Büsche, die meistens ebenso breit wie hoch sind, tragen im Laufe eines Sommers viele hundert Blüten!

6.3 Hochstamm-Rosen

Bei ihnen handelt es sich um nichts anderes, als um normale Busch-Rosen, die auf

Starkwachsende und einzelstehende Polyantha-Rosen müssen nicht unbedingt scharf zurückgeschnitten werden. Ein mäßiger Rückschnitt wie bei der Sorte 'Märchenland' hat einen großen Blütenreichtum zur Folge.

Hochstämme veredelt wurden. Aus diesem Grunde gilt für ihren Schnitt das gleiche, was oben über die Beet-Rosen gesagt wurde. Zusätzlich ist jedoch noch zu bemerken, daß Schnittanweisungen von vor 30 bis 40 Jahren angeben, daß man die Hochstamm-Rosen noch schärfer zurückschneiden solle als Beet-Rosen. Man erreicht dadurch einen starken, recht lockeren Austrieb.

Da wir jedoch nur in seltenen Fällen von ihnen lange Stiele für den Schnitt entnehmen wollen, belassen wir beim Frühjahrsschnitt eher noch mehr als weniger Augen, wie wir es für die Beet-Rosen angaben. Die Zweckmäßigkeit dieses Schnittes wird jeder einsehen, der ihn bei zwei Pflanzen der gleichen Sorte unterschiedlich durchführt und dann das Ergebnis vergleicht.

Hochstamm-Rosen, die über den Winter niedergelegt waren und deren Kronen durch Überdecken mit Erde und anderem Material geschützt wurden, schneidet man

63

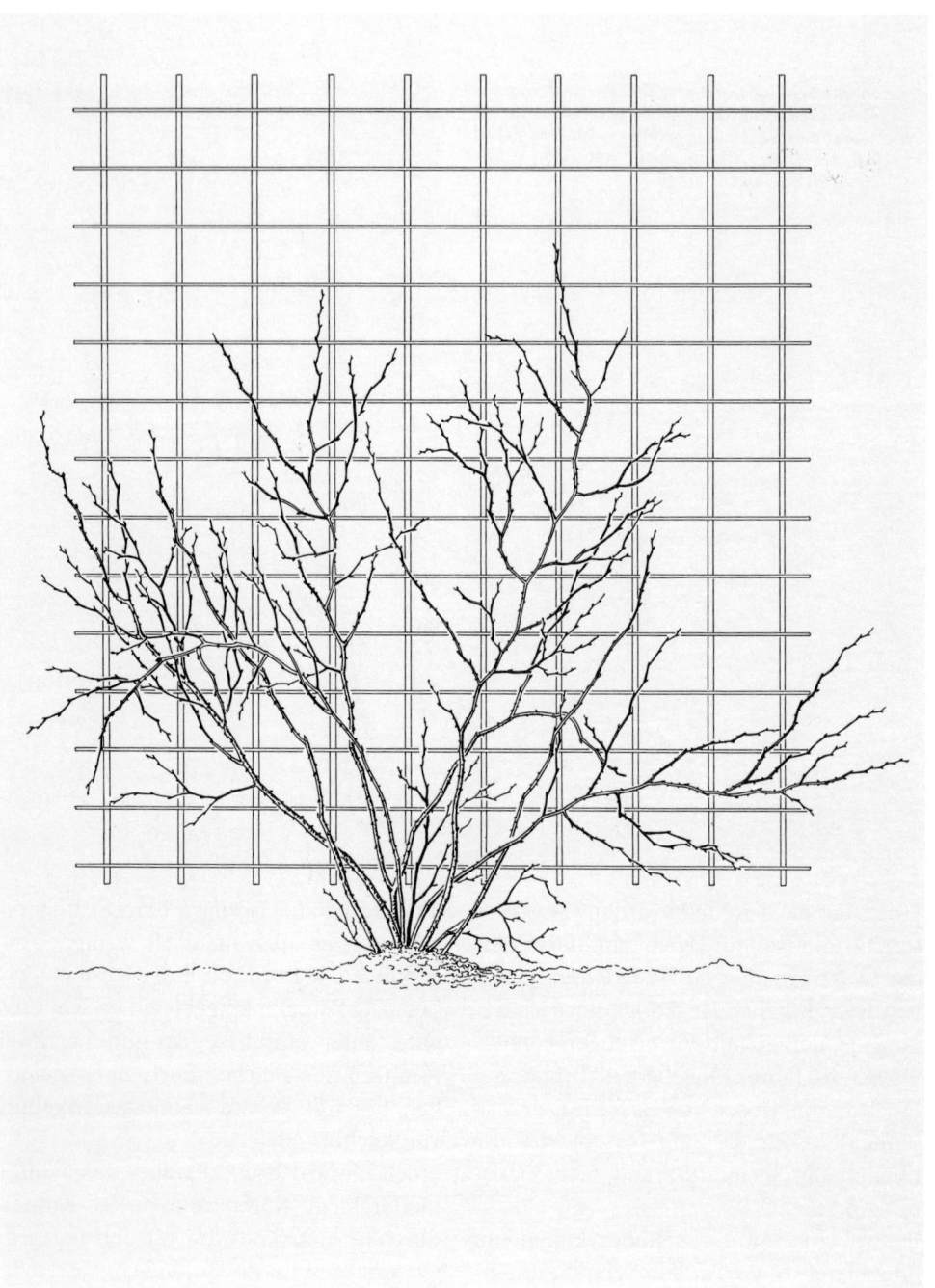

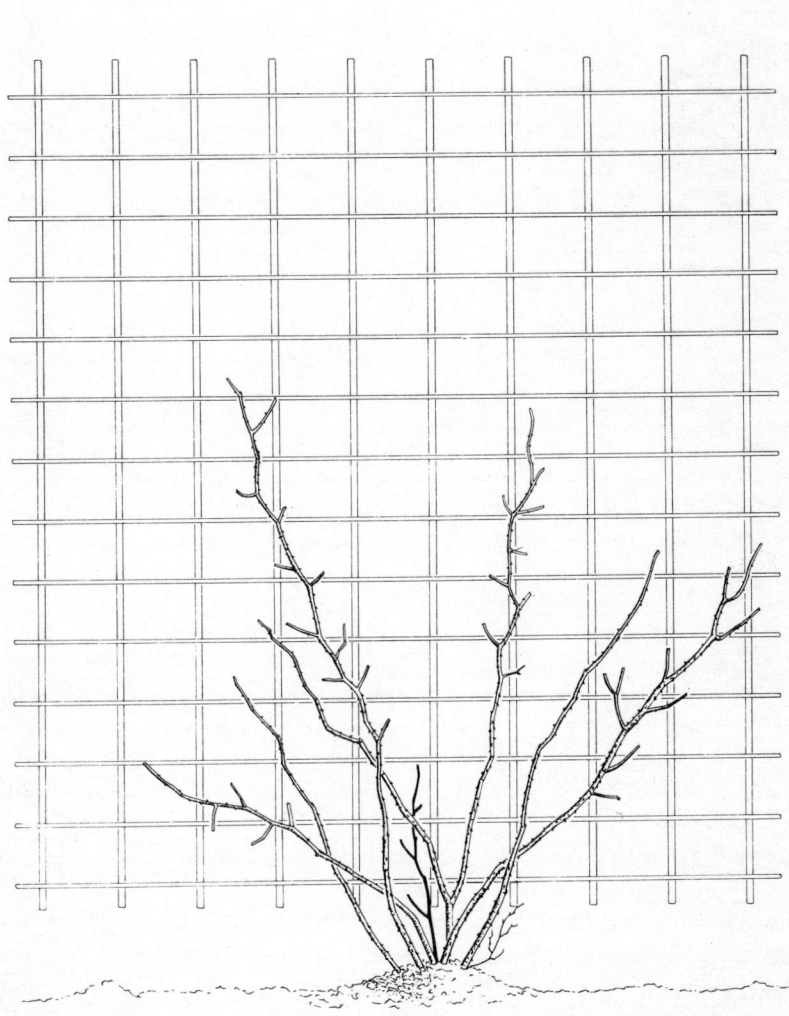

Der Schnitt der Kletter-Rosen unterscheidet
sich nicht wesentlich von dem der Parkrosen.
Nicht selten werden allerdings die Seitentriebe
(Blüten-Kurztriebe) jährlich bis auf wenige Augen eingekürzt.

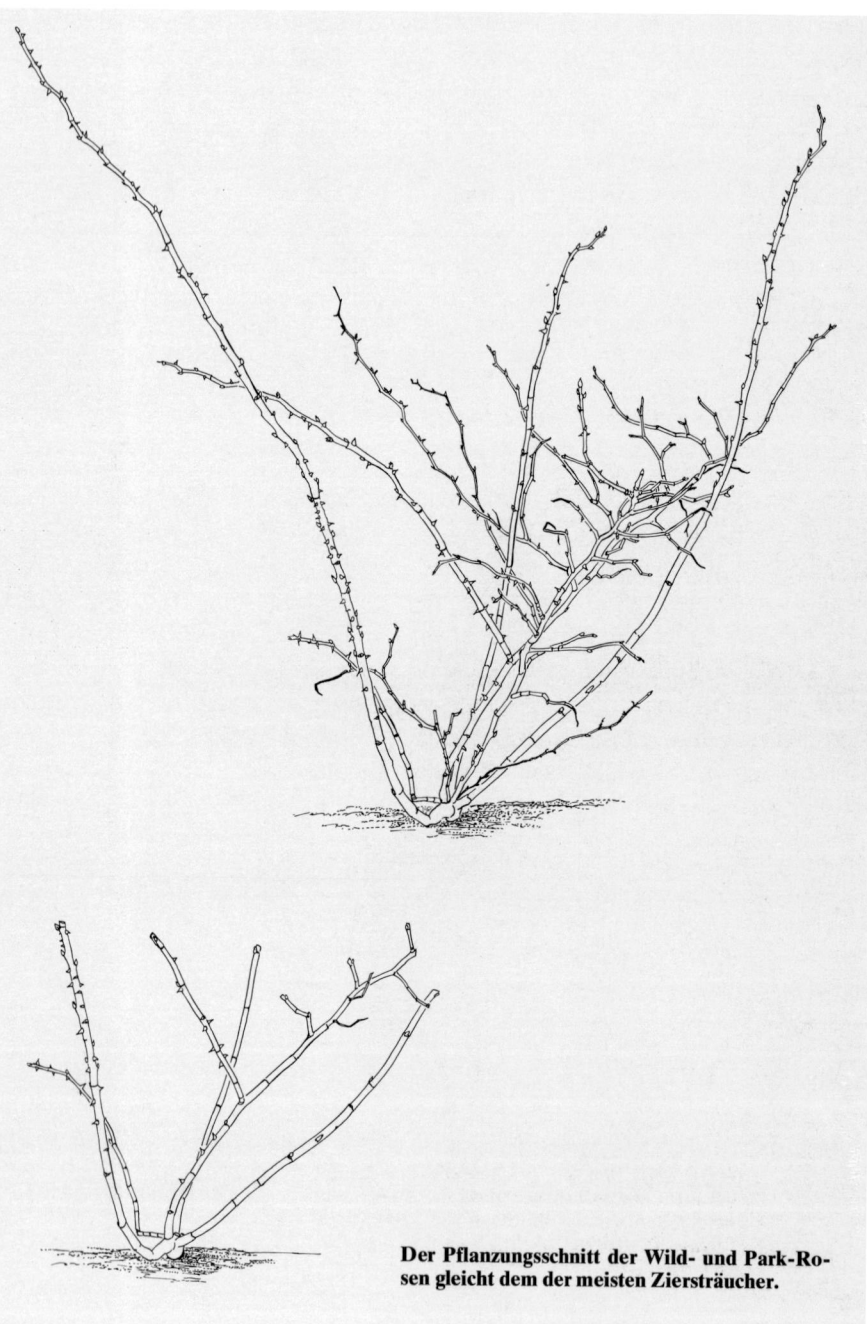

Der Pflanzungsschnitt der Wild- und Park-Rosen gleicht dem der meisten Ziersträucher.

nicht unmittelbar, nachdem sie im Nachwinter freigelegt wurden. Man läßt sie vielmehr, damit sie sich an die Luft und das Licht gewöhnen, zunächst einige Tage unaufgerichtet liegen, mit Fichtenreisig geschützt. Erst wenn sie aufgerichtet, an Pfählen festgebunden werden und gut erkennen lassen, wie weit das Holz gesund geblieben ist, wird der Schnitt durchgeführt.

6.4 Kletter-Rosen

Bei dieser Gruppe handelt es sich um Pflanzen, die wir botanisch korrekt als Spreizklimmer bezeichnen. Sie bilden alljährlich nur wenige starke, neue Triebe aus, die dann allerdings in einer Vegetationsperiode meterlang werden können. Sie besitzen nicht die Fähigkeit, sich selbst aufrecht zu tragen; vielmehr breiten sie sich über andere Sträucher oder über Baumgeäst aus, wobei sie sich mit Sta-

cheln festhalten. Die Blüten erscheinen entlang der Langtriebe an Seitentrieben (Blüten-Kurztriebe). Sie können viele Jahre hintereinander an den gleichen Langtrieben erscheinen.

Werden diese schließlich durch jährliche Verzweigung zu dicht, so daß sie sich gegenseitig behindern und der Austrieb sich auf zu viele Seitentriebe verzettelt, kann man sie unmittelbar am Langtrieb abschneiden. Bei stark wachsenden Sorten kann dies im Frühjahr generell erfolgen, man erhält dadurch bis zu $^{1}/_{2}$ Meter lange Kurztriebe, die sich hervorragend zum Vasenschnitt eignen. Allmählich jedoch altern die Langtriebe insgesamt, der Wuchs läßt nach, sie vergreisen. Der Schnitt besteht im wesentlichen darin, die ältesten Langtriebe kurz über dem Boden herauszuschneiden, um neuen Platz zu machen. Insofern unterscheidet sich dieser Schnitt nicht wesentlich von dem der Wild-Rosen.

 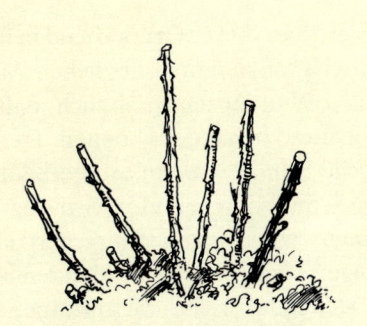

Schon im Herbst werden die weichen Spitzen der Busch-Rosen eingekürzt. Im Frühjahr entfernt **man überflüssige, schwache und beschädigte Triebe und schneidet die übrigen zurück.**

6.5   Strauch- oder Park-Rosen

Die Vertreter dieser Gruppe sind in ihren Eigenschaften den ursprünglichen Arten, also den Wild-Rosen so ähnlich, daß wir sie wie diese behandeln können. Der alljährliche Schnitt – wenn er überhaupt in jedem Winter durchgeführt wird – besteht in einem vorsichtigen Entfernen überständiger Triebe. Zusätzlich kann man zu dicht stehende Triebe mit entfernen und eventuell zurückgefrorene Spitzen ausschneiden, doch ist das schon eher eine „Säuberungsaktion".

6.6   Zwergbengal-Rosen

Die in den letzten Jahren immer beliebter werdenden Zwergbengal- oder Miniatur-Rosen sind in ihrer Kleinheit vielseitig verwendbar und reizend anzusehen. Der Schnitt dieser Rosen bedarf keiner besonderen Überlegungen. Die Spitzen ihrer dünnen Triebe frieren allwinterlich zurück. Aus diesem Grunde ist es zweckmäßig, sie im Frühjahr auf eine einheitliche Höhe von etwa 10 cm zurückzuschneiden, was durchaus mit der Heckenschere geschehen kann.

Der Erhaltungsschnitt an Park-Rosen besteht im
wesentlichen in einem kontinuierlichen Auslichten und in der Förderung der basitonen und mesotonen Verjüngung.

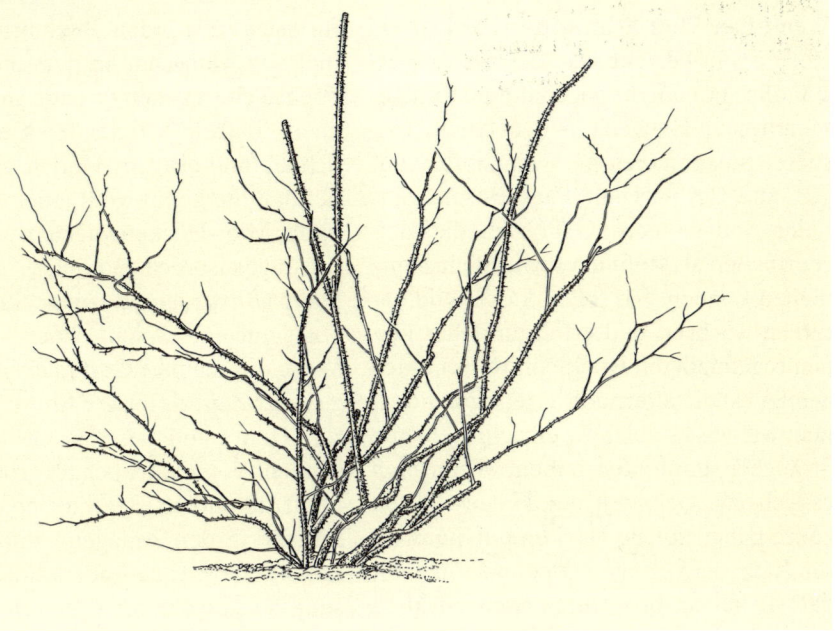

7 Der Schnitt der Hecken

Wenn hier vom Schnitt der Hecken die Rede ist, so bezieht sich dieser selbstverständlich nur auf die sogenannten formgeschnittenen Hecken. Wie bekannt, existieren – neben diesen – Reihenpflanzungen aus Berberitzen, Park-Rosen, Spiraeen und anderen Gehölzen, die gleichermaßen als Rahmen sowie Sichtschutz dienen können. Sie sollen locker und natürlich wachsen und erfahren daher keinen regelmäßigen Rückschnitt. Bei ihnen genügt es, die alternden Triebe zu entfernen, wie wir es auch für einzeln stehende Sträucher empfohlen haben. Wenn man es sich aus Gründen des Platzes leisten kann, haben solche Hecken durchaus ihren Reiz, der vor allen Dingen darin liegt, daß sie neben ihrer trennenden Wirkung uns alljährlich durch ihre Blütenpracht erfreuen. Ein Schnitt, wie er bei den plangeschnittenen Hecken ausgeführt wird, wäre bei diesen Blütensträuchern wirklich nicht angebracht, er würde die Blühfreudigkeit drastisch reduzieren.

7.1 Richtmaße

Das ist ein weiter Begriff! Je nach Pflanzenart lassen sich Hecken nach eigenem Ermessen schneiden, innerhalb der Grenzen, die ihnen durch ihr natürliches Wachstum gesetzt sind. In alten Parks gibt es nicht selten 6 und 7 m hohe Heckenwände aus Buchen und Hainbuchen, häufig auch aus Linden geschnitten. Im Gebiet von Monschau in der Eifel schützen ebensolche grünen Wände aus Rot-Buchen einzeln stehende Gehöfte vor Schnee und eisigen Winden. Auf der anderen Seite kennt wohl jeder Gartenliebhaber Mini-Hecken, die man eher als Einfassung ansprechen könnte. Mit Buchsbaum (*Buxus sempervirens* 'Suffruticosa') – oft nur eine Spanne hoch – waren die Wege ungezählter Gärten eingefaßt, noch zu einer Zeit, als unsere Eltern Kinder waren. Heute sind diese „Buchsbaumeinfassungen" vor allem noch als großartige Ornamente und als Begrenzung der Parterrebeete in den Anlagen zahlreicher Rokoko-Schlösser zu finden. Solche Einfassungshecken wurden früher in Abständen von wenigen Jahren aufgenommen, geteilt, an Wurzel und Spitze zurückgeschnitten und neu verlegt. Da dieses Handwerk kaum jemand mehr beherrscht, begnügt man sich mit einem jährlichen Rückschnitt.

Der Gamander *(Teucrium chamaedrys)*, ein Halbstrauch, wird nicht viel größer. Er zeichnet sich durch reichen Blütenschmuck aus, wird jedoch im Laufe eines Sommers so üppig, daß er einen halben Meter Breite beansprucht. Deshalb muß man diesen Gamander zwangsläufig im Zaume halten.

Der Zwerg-Liguster (*Ligustrum vulgare* 'Lodense') erreicht dagegen etwa dreiviertel Meter Höhe. Um eine gut formierte Hecke zu bekommen, sollte man ihn jedoch auf 60 cm einkürzen. Andererseits lassen sich normal hoch wachsende Gehölze durchaus auch als Zwerghecke halten. Man denke hier nur an solche aus Hainbuchen, die kaum einen halben Meter erlangen. Man kann so Riesen zu Zwergwuchs zwingen – wie es einem beliebt.

Anders ist es mit der Breite. Bei den klassischen Heckenpflanzen gelten 25 cm wohl als Mindestmaß, am schmalsten lassen sich Hainbuchen und Buchsbaum (*Buxus sempervirens* 'Arborescens') halten. Buchen, Weißdorn und Liguster sollte man schon 30 bis 35 cm Breite gönnen. Es schließen sich dann Alpen-Johannisbeere *(Ribes alpinum)* Feld-

Ahorn, Kornelkirschen und Feuerdorn an. Das gleiche Maß (etwa einen halben Meter) gilt für die Forsythien *(F. suspensa)*, wenn man sie überhaupt so streng schneiden will, und ebenso für Hülsen oder Stechpalmen *(Ilex aquifolium)*. Noch mehr Platz sollte man älteren Hecken aus Lebensbäumen *(Thuja)* und Scheinzypressen *(Chamaecyparis)* zugestehen. Für Hecken aus Fichten kalkuliert man besser gleich einen Meter Breite ein. Besonders der Vogelfreund wird eine stärkere Hecke als Nistgehölz bevorzugen (hierüber später mehr). Ganz geringe Platzansprüche stellen Hecken aus Zwergmispel-Arten, zum Beispiel *Cotoneaster dielsianus, G. divaricatus* und *G. multiflorus*. Bei einer Höhe von 1 m kommen sie mit einer Breite von 10 bis 15 cm aus.

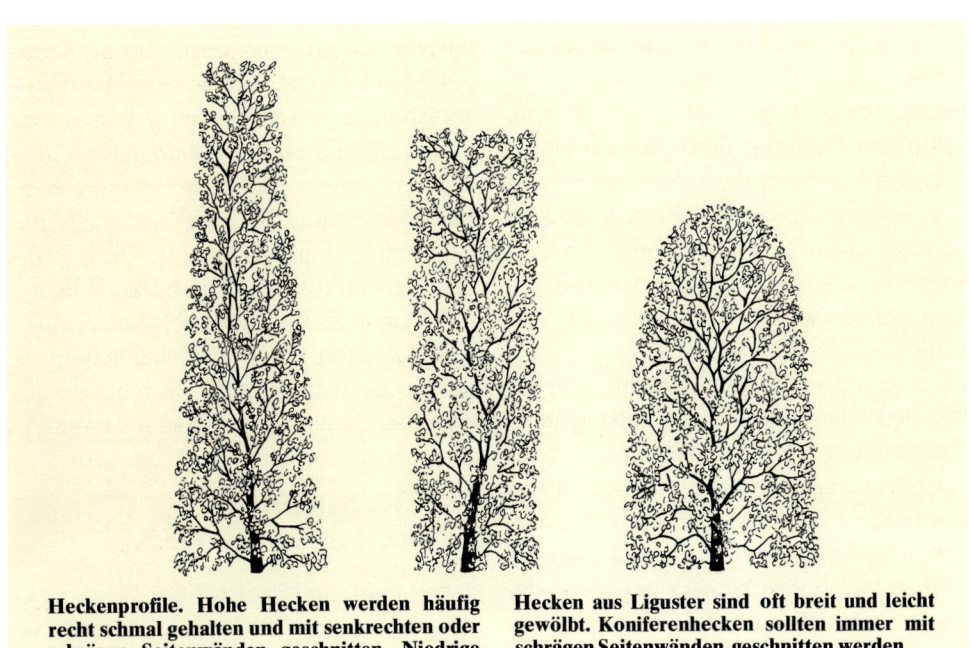

Heckenprofile. Hohe Hecken werden häufig recht schmal gehalten und mit senkrechten oder schrägen Seitenwänden geschnitten. Niedrige

Hecken aus Liguster sind oft breit und leicht gewölbt. Koniferenhecken sollten immer mit schrägen Seitenwänden geschnitten werden.

7.2 Die Form

In Lehrbüchern ist immer wieder davon die Rede, daß die Seiten einer Hecke nicht senkrecht, sondern etwas zur Mitte geneigt sein sollen. Als Normmaß wird angegeben, daß sie je Meter Höhe sich um 10 cm nach innen neigen soll. Dadurch würde, so ist zu lesen, besonders in Bodennähe die Hecke besser garniert.

Erfahrungsgemäß wird dieses jedoch kaum praktiziert, da eine solche Form schwieriger zu schneiden und aus gestalterischen Gründen oft nicht erwünscht ist. Es gibt hunderte von Beispielen, daß sommergrüne Hecken mit senkrechten Wänden bis zum Boden voll belaubt sind. Anders ist es bei den Immergrünen, Liguster und Eibe ausgenommen. Beide sind hart und regenerationsfähig. Sofern man Lärchen oder Fichten, Lebensbäume oder Scheinzypressen als Heckenpflanzen verwendet und sie regelmäßig schneiden will, sollte man unbedingt den Querschnitt trapezförmig wählen. Ihr natürlicher Wuchs – besonders der beiden erstgenannten – ist so deutlich kegelförmig, daß man sie kaum in eine senkrechte Form zwingen kann, ohne daß sie im unteren Teil verkahlen.

Ob man die Seitenflächen zusätzlich rundet, den Oberkanten eine ähnliche Wölbung verleiht und die Hecke am Schluß der Form eines Gewölbes ähnlich ansteigen läßt, ist eine Ansichtssache. Wir nähern uns damit mehr und mehr den Kunstformen – wobei zu bemerken ist, daß die geschnittene Hecke im Grunde auch zu dieser Kategorie gehört. Über den Schnitt ausgefallener Figuren sprechen wir aber erst später.

7.3 Der Schnitt der „klassischen" Heckenpflanzen

Um es gleich vorweg zu nehmen: die folgenden Anweisungen stellen die in diesem Buch an den Anfang gestellten heiligen Lehrsätze auf den Kopf! Während man normalerweise Gehölze zur Zeit der Winterruhe schneidet, das Werkzeug sorgfältig ansetzt, auf Astring schneidet, größere Wunden vermeidet, oder aber die Schnittfläche mit Verschlußmitteln behandelt, tun wir hier oftmals gerade das Gegenteil und mit Erfolg. Einige Arten lassen das eben mit sich machen. Aber unter welchen Einschränkungen! Hinter der äußerlich oft hübsch wirkenden Fassade verbergen sich grausam verunstaltete Krüppel. Man muß staunen, was sich die Pflanzen so alles gefallen lassen. Aber es sind alles hartgesottene Burschen, die wir ausersehen haben. Hainbuchen, Buchen, Feld-Ahorn und Liguster gelten als die klassischen Pflanzen hierfür. Die aus ihnen geschnittenen „lebenden Wände" wertet man als Maßstab höchster Akkuratesse, Zeugnis handwerklicher Fähigkeiten des Besitzers und als Visitenkarte des Gartens.

7.4 Der Schnitt der neugepflanzten Hecken

Jeder Gartenbesitzer weiß, daß er Heckenpflanzen in verschiedener Größe beziehen kann. Darüber hinaus ist es ferner wesentlich, ob er sie als „normale" Pflanzen oder als Ballenware kauft.

Mehrjährige Heckenpflanzen bestimmter Arten (etwa Buche und Hainbuche) werden in der Baumschule von Jugend an gestäbt, d. h. auf einen Mitteltrieb gezogen. Setzt man solche in entsprechendem Abstand, erreichen sie schon nach wenigen Jahren ihre volle Schönheit, d. h. sie sind dann bereits voll und dicht. Wer weniger Geld und dafür mehr Zeit hat, wird sich kleinere Pflanzen kaufen, die er dann entsprechend dichter setzen muß und selbst zu einer Hecke erzieht.

Wer seine Pflanzen schön säuberlich gesetzt hat, möchte natürlich, daß sie recht bald zu einer dichten Hecke werden, voll belaubt bis zum Boden, die Schutz bietet

Die enge Pflanzung von größeren Taxus baccata ergibt ebenfalls eine „fertige" Hecke.

Nur aus baumförmig wachsenden Arten lassen sich „fertige" Hecken erstellen. Unter den sommergrünen Arten werden nur Carpinus betulus, Acer campestre und Fagus sylvatica als gut verzweigte Heister angeboten.

vor Lärm und Staub und vor den Blicken Neugieriger. Es scheint nun auf den ersten Blick widersinnig, daß man diese kleinen Pflanzen, d. h. solche, die in der Baumschule noch nicht auf Heckenpflanzen getrimmt wurden, bereits beim Pflanzen, oder unmittelbar danach, zurückschneidet. Solche, die ohne Ballen geliefert wurden und nur drei oder vier Triebe ausgebildet haben, muß man praktisch bis auf ein Drittel über Trieblänge einkürzen, damit sie sich von Grund auf verzweigen. Auch hier gilt: je schärfer der Rückschnitt, um so besser die spätere Verzweigung. Doch wer hat dazu schon den Mut? Auch gut garnierte Heckenpflanzen, die in der Baumschule sorgfältig gestäbt und regelmäßig geschnitten wurden, müssen auch im Garten gleich Federn lassen.

Nach dem Pflanzen sollte man die längeren, unverzweigten Spitzen wenigstens um die Hälfte zurückschneiden, damit auch sie sich verzweigen.

Bei jungen Heckenpflanzen, die buchstäblich noch erzogen werden müssen, ist in den ersten zwei bis drei Jahren ein laufender Schnitt unumgänglich. Noch ist die Hecke locker – und um sie dicht zu bekommen, wird jeder nach außen und oben wachsende Trieb mehrfach im Jahr eingekürzt, lange bevor sie das gedachte Außenmaß der Hecke (Höhe und Breite) angenommen haben. Hierdurch werden sie stets zu weiterer Verzweigung angeregt. Eine derartige Behandlung hat nur dann einen Sinn, wenn der junge Trieb jeweils bis auf wenige Augen zurückgenommen

Alle strauchartigen, sommergrünen Heckenpflanzen müssen nach dem Pflanzen wie diese Ligustrum vulgare ganz kurz zurückgeschnitten werden.

wird. Er muß sich möglichst tief an der Basis verzweigen. Schneidet man nur die Triebspitzen ab, erreicht die Hecke viel zu schnell eine zu große Breite und bleibt im Innern locker. Würde man mit dem Schnitt bis zur üblichen Zeit – Juli oder August – warten, hätten sie sicher die Länge von 40 cm und mehr. Sie wären unverzweigt, müßten dann großteils zurückgeschnitten werden und es dauerte wesentlich länger bis die Hecke dicht würde. Durch fortwährendes „Schnippeln" mit der Schere (es kann auch eine Gartenschere sein) erreicht man, daß die Hecke in kürzester Zeit schön und dicht wird. Es handelt sich hierbei um nichts anderes als um das Pinzieren, über das wir bereits beim Sommerschnitt sprachen. Das kostet natürlich etwas Überwindung, aber man sollte sich da auch nicht durch wohlgemeinte Ratschläge der Nachbarn beirren lassen. Wer am Wege baut, hat nun einmal viele Meister.

Bei Hainbuchen kommt man dann schnell zu einer dichten und gleichzeitig besonders schmalen Hecke, wenn man größere, garnierte Pflanzen setzt und die Seitentriebe nicht zurückschneidet. Sie werden vielmehr seitlich miteinander verflochten.

7.5 Häufigkeit und Zeitpunkt des Schneidens

Im vorigen Abschnitt wurde dargelegt, daß man möglichst oft schneidet, um die Verzweigung anzuregen. Das gilt für alle laubabwerfenden Heckenpflanzen, die geduldig alles über sich ergehen lassen. Ein häufiger Schnitt hat manches für sich:

die Arbeit geht leichter vonstatten, das Schnittwerk kann auf den Komposthaufen gebracht werden, wo es sich leicht zersetzt, da die Triebe noch nicht verholzt sind. Auch das Aufheben des geschnittenen Grüns ist leichter, denn die Dornen sind noch weich und lassen sich gut kompostieren. Gerade die Weißdornhecken sehen schnell unordentlich und strubbelig aus, wenn sie längere Zeit nicht geschnitten wurden. Sehr häufig begnügt man sich bei sommergrünen Hecken mit einem zweimaligen Schnitt.

Viele Hecken bieten den Singvögeln beliebte Nistgelegenheiten. In einem solchen Falle sollte man nicht vor dem Ausschlüpfen der Jungen, Ende Juli bis Anfang August, schneiden. Den Pflanzen macht das gar nichts aus; überdies wirken sie auch „im vollen Ornat" harmonisch. Hat man im August geschnitten, läßt man die Pflanzen bis zum Frühjahr in Ruhe und bringt die Hecke dann – kurz vor dem Austrieb – auf die gewünschte Form.

Auch der Liguster macht bezüglich des häufigen Schnittes keine Ausnahme. Er wächst so stark, daß man ihn im Laufe des Sommers wenigstens zwei- bis dreimal stutzen sollte. Es gibt Gartenliebhaber, die an ihrer Ligusterhecke fünfmal im Jahr ihr Trainingspensum ableisten; auch das vertragen sie ohne weiteres, und sie sehen dann natürlich jederzeit absolut akkurat aus. Ein mehrfach wiederholter Schnitt, 5 bis 6mal im Jahr, ist auch bei einer Feldahornhecke notwendig.

Die Immergrünen, seien dies nun Laub- oder Nadelholzarten, werden gewöhnlich nur einmal im Jahre geschnitten, es sei denn, es handelt sich um Hecken, die stets und ständig wie auf höchsten Glanz poliert aussehen müssen. Bei nur einmaligem Schnitt führt man diesen entweder zu Frühlingsbeginn vor dem Austrieb aus oder aber, was besonders empfehlenswert ist, im Frühherbst von Ende August, Anfang September an. Es kann allerdings in solchen Fällen vorkommen, daß bei langanhaltender feuchtwarmer Herbstwitterung noch einmal ein Durchtrieb erfolgt. Bei allen immergrünen Hecken soll der Rückschnitt stets so vorgenommen werden, daß ein beblätterter Teil des jeweiligen Jahrestriebes stehenbleibt, der normalerweise bis zum Winter genügend ausreift, d. h. verholzt. Einen Rückschnitt bis in das mehrjährige, keine Blätter mehr tragende Holz vertragen fast alle immergrünen Arten, wie die Hülse oder Stechpalme *(Ilex aquifolium)* nicht gut. Sie bleiben am schönsten, wenn man ihnen mit der Heckenschere vom Leibe bleibt und statt dessen die Gartenschere benutzt. Mit ihr werden die jeweils längsten Triebe zurückgeschnitten. So wirken die Pflanzen natürlich und tragen alljährlich Blüten und, sofern es sich um weibliche Pflanzen handelt, auch Früchte.

7.6 Die Anwendung von Wachstumsreglern

Seit einigen Jahren ist ein Wachstumsregler, Atrinal, auf dem Markt, der zunächst bei Topfazaleen eingesetzt wurde und zu erwünschten vegetativen Wuchshemmungen führte, die ein Stutzen oder Pinzieren überflüssig machten. Mit Atrinal lassen sich auch Hecken und Bodendek-ker in ihrem Längenwachstum beeinflus-sen; dadurch können die Schnittarbeiten deutlich reduziert werden. Es ist nur noch ein sogenannter Säuberungsschnitt nach Vegetationsabschluß notwendig, der ei-nen normalen Austrieb der Hecke ge-währleisten soll.

Atrinal wird im Frühjahr auf den etwa 5 cm langen (bei Hainbuchen mindestens 10 cm) langen Neuaustrieb in vorge-schriebener Konzentration gespritzt. Je m² Gehölzfläche sind 0,2 l Spritzbrühe er-forderlich. Gespritzt wird bei trockenem Wetter, innerhalb der nächsten 24 Stun-den soll kein Regen fallen.

Die Behandlung kann bei gut entwickel-ten Gehölzen vom 4. Standjahr an begin-nen. Sie hat gegenüber einem normalen Heckenschnitt eine bessere Verzweigung der Gehölze zur Folge.

Für folgende Gehölzarten kann das Mittel empfohlen werden (Scholz 1977):

7.7 Die rigoroseste Maßnahme: Rückschnitt

Dieser radikale Eingriff sollte zu Beginn der Ruhepause erfolgen. Der Hauptgrund hierfür ist der, daß man der Pflanze Gele-genheit gibt, die Wunden abzuschließen, kurz, um ein starkes Bluten zu vermeiden. Zudem hat man im Winter am ehesten Zeit hierfür übrig und kann auch das an-fallende Holz besser, d. h. rauchärmer verbrennen (so es erlaubt ist).

Das klassische Werkzeug für den Rück-schnitt ist die Astschere. Dank der 8- bis 10fachen Hebelwirkung ihrer langen Arme lassen sich daumendicke Triebe mühelos schneiden, mit Kraftanwendung auch entsprechend stärkere. An ihrer Stelle kann man ebensogut eine Säge nehmen, die durch eine Gartenschere zu ergänzen ist. Die Arbeit ist dann natürlich umständlicher und erfordert mehr Zeit.

Da man bei einem nur teilweisen Rück-

Art	%Atrinal	Art	%Atrinal
Acer campestre	1,0	*Philadelphus*	0,5
Berberis	1,0	*Pyracantha*	2,0
Carpinus betulus	2,5	(wenn Beeren erwünscht, erst nach	
(Behandlung, wenn die beiden		der Blüte spritzen)	
ältesten Blätter der Neutriebe		*Ribes alpinum*	0,75
voll entwickelt sind)		*Rosa rugosa*	1,5
Cornus mas	0,6	*Spiraea*	0,5
Cotoneaster	0,2–0,5	(auf 10–20 cm Neutrieb spritzen; wenn	
Crataegus laevigata	0,75	Blüten erwünscht, erst nach der Blüte)	
Forsythia	1,0	*Symphoricarpos*	0,5–1,0
Ligustrum	0,5	(Konzentration je nach Art)	
Lonicera nitida	0,3	*Thuja occidentalis*	0,4

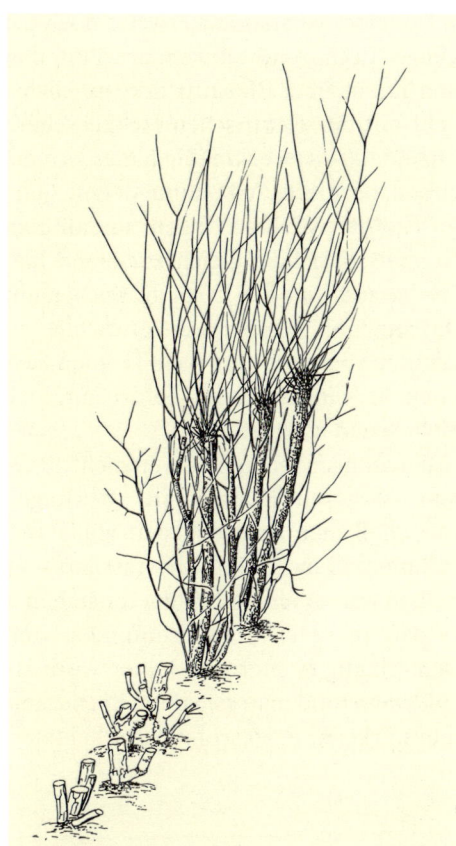

Vernachlässigte Hecken lassen sich in der Regel durch einen radikalen Rückschnitt von unten her neu aufbauen.

zunehmen und ihre Seiten entsprechend auf Figur zu bringen. Im unteren Bereich kahl gewordene Pflanzen kann man bis zu einer Handspanne breit und bis auf 10 bis 20 cm über dem Boden zurückschneiden. Wüchsige, nicht überalterte Pflanzen vertragen diese extreme Behandlung klaglos. Daß eine solche Maßnahme mit einer guten Pflege parallel gehen sollte, ist selbstverständlich. Reichliches Wässern und eine leichte Düngung gehören dazu. Ein Abdecken des Bodens mit organischem Material (Mulchen) ist die beste Unterstützung, die wir den Pflanzen angedeihen lassen können.

7.8 Werkzeug und Technik des Schneidens

Auch heute, im technischen Zeitalter, ist die alte Heckenschere das am weitesten verbreitete Werkzeug. Wenn auch nicht im einzelnen das Für und Wider der verschiedenen Geräte besprochen werden soll, so sei doch erwähnt, daß man sich eine Schere zulegen sollte, die gummigepuffert ist. Wenn man schon mit der Hand schneidet, ist die beste Schere gerade gut genug. Aber auch, wenn es um elektrische Scheren geht, sollte man nicht ausschließlich auf den Preis schauen. Sogenannte Mehrzweckgeräte, d. h. Bohrmaschinen mit dem Zusatzteil Heckenschere sollte man nur in Ausnahmefällen in die Überlegungen einbeziehen – sie sind meist viel zu schwer und zu laut. Man kaufe möglichst ein Gerät, das man aus eigener Anschauung kennt, besser noch: ein solches mit dem man schon einmal gearbeitet hat.

schnitt keinen Anhaltspunkt hat, wo das Werkzeug angesetzt werden muß, ist es ratsam, vor Beginn der Arbeit eine Schnur zu spannen, die man an Stäben gesondert fixieren muß. Man kann aber auch in Abständen von 1 bis 2 m Markierungen in die Hecke schneiden.

Wieviel „Holz" man der Hecke beläßt, ergibt sich von Fall zu Fall. Meistens wird es genügen, 30 bis 50 cm von der Höhe ab-

Wichtig ist, daß die Schere leicht, leise und vibrationsarm ist. Dazu ist erforderlich, daß die Messer gegenläufig arbeiten. Je länger und höher die Hecken, um so wichtiger ist es, hierauf zu achten.

Beim Schneiden bindet man sich am zweckmäßigsten das Verlängerungskabel um den Leib und läßt nur wenig mehr als den Anschlußstecker frei hängen. Dann hat man Bewegungsfreiheit, es arbeitet sich leicht, und es kann dann auch nicht vorkommen, daß man versehentlich das Kabel durchschneidet.

Bei alten Hecken passiert es zuweilen, daß die eingezogenen Spann- oder Stacheldrähte sich irgendwo gelöst haben, so daß die Schere sie erfaßt. In einem solchen Fall sollte man die Drähte sofort stückweise restlos entfernen, einschließlich der noch vorhandenen Pfähle. Wenn auch das Material der Werkzeuge – insbesondere der elektrischen Heckenschere – sehr gut ist, so leidet verständlicherweise doch die Klinge. Ergänzend sei noch erwähnt, daß man Triebe über Bleistiftstärke möglichst nicht mit der elektrischen Heckenschere schneidet. Als zweckmäßig hat es sich erwiesen, bei dieser Arbeit immer eine Gartenschere bei sich zu tragen, so daß man sie im Bedarfsfalle gleich zur Hand hat. Ebenso sollte *nie* das flache Kännchen mit Maschinenöl fehlen, denn etwa alle 10 Minuten sollte man ein paar Tropfen zwischen die Klingen geben – sofort laufen sie leichter und noch leiser.

Will man nach einigen Jahren nicht zu einem stärkeren Rückschnitt gezwungen sein, muß man den Neutrieb völlig wegnehmen. Ganz gelingt das fast nie – es bleiben immer einige Millimeter stehen – so daß die Hecke im Laufe der Zeit zwangsläufig breiter und höher wird. Irgendwann muß man sich dann doch zu einem stärkeren Rückschnitt entscheiden.

8 Figurenschnitt und „grüne Architektur"

Von einer „normalen" Hecke bis zu kunstvoll geschnittenen Gebilden gibt es fließende Übergänge. Am Niederrhein, auch an einigen Bauernhöfen in Westfalen, findet man Hecken, an denen der obere Teil zu Tierformen, meist Hühnern oder Enten, geschnitten ist. In England haben manche Gartenbesitzer diese Technik zu einer hohen Kunstfertigkeit entwickelt. Von allen sommergrünen Heckenarten ist sicher der Weißdorn am geeignetsten, da er in reichlichem Maße Zweige nach allen Richtungen hin ausbildet und den ganzen Sommer hindurch gleichmäßig wächst. Zudem sind die kleinen Blätter besonders dazu geeignet, Feinheiten herauszuarbeiten. Besonders leicht läßt sich die Eibe zu kunstvollen Figuren formen. Von den immergrünen Laubgehölzen wird der Buchsbaum allen anderen Arten vorgezogen. Zur Schaffung der Grundform wird übrigens Draht zu Hilfe genommen, dadurch lassen sich die Triebe in die gewünschte Richtung lenken; später wird er dann wieder entfernt. Diese kunstvollen Spielereien gehen mehr und mehr verloren. Die Zeit fehlt – wie überall so auch hier –, vor allem aber die Muße und das Verständnis dafür. Schade – wieviel Freude haben solche lustigen Gebilde besonders den Kindern bereitet! Man sollte diese grünen Kunstwerke nicht einfach als Kitsch verwerfen. Unsere Umwelt wird ohnehin immer trister und uniformer. Da, wo sie hingehören, in Bauerngärten oder auch in etwas altmodischen, heimeligen Hausgärten können sie auch heute noch eine Bereicherung sein.

Ebenso wie solch verspielte Formen, lassen sich ausgefallene geometrische Figuren schneiden. Die meisten Leser kennen die oft mächtigen, breiten Hecken mit aufgesetzten Quadern, Kugeln und Bö-

gen. In Großbritannien, Frankreich und in den südlichen Ländern findet man sie auch in kleinen Vorgärten aus Eiben, Buchsbaum oder Zwergmispeln (*Cotoneaster*) geschnitten, kleine Kopien großer Vorbilder, mitunter auch in der Form von Pagoden. Hierzulande ist diese „grüne Architektur", wie Boerner sie nannte, wohl kaum in den Haus- und Kleingärten anzutreffen. Sie gehört zu Schlössern, Herrensitzen und Klöstern, deren Größe, Vornehmheit und Geschichte sie unterstreichen. Den spielerischen Möglichkeiten sind fast keine Grenzen gesetzt. Ein Beispiel: im Park eines Schlosses in Schottland wurde aus acht Eiben-Pflanzen eine ca. acht Meter hohe Laube geschnitten, mit Tor und Fenstern. Der Innenraum des „Gewölbes" dehnt sich bis unter das „Dach" und bietet Platz genug für eine fröhliche Tafelrunde von mehr als einem Dutzend Teilnehmern!

9 Riesenhecken und Laubengänge

Von der Hecke, wie wir sie in unzähligen Gärten vorfinden, bis zu den viel bestaunten Riesenhecken aus Rot-Buchen im Gebiet des hohen Venns oder den Lindenwänden, die in Nordwestdeutschland und Holland zahlreiche Gehöfte schützen, ist nur ein Schritt. Auch die in Kastenform geschnittenen Kronen – meist der genannten Arten – in den alten Barockgärten, wie z. B. im Großen Garten in Hannover-Herrenhausen, zählen hierzu. Ihre

Behandlung unterscheidet sich nicht von der der normalen Hecken, nur daß der Schnitt verständlicherweise mit einem erheblich höheren Arbeitsaufwand verbunden ist. Er ist auch die Ursache dafür, daß sie immer seltener werden; trotz der Verwendung mechanischer Leitern und Scheren sind die Kosten vielerorts nicht mehr tragbar.

Den gleichen Schnitt wie die Hecken verlangen auch die Laubengänge, für die die

Hainbuche *das* Gehölz ist, jedoch mit dem Unterschied, daß man diesen zunächst einen größeren jährlichen Längenzuwachs gestattet. Sobald ein am Gerüst erzogener Laubengang sich oben zu schließen beginnt, müssen natürlich die Zweige an der Innenseite wegen Lichtmangel absterben, gerade wie an einer bis tief herab bezweigten Allee. Hat sich der Laubengang geschlossen, ist kein weiteres Längenwachstum mehr möglich; das stärkste Wachstum wird sich aber immer an den bogenförmig herabgebundenen Zweigen im oberen Teil des Laubenganges zeigen. Hier ist immer ein schärferer Winterschnitt auszuführen, um das Wachstum im äußeren und unteren Bereich des Laubenganges zu fördern. Dazu ist es notwendig, rücksichtslos gegen Konkurrenten vorzugehen, vor allem, wenn sie von der Seite her allmählich auf „Tuchfühlung" kommen. Zwangsläufig reagieren besonders alte Laubengänge darauf allergisch.

10 Kastenbäume

Einer etwas näheren Betrachtung bedürfen die Lauben- und die Kastenbäume, die beide im Grunde dasselbe darstellen, nur daß bei den erstgenannten die Äste über einem Gerüst mehr oder weniger horizontal gezogen werden. Baumreihen aus kastenförmig geschnittenen Platanen *(Platanus × hybrida)* könnte man, wie in Frankfurt am Main z. B., als gärtnerisches Wahrzeichen mancher Städte ansehen. Sehr häufig findet man solche geschnittenen Bäume auch entlang der Kais und Uferpromenaden an großen Binnenseen, z. B. am Bodensee, am Züricher und besonders am Genfer See, wo fast jeder der berühmten Kurorte kilometerlange eintönige Alleen aus streng geschnittenen Platanen oder auch Silber-Linden *(Tilia tomentosa)* vorweisen kann. In wieweit so behandelte Bäume als schön zu bezeichnen sind oder als verstümmelt empfunden werden, soll hier nicht erörtert werden. Ihnen wird immerhin mehr Freiheit gelassen als jeder Hecke, die einen Garten begrenzt. Der eingeschränkte Raum – wie z. B. an Uferpromenaden – erfordert nun einmal, daß ihr Wuchs im Zaume gehalten wird. Viel schlimmer steht es um die wenigarmigen, grausam amputierten Platanen in den Städten unserer südwestlichen und südlichen Nachbarländer. Wo es beschränkter Raum erfordert, mag man diese Operationen noch verstehen, vielerorts reicht vermutlich auch der natürliche Niederschlag für die Versorgung der Kronen voll ausgewachsener Straßenbäume nicht aus. Schlimm wird es, und nicht zu begreifen, wenn diese Amputationen Bäumen zuteil werden, die völlig frei stehen und als üppige Schattenspender von jedermann begrüßt würden. Und so etwas gibt es, wie man sich leider immer wieder überzeugen kann, auch in unserem Vaterland in viel zu reichem Maße!

Zurück zu den Kastenbäumen „unserer" Promenaden.

Immer geht die Erziehung solcher Bäume vom fertigen (Baumschul-) Hochstamm aus, allerdings erst, nachdem dieser an seinem endgültigen Standort eine etwa 5- bis 10jährige, vieltriebige Krone entwickelt hat. Die eigentliche Behandlung beginnt damit, daß der Leittrieb herausgeschnitten wird, denn das Höhenwachstum muß ja zugunsten des Breitenwachstums unterbunden werden. Die Bäume sollen gewissermaßen eine Kesselkrone bilden, bei der alle Äste stark geneigt nach außen wachsen, so daß sie oben in einer horizontalen Fläche auslaufen. In der vollständig formierten Krone wird nun jeder einzelne Ast in einer Weise behandelt, die der eines Schnurbaumes im Obstbau ähnelt. Alle Seitenzweige werden Jahr für Jahr auf ganz kurze Zapfen zurückgeschnitten, so daß die Krone sich während der Wachstumszeit immer wieder mit üppig belaub-

ten einjährigen Trieben anfüllt. Die Verlängerungstriebe der Äste werden in jedem Winter ebenfalls auf 5 bis 7 Augen eingekürzt. Senkrecht nach oben herauswachsende üppige Triebe – der Baum will sich natürlich das unterdrückte Höhenwachstum zurückerobern – müssen gegebenenfalls gänzlich (auf Astring) entfernt werden.

Platanen lassen sich eine solche gewalttätige Behandlung jahrzehntelang willig gefallen, verständlich bei der Neigung der Platane, ihre Krone in eine Mehrzahl von gleichwertigen Ästen aufzulösen, sie ist eben kein eigentlicher Waldbaum. Auch die Linde ist willig, jedoch ist ihre Neigung „durchzugehen", d. h. bei nicht genügender Aufmerksamkeit starkwachsende senkrechte Äste zu bilden, sehr viel größer als bei der Platane. Nicht selten sieht man derartige durchgegangene Laubenlinden, bei denen, von fast allen horizontal gezogenen Ästen ausgehend, schenkeldicke oder noch stärkere, aufrecht wachsende Äste eine große Krone bilden.

11 Vogelschutzgehölze

Der Begriff Vogelschutzgehölz bedarf heute wohl keiner Erklärung mehr. Es besteht aus einer mehr oder weniger großen, meist bandförmigen Anpflanzung geeigneter Straucharten, die mit einzelnen Bäumen durchsetzt sind und die als Landschaftsschutzgehölze vielfältige Aufgaben zu erfüllen haben. Neben der Gestaltung der Landschaft in ästhetischer Hinsicht dienen solche Hecken vor allem dem Windschutz, gleichzeitig verhindern sie Bodenerosionen. Vogelschutzgehölze sind sie nur in einer willkommenen Nebenfunktion. Man wählt dazu meist einheimische Arten, die durch ihren dichten Wuchs und ihre Bewehrung den Vögeln möglichst viel Schutz vor ihren Feinden bieten. Gerade heute, da weite Landstriche von Gehölzen ausgeräumt sind, stellen solche Pflanzungen Inseln dar, die den Vögeln Zuflucht und Heimstatt bieten. Sie bestehen vornehmlich aus „harten", zum großen Teil heimischen Arten. Holunder, Schneeball *(Viburnum opulus* und *V. lantana),* Haselnuß, Kornelkirschen und Hartriegel, Weißdorn, Faulbaum, Liguster und Pfaffenhütchen sind die wesentlichen Sträucher. Vogelbeeren, Vogel-Kirschen, Hainbuchen, Buchen, Linden und Ahorne bilden das Gerüst der eingestreuten Bäume.

Wie man eine solche Pflanzung anlegt, ist

Das Kappen von stärkeren Ästen hat bei vielen Straucharten den Austrieb dichtstehender Zweige zur Folge. Die so entstandenen Astquirle sind ideale Nistplätze für Vögel.

hier nicht näher zu erläutern – hier geht es ja um den geeigneten Schnitt.

Wesentlich ist nun, daß die Möglichkeiten des Nestbaues durch geeignete Schnittmaßnahmen erhöht werden, indem man Astquirle schafft.

In der Regel verwendet man bei der Anlage jüngere Pflanzen, deren Triebe in der üblichen Weise um mindestens $1/3$ ihrer Länge eingekürzt werden. Zwei bis vier Jahre nach der Pflanzung beginnt man mit dem Anschnitt der Astquirle. Dies geht so vor sich, daß einige mehrjährige Bodentriebe eines Strauches in verschiedener Höhe von 0,5 bis 2 m geköpft werden. Unter der Stelle, an die die Triebe eingekürzt werden, sollen sich, möglichst nahe beieinander, mehrere schlafende Knospen befinden, die nach dem Austrieb einen mehrtriebigen Quirl bilden. Man schneidet also deshalb so, daß der jeweils unterste Teil eines Jahrwuchses stehenbleibt, denn an diesem sitzen die (nicht zum Austrieb gekommenen) schlafenden Knospen am dichtesten beieinander.

Diese quirligen Austriebe solch senkrechter, zurückgeschnittener Loden richten sich in elegantem Bogen nach oben, so daß sie zusammen buchstäblich eine Nestform bilden. Den Vögeln bieten sie sich als ideale Nistplätze an.

Nach einem Jahr sollte ein Kontrollgang folgen. Alte Nester werden entfernt und Zweige, die in eine ungewünschte Richtung zeigen, ausgeschnitten. Sind die einjährigen Triebe recht wüchsig, kann man diese wiederum zurückschneiden, so daß sich weitere Astquirle bilden. Erweist sich der Austrieb des letzten Jahres als zu schwach, wartet man besser noch eine Vegetationsperiode.

Dieser Schnitt soll natürlich erfolgen, noch ehe die Frühbrüter auf Wohnungssuche sind.

Die beschriebene Methode ist in erster Linie für Feldgehölze gedacht. Im Garten pflanzt man Blütensträucher, und die schneidet man nicht so rigoros zurück. Trotzdem kann man auch hier als Wohnungsvermittler tätig werden. Eine ganze Reihe bekannter, dekorativer Blütengehölze läßt sich durch den Rückschnitt einjähriger Loden zur Bildung quirlständiger Seitenzweige anregen. Hierzu eignen sich robuste „Deckgehölze" wie Weigelien (*Weigela*), Falscher Jasmin (*Philadelphus*-Hybriden), aber auch strauchige Zwergmispel-Arten (*Cotoneaster*-Watereri-Hybriden, *C. bullatus* u. a.). Da bei einem Teil der Arten diese Triebe nach einigen Jahren so gealtert sind, daß man sie besser entfernt, sollte man in jedem Winter beim Schnitt der Ziergehölze an die Wohnungsnot der armen Vögel denken und geeignete Arten zur Bildung solcher Astquirle umstimmen. Den Höhlenbrütern stellen wir Eigentumswohnungen zur Verfügung, indem wir Nistkästen aufhängen; wir sollten auch den Freibrütern stärker unser Augenmerk widmen. Natürlich finden sie auch in unbehandelten Gehölzen hin und wieder die Möglichkeiten zum Nestbau, doch sind diese eingeschränkt.

Unabhängig von dem oben beschriebenen Quirlschnitt läßt sich in vorhandenen Hecken, lediglich durch Entfernen von einem oder zwei Trieben im Inneren, ein

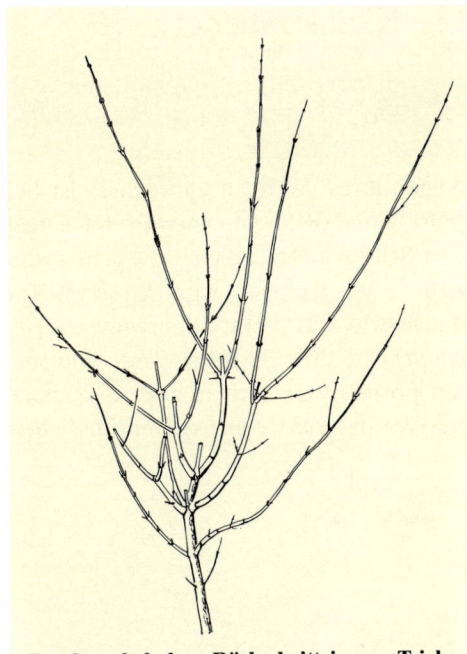

Durch mehrfachen Rückschnitt junger Triebe entstehen Astgabelungen, ebenfalls gesuchte Nistplätze.

Nistplatz „vorprogrammieren". Man muß sich nur die Mühe machen, einmal kritisch nachzusehen.

Ruhige Plätze werden bekanntlich von den Vögeln besonders geschätzt. Wer irgendwo in einem etwas abgelegenen Teil des Gartens einen alten Liguster oder einen Lorbeer-Kirschbaum stehen hat, der „zu nichts nütze" ist, sollte sich reiflich überlegen, ob er ihn entfernen soll oder nicht. Vielleicht läßt er sich wieder etwas „auf Taille" bringen, damit er nicht stört. Mit seiner Hilfe kann sich der Gartenbesitzer oftmals für die Vögel als Wohnungsvermittler erweisen. Sie werden es ihm danken.

12 Kleinsträucher

Wegen ihres geringen Zuwachses ist bei den kleinen Strauchformen in der Regel kein Schnitt notwendig. Bei solchen von mehr oder weniger weit kriechendem Wuchs wie z. B. beim Silberwurz *(Dryas octopetala)*, dem Efeu *(Hedera)* und seinen Formen wie 'Erecta', der Kriechenden Weide *(Salix repens)* und ähnlichen

Arten kann es notwendig werden, ihren Wuchs einzudämmen. Wenn sie benachbarte Pflanzen überwuchern und zu ersticken drohen, wird es hierfür höchste Zeit. Die Praxis bedarf jedoch keiner Erläuterung. Das gleiche gilt für die Mahonie *(Mahonia)*, die sich gern wuchernd ausbreitet.

Kleinsträucher wie die im Sommer blühenden Spiraea-Bumalda-Hybriden werden jährlich ganz kurz zurückgeschnitten.

13 Bodendecksträucher (einschl. Heide- und Erica-Arten)

Neben zahlreichen Stauden wird auch eine Anzahl Straucharten als Bodendeckpflanzen verwendet. Es sind dies durchaus nicht nur Kleinsträucher, auch einige Klettersträucher gehören dazu; man darf ihnen, wenn sie zu solcher Aufgabe buchstäblich degradiert werden, nur nicht die

Gelegenheit geben, an irgendetwas emporzuklettern – sofort sind sie sich dann bewußt, daß sie „zu Höherem" berufen sind. Die Aufgabe aller ist es nun, dafür vorgesehene Flächen gleichmäßig und oftmals auch gleichartig zu begrünen, ohne daß sie dabei so hohe Pflegeansprüche stellen wir Rasen oder auch manche Stauden.˙Eine Reihe von ihnen soll auch noch dort freudig gedeihen, wo selbst das Gras versagt. Man denke hier nur an das Immergrün *(Vinca minor,* auch *V. major),* das an den schattigsten Stellen wächst.

Nach Art ihres Wuchses werden diese Straucharten in mehrere Gruppen aufgeteilt. Es sind dies die in Bulten oder büschelig wachsenden, ferner solche, die sich mit unterirdischen Kriechsprossen (Ausläufern) ausbreiten, und drittens die oberirdisch kriechenden Arten, die z. T. entlang der Kriechsprosse Wurzeln bilden. Der unterschiedliche Wuchs fordert natürlich auch einen verschiedenen Schnitt.

Bultig oder büschelig wachsende Arten

Zu dieser Gruppe gehören in erster Linie die Heide-Arten, Heidekraut *(Calluna)* und Erika *(Erica),* ferner das Berg-Bohnenkraut *(Satureja montana),* der Gamander *(Teucrium chamaedrys),* Lavendel *(Lavandula)* und andere Arten.

Beschäftigen wir uns zunächst mit den Heide-Arten, denn bezüglich ihrer Behandlung bestehen die größten Unklarheiten.

Sehr oft werden Heide und *Erica* so eng gepflanzt, daß sie als Gruppen oder als flächige Pflanzung von Anfang an etwas darstellen. Das hat zur Folge, daß sie sich nach einigen Jahren bedrängen und gegenseitig in die Höhe treiben. Deshalb werden sie dann zu lang und wirr, unten und innen kahl, kurz: unansehnlich. Dieser Entwicklung kann man nur durch einen ständigen Rückschnitt entgegenwirken. Er ist vor allen Dingen bei *Calluna,*

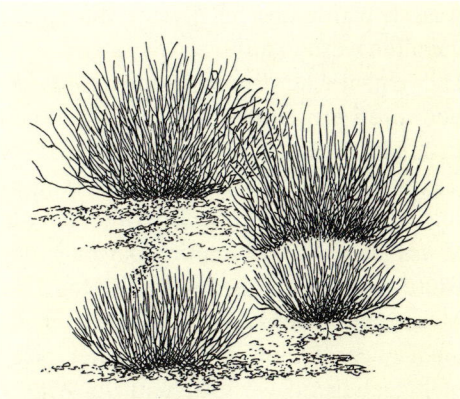

Der jährliche Rückschnitt von Calluna vulgaris wird im Frühjahr so tief angesetzt, daß am Grunde der letztjährigen Triebe noch Blätter stehen bleiben.

weniger bei *Erica* notwendig. Man schneidet in der Regel jährlich und nur bis in den unteren Teil der jungen Triebe zurück, da sich neue Triebe nur aus beblätterten Triebteilen entwickeln. Ein Rückschnitt bis ins alte Holz hat bestenfalls einen sehr ungleichmäßigen Austrieb zur Folge. Unter ungünstigen Standortbedingungen treiben ältere Triebe überhaupt nicht wieder aus. Sind die Flächen klein, so läßt sich das leicht mit der Gartenschere bewerkstelligen, sind sie jedoch über $1/2$ m² groß, lohnt es sich, hierfür schon eine Heckenschere zu holen. Es hat sich bewährt, die Pflanzen zentimeterweise herunterzuschnippeln, so daß das abgeschnittene Grün wie gehäckselt ist. Das Schnittgut kann man dann nämlich auf die Pflanzfläche verteilen. Es wirkt gleichermaßen durchlüftend wie es den Boden versauert. Um den Durchtrieb zu fördern, fülle man zwischen die Stämmchen Torfmull, der vorher gründlich gewässert wurde und auch weiterhin feucht gehalten werden muß.

Die eigentliche Besen-Heide *(Calluna)* und ihre Formen nimmt man im zeitigen Frühjahr zurück. Der Neutrieb hat so Gelegenheit, sich bis zur Blüte im August reich zu entwickeln. Die Winter-Heide *(Erica carnea)* wird unmittelbar nach der Blüte geschnitten, dies ist in der Regel im März. Ein Rückschnitt im Sommer ist nicht zu empfehlen, da der Austrieb nicht mehr genügend verholzt und im Winter Schaden leidet. Sind die Büsche zurückgefroren, ist natürlich auch ein Rückschnitt erforderlich. Dieser muß umgehend erfolgen, wenn man den Schaden bemerkt, um nicht auf Blüte und Zuwachs verzichten zu müssen.

Nun sollen noch kurz die übrigen Arten dieser Gruppe besprochen werden. Man verjüngt sie sinngemäß so wie die Heide-Arten, im Abstand von einigen Jahren. Das Berg-Bohnenkraut muß man jedes Jahr „auf den Stock" setzen, zumal, wenn man es für die Küche ernten und dafür reichlich junge Austriebe bekommen möchte.

Der Gamander *(Teucrium chamaedrys)* wurde bereits bei den „Mini-Hecken" erwähnt. Man kann ihn im Frühjahr zurückschneiden, ohne im Spätsommer auf eine Blüte verzichten zu müssen. Man sollte so verfahren, wenn es sich um einzelne Pflanzen handelt. Dienen sie jedoch als Beetbegrenzung oder Hecke, kann dieser Schnitt auch im Sommer erfolgen. Man verzichtet dann auf einen Teil der Blüte, hat jedoch dafür im Frühjahr und über den Frühsommer hinweg ein samtgrünes

Beet oder Band. Zu dieser Gruppe gehören noch eine Reihe recht seltener Pflanzen wie die Ährenheide *(Bruckenthalia)*, die Sandmyrte *(Leiophyllum)* und die Dicknarbe *(Pachistima)*. Für sie ist ein Rückschnitt nur nach Frostschaden notwendig.

Arten mit unterirdischen Ausläufern

Das klassische Beispiel für diese Gruppe ist die immergrüne *Pachysandra terminalis*. Ferner gehört hierzu ein Johanniskraut *(Hypericum calycinum)*.

Die *Pachysandra* benimmt sich so manierlich, daß sie wohl kaum der Schere bedarf. Wenn sie allerdings ein Dutzend Jahre an der gleichen Stelle steht, können die Triebe sehr lang wachsen und im unteren Teil verkahlen. Man erkennt es lediglich daran, daß die ganze Fläche langsam in die Höhe wächst. Dann empfiehlt es sich, einen Teil der Triebe hochzunehmen und bis in den unbeblätterten Teil zurückzuschneiden. So verjüngt man im Lauf von einigen Jahren die Bepflanzung vollständig.

Das Johanniskraut *(Hypericum calycinum)* leidet in den meisten Wintern, so daß sich das Laub braun verfärbt und im Frühjahr einen recht unschönen Anblick bietet. In diesem Fall ist es am besten, die Triebe regelmäßig ganz kurz zurückzuschneiden; aus basalen Knospen regeneriert sich diese Art sehr schnell und blüht im gleichen Sommer wieder.

Arten mit oberirdischen Kriechsprossen

Diese Gruppe, bei der die oberirdischen Kriechsprosse in Berührung mit dem

Boden oft Wurzeln bilden, wird vor allem durch die flach- oder rasigwachsenden Zwergmispel-Formen *(Cotoneaster dammeri)* charakterisiert. Ferner gehört dazu die Bärentraube *(Arctostaphylos)*, einige Spindelsträucher *(Euonymus fortunei*-Formen) und Efeu *(Hedera)* sowie einige seiner Sorten. Auch einige Nadelgehölze muß man zu ihnen zählen, vor allem die flachwüchsigen Wacholder *(Juniperus)*-Formen. Ein Schnitt im eigentlichen Sinne ist bei diesen Pflanzen meistens nicht nötig. Kriechen sie über den ihnen zugedachten Platz hinaus, sticht man sie lediglich mit dem Spaten ab oder besorgt dies mit der Schere. Will man die starkwachsenden *Cotoneaster*-Formen in ihrer Wuchshöhe begrenzen, kann man sie im Turnus von einigen Jahren bedenkenlos stark zurückschneiden. Man erreicht dadurch eine dichtgeschlossene Bodendecke.

Abschließend sollen noch einige Kletterpflanzen genannt werden, die als Bodendecksträucher Verwendung finden. Das Japanische Geißblatt *(Lonicera japonica* 'Aureoreticulata') mit seinen gelb geaderten Blättern wird wohl am häufigsten hierzu verwendet. Ganz besonders zu empfehlen ist die Kletter-Hortensie *(Hydrangea anomala* ssp. *petiolaris)*, da sie – auch im Schatten – üppige, tellergroße Blütenstände bildet. Weniger gebräuchlich ist der Mondsame *(Menispermum)*, die Akebie *(Akebia quinata)* und das immergrüne Geißblatt *Lonicera henryi*. Gerade die letztgenannten können u. U. recht dreist werden, so daß man ihnen zeigen muß, wo ihre Grenzen sind. Das nehmen sie jedoch alle nicht übel.

14 Heilsame Pferdekur: Verjüngungsschnitt

Unter diesem Begriff verstehen wir einen radikalen Rückschnitt der oberirdischen Teile der Gehölze, hier der Sträucher; man bezeichnet ihn auch als Abwerfen. Bereits im Kapitel über die Hecken sprachen wir kurz hierüber. Man sieht sich zu einer solchen Gewaltkur veranlaßt, wenn die Gehölze im Alter unten kahl werden und in Wuchs und Blühwilligkeit nachlassen. Das gleiche ist der Fall, wenn sie durch Druck von der Seite zu hoch geworden sind oder einfach zu groß für den ihnen zugewiesenen Raum. In der Mehrzahl der Fälle hätte es zu solchen Zuständen, die wir ruhig als Mißstände bezeichnen können, nicht zu kommen brauchen. Fast stets hat man bei der Pflanzung in der Wahl der Strauch-Art einen Fehler begangen oder späterhin versäumt, ihr durch fortgesetztes Auslichten eine gute, jugendliche Figur zu erhalten. Das radikale Abwerfen ist immer eine Notmaßnahme! Wenn auch die meisten Sträucher das Abwerfen gut vertragen – im Gegensatz zu den Bäumen gewinnen sie verhältnismäßig schnell ihre gewünschte Figur wieder –, widerstrebt es einem in der Regel doch, sie so rücksichtslos zu kupieren.

14.1 Sommergrüne

Sprechen wir zunächst von den Sommergrünen. Die meisten von ihnen lassen sich diese Behandlung gefallen, weil sie in der Lage sind, sich aus den Adventivknospen an der Stammbasis zu regenerieren.

Arten, die basiton veranlagt sind wie Berberitzen *(Berberis)*, Sommerflieder *(Buddleja)*, Kerrien *(Kerria)*, Haselnuß *(Corylus)* und Liguster *(Ligustrum)* lassen sich willig verjüngen. Ebenso Sträucher,

Nicht selten sieht man in den Gärten sinnlos zurechtgestutzte Sträucher, Blüten sind an solch traurigen Gestalten kaum zu erwarten.

die sich mesoton verzweigen, d. h. aus der Mitte heraus ihre neuen Triebe bilden, wie Deutzien. Anders ist es mit Gehölzen, die akroton veranlagt sind, d. h. eine starke Spitzenförderung zeigen; auch solche, die mehr baumförmig wachsen, sind zuweilen widerspenstig. Hier sei vor allem der Goldregen *(Laburnum)* genannt, der einen starken Rückschnitt fast nie verkraftet. Aber auch manchen Zwergmispeln *(Cotoneaster)*, Halesien *(Halesia)*, Prunkspieren *(Exochorda)*, Zier-Äpfeln *Malus)* und Zier-Pflaumen *(Prunus)* bekommt er oft nicht. Bei dem Pfriemenginster *(Spartium junceum)*, dem Besen- und Elfenbeinginster *(Cytisus scoparius* und *C. × praecox)* ist eine solche Behandlung überhaupt nicht möglich. Sie bilden an den Stümpfen einfach keine Sekundärknospen. Aus diesem Grund sollte man immer dann, wenn man einen unsicheren Kantonisten vor sich hat, lieber vorsichtig zu Werke gehen. Man verteilt in einem solchen Fall die Verjüngung auf mehrere Jahre, indem man jeweils nur ein Drittel der Stämme zurücknimmt. Dann kann man beobachten, wie die Sträucher reagieren. Sieht man, daß sie streiken, unterläßt man einen weiteren Rückschnitt oder geht bedächtiger vor, d. h. man schneidet nicht so tief zurück. Durch das Entfernen eines Teiles der Triebe gelangt wieder Licht in die Krone und die verbliebenen Zweige treiben neu aus.

Kennt man das Ausschlagvermögen der Sträucher, sollte man sich zu einem totalen Rückschnitt entschließen und dann auch ganze Arbeit leisten.

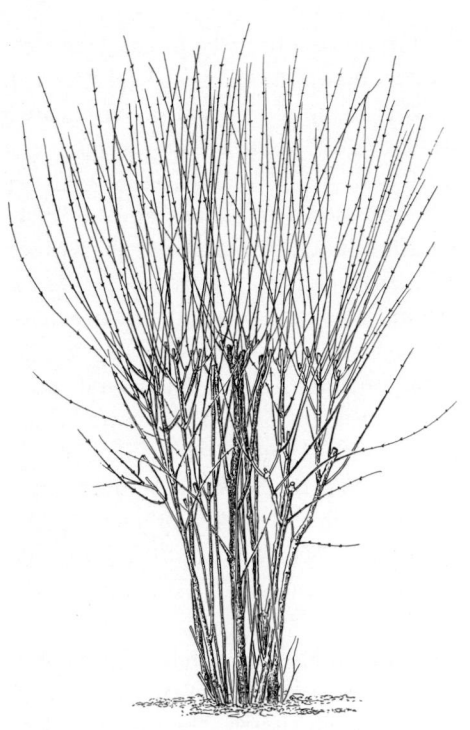

Es ist in einem solchen Fall das beste, die Einzelstämme in etwa 30 cm bis nicht mehr als 50 cm Höhe über dem Boden zu kappen. Die Erfahrung hat gezeigt, daß so stark zurückgenommene Sträucher sich besser und vollkommener wieder aufbauen, als wenn man die Stümpfe länger läßt. Ist die Zahl der Einzelstämme groß, so nehme man einen Teil von ihnen unmittelbar über dem Erdboden heraus und lasse nur so viele stehen, wie man glaubt, zum Aufbau eines vollen Busches nötig zu haben. Die Schnittstellen sind ordnungsgemäß zu versorgen. Um den Austrieb zu kräftigen, wird man die gekappten Sträu-

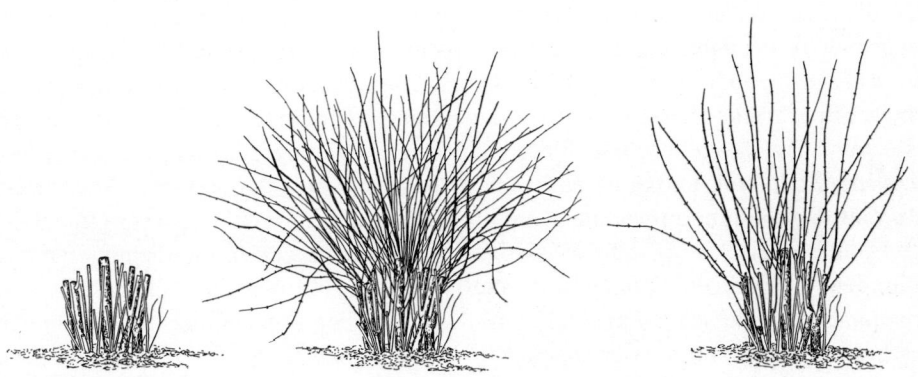

Verjüngungsschnitt. Verwahrloste Sträucher können verjüngt und neu aufgebaut werden. Alle Äste werden auf 30 bis 50 cm Höhe zurück- **geschnitten. Es werden sich viele neue Triebe entwickeln, von denen im zweiten Jahr etwa zwei Drittel ganz entfernt werden.**

cher im Frühjahr und Sommer gründlich gießen. Auch eine bessere Ernährung (durch Kompost, verrotteter Dünger) ist um so empfehlenswerter, je älter und weniger wüchsig die Sträucher sind.

Besonders aufmerksam muß man sein, wenn es sich bei der Verjüngung um veredelte Sträucher, etwa Flieder, handelt. Als Folge des Abwerfens entstehen auch aus der Unterlage zahlreiche Wurzelschößlinge, die den Austrieb der Veredlung nicht nur überwachsen, sondern diese durch Nahrungsentzug zum Absterben bringen können. Alle sind möglichst bald und ständig an ihrer Entstehungsstelle zu entfernen, ebenso sämtliche Austriebe an der Basis der Stümpfe, soweit diese nicht unzweifelhaft zum veredelten Teil gehören.

Die Zahl der Triebe, die sich aus den Stümpfen entwickeln, kann manchmal sehr groß sein, die Internodien sind oftmals übernormal lang, wie dies bei Lodentrieben häufig zu beobachten ist. Im nächsten Winter muß dann ein mehr oder minder großer Teil von ihnen herausgeschnitten werden, wobei man natürlich die schwächsten Triebe zuerst entfernt. Man lasse nur so viele stehen, wie Platz zur Entwicklung haben. Dabei ist zu beachten, daß die weitere Entwicklung dieser Triebe um so besser ist, je tiefer sie an den Stümpfen entspringen. Von denen, die erhalten bleiben, lasse man die Hälfte ungeschnitten, die Hälfte der restlichen kürze man um ein Drittel, den Rest um die halbe Länge ein. So erzielt man einen Busch, der auch in Bodennähe eine gute Verzweigung besitzt.

14.2 Immergrüne

Die Gruppe der Immergrünen ist ein nicht minder unterschiedliches Völkchen als das vorgenannte, zählen doch hierzu auch die Nadelgehölze. Befassen wir uns zuerst mit ihnen. Sie weisen nur eine Gattung auf, die es bezüglich eines totalen Rückschnitts mit den härtesten Sommergrünen aufnehmen kann: unsere Eibe *(Taxus baccata)*, wie auch ihre anderen, in Mitteleuropa nicht heimischen Geschwister. Sie vertragen buchstäblich alles. Man kann Eibenbäume bis auf einen Stumpf herunterschneiden – und sie wachsen doch weiter; man kann die Seitenäste entfernen, so daß nur noch ein „Telegraphenmast" übrigbleibt – auch der treibt wieder aus. Aber das wage man nicht bei anderen Nadelgehölzen!

Allenfalls kann man noch Pfitzers Wacholder (*Juniperus chinensis* 'Pfitzeriana') stark zurücknehmen; es bedarf keiner Erläuterung, daß man dies nach Möglichkeit umgeht. Da alle Immergrünen nur einen geringen jährlichen Zuwachs aufweisen, fällt diese Mißhandlung noch viele Jahre später ins Auge. Ihr Wuchs, ihr Habitus fordert geradezu dazu auf, statt eines Rückschnittes diejenigen Triebe zu entfernen, die am weitesten ausgreifen. Diese nimmt man weit in die dichte Krone zurück, so daß man die Schnittstelle nicht sieht. Hier können sich die neuen Austriebe entwickeln, und wenn diese Zweig und Schnittstelle bedecken, kann man weitere Teile zurücknehmen. Führt man dieses überlegt durch, behalten die Pflanzen ihre volle Schönheit und brechen doch nie aus dem ihnen zugewiesenen Raum aus. Das läßt sich auch bei Berg-Kiefern (*Pinus mugo*) und deren Formen durchführen, für die jede Radikalkur den Tod bedeuten würde. Auch sonst gilt diese Empfehlung nur für buschig wachsende Arten und Formen. Alle baumförmigen Arten, vor allem Fichten, Tannen und Kiefern, vertragen keinen Schnitt. Zurückgeschnittene Zweige wachsen in älteren Bäumen in der Regel nicht weiter, auch einmal entfernte Äste werden nicht mehr erneuert. Bei Berg-Kiefern (auch bei anderen Kiefern, solange sie jung sind) erreicht man durch einen Rückschnitt der vorjährigen Zweige im Winter oder der diesjährigen im Sommer eine dichtere Verzweigung und einen kompakteren Wuchs. Bei einem Rückschnitt werden ein Teil der sonst wenig entwickelten Knospen der Kurztriebe (jedes Nadelbündel stellt einen Kurztrieb dar) zu einer stärkeren Differenzierung und schließlich zum Austreiben angeregt.

Die immergrünen Laubgehölze reagieren ebenso unterschiedlich. Wirklich erforderlich ist ein Rückschnitt bei ihnen wohl nur nach schweren Frostschäden. Die heimische Hülse (*Ilex aquifolium*) und ihre Formen vertragen dies ohne weiteres, ebenso die Lorbeer-Kirsche (*Prunus laurocerasus*) und die Portugiesische Kirsche (*P. lusitanica*). In dem kalten Winter 1928 erfroren von der ersteren Art die oberen Teile von den Pflanzen, die eine Baumform angenommen hatten und an der Basis einen Stammdurchmesser von über 20 cm aufwiesen. Auch sie trieben nach dem Rückschnitt wieder aus – der Schnee

hatte den Wurzelhals und die hier vorhandenen Knospen geschützt.

Sprechen wir zum Schluß noch über *Rhododendron*. Sie lassen sich ebenfalls durch einen starken Rückschnitt verjüngen. Großblättrige Arten, wie das am häufigsten gepflanzte *Rh. catawbiense* und seine vielen Sorten, werden in ihren unteren Teilen häufig kahl, namentlich wenn sie in größeren Gruppen zusammengepflanzt sind. Auch Schäden durch Schneebruch – besonders gefährlich sind Schneefälle, die auf noch nicht eingerollte Blätter treffen – können einen starken Rückschnitt nötig machen. Dies gilt vor allem für dichtbelaubte Formen, wie z. B. 'Cunninghams's White', deren Mitteltriebe leicht ausbrechen. An älteren Stämmen gehäuft auftretende Neutriebe zeigen an, daß eine Verjüngung von der Pflanze selbst versucht wird. Natürlich wird man bei ihnen nicht so radikal vorgehen wie bei Sommergrünen, aber man kann Rhododendron unbedenklich bis in das 5- bis 6jährige Holz zurückschneiden. Stehen sie auf wuchsfreudigem Standort, so kann man sogar noch etwas tiefer gehen. Man wird überrascht sein, wie kräftig der Durchtrieb erfolgt, und in wenigen Jahren hat man bereits wieder schöne, gut verzweigte und vollbelaubte Büsche.

Es ist zu beachten, daß der Rückschnitt möglichst kurz über der Grenze zwischen dem Holztrieb zweier Jahre erfolgt, also z. B. dicht über der Grenze zwischen drei- und vierjährigem Holz usw. An diesen Stellen befinden sich in den Achseln der alten Blattnarben schlafende Knospen, die willig austreiben. Schneidet man hö-

her im Internodium, so ist die Folge meist ein eintrocknender Zapfen. Die beste Zeit für einen Rückschnitt ist der Nachwinter, wenn keine Fröste mehr zu erwarten sind. Es ist natürlich hart, hierbei etliche Blütenknospen wegzunehmen; wenn man jedoch erst im Frühsommer nach der Blüte schneidet, bleiben die Triebe wesentlich schwächer.

Sehr wichtig ist es, daß den zurückgeschnittenen Rhododendron ständig genügend Feuchtigkeit zur Verfügung steht, man muß also nach Bedarf wässern und zur Erhöhung der Luftfeuchtigkeit öfter spritzen. Darüber hinaus tue man noch etwas für die Ernährung, indem man den Boden um die Sträucher mit verrottetem Rinderdünger, mit Torfstreu gemischt, abdeckt. Auch in gewissen Abständen gegebene Jauchegüsse fördern den Trieb. Man bedenke, daß nach starkem Rückschnitt die flachen Wurzeln viel mehr dem

Zu locker aufgebaute Rhododendron können scharf zurückgeschnitten werden. Auch aus mehrjährigem Holz treiben sie willig aus.

Licht und der Austrocknung ausgesetzt sind als vorher. Durch Düngerabdeckung oder zumindest durch Torf, Kompost oder Laub schütze man den Boden.

Einen kräftigen Rückschnitt der Rhododendron verbinde man nicht mit gleichzeitigem Verpflanzen. Entweder man schneidet ein Jahr vor oder nach dem Verpflanzen, wenn die Büsche schon wieder neue Wurzeln gebildet haben.

Zur Durchführung des *Verjüngungsschnittes* wird fast stets die Baumsäge benötigt. Die Bodentriebe sind so stark, daß man dies mit der Gartenschere nur mit größter Mühe fertigbringt. Dabei reißt das Holz leicht ein, zumindest erhält man keine sauberen Schnittflächen. Es ist deshalb erforderlich, der Wundpflege besondere Aufmerksamkeit zu schenken. Einen Rückschnitt ohne ordnungsgemäßen Wundverschluß sollte es nie geben. Einzelheiten siehe Seite 129 ff.

In der Regel entwickeln Rhododendron unterhalb der endständigen Blüten mehrere Neutriebe. Entstehen nur ein oder zwei Triebe, schneidet man diese ganz kurz zurück und erreicht dadurch eine bessere Verzweigung.

14.3 Hilfe bei Trockenschäden

Der Sommer 1976 hat dem westlichen Europa wieder gezeigt, wie sehr wir trotz aller Technik und Mechanisierung von den Launen der Natur abhängig sind. Die wochenlange Trockenheit mit Temperaturen von täglich 35 °C und mehr stellte viele Garten- und Parkbesitzer vor Probleme. So lange man mit Schläuchen reichlich Wasser heranführen kann, können die Pflanzen über die schlimmste Zeit hinweggebracht werden. Wenn aber das Wasser so knapp wird, daß man es nicht mehr verantworten kann, regelmäßig reichlich zu wässern, kommt schließlich für Gehölze, vor allem für jung verpflanzte, eine echte Notzeit. Nachdem ein Teil des Laubes abgeworfen ist, trocknen die Spitzen und oft ganze Triebe ein, die der sengenden Sonne ausgesetzt sind. Wie kann man da noch helfen?

In den Kapiteln über den Pflanzschnitt war mehrfach davon die Rede, daß ein Gleichgewicht zwischen oberirdischen Teilen und Wurzeln vorhanden sein muß. In extremen Trockenzeiten muß dieser Grundsatz besonders beachtet werden. Es gilt jetzt, das wenige zur Verfügung stehende Wasser einer stark reduzierten Krone, bzw. dem Strauchwerk zugute kommen zu lassen. Verdorrte Spitzen oder auch ganze Astpartien sind oftmals nicht mehr zu retten. Es ist deshalb angeraten, in solch kritischen Fällen stark zurückzuschneiden. Das gilt für Laubgehölze ganz allgemein, aber auch für einen Teil der Nadelgehölze, z. B. den Lebensbaum *(Thuja)*, Scheinzypressen *(Chamaecyparis)* und Eiben; selbst Mammutbäume *(Sequoia sempervirens)* können hierdurch am Leben gehalten werden. Natürlich ist man hierbei bemüht, den Habitus des Baumes weitgehend zu erhalten. Bei Sträuchern ist es am zweckmäßigsten, alle älteren Triebe herauszuschneiden und ggf. nur einige junge Austriebe zu belassen.

Ergänzend sei ein weiteres Hilfsmittel erwähnt, wovon noch an anderer Stelle zu sprechen sein wird. Es ist das Anpinseln des gesamten Astwerks mit einer verdünnten Lösung von Lac-Balsam.

Wohl alle Leser wissen, daß ein großer Teil wertvoller Gehölz-Sorten durch Veredlung vermehrt wird. Jeder, der einmal Rosen gepflanzt hat, hat die Veredlungsstelle als Verdickung oberhalb des Wurzelhalses bemerkt – sie muß ja beachtet werden, weil sie bei der Pflanzung etwa 3 cm tief in die Erde kommen soll. Die Baumschulen veredeln, weil sie nur so eine große Anzahl der jeweiligen Sorten – wie in diesem Falle Rosen – zu einem annehmbaren Preis auf den Markt bringen können. Ein Teil der Gehölz-Arten und -Sorten ließe sich durch Stecklinge vermehren, doch würde sich dann die Anzucht um Jahre verlängern. Andere wiederum wachsen gar nicht aus Stecklingen oder Steckholz, hier ist die Veredlung die einzige Möglichkeit.

Dieses Veredeln kann auf der anderen Seite auch gewisse Nachteile mit sich bringen. Nicht immer besitzen Unterlage und Reis so viel „Harmonie", daß sie sich wirklich zu einer Ehe auf Dauer vereinigen. Wenn es zwischen ihnen zu kriseln beginnt, treiben die Unterlagen durch, d. h. an ihrem Wurzelhals sind Adventivknospen vorhanden, aus denen sich Triebe entwickeln. Hierbei handelt es sich stets um die Unterlage, d. h. um den Teil, den man gar nicht möchte. Gibt man nicht acht, so wachsen diese Lodentriebe zu starken Pflanzen heran, die die durch Veredlung gewonnene Sorte überwu-

chern können. Je stärker sie die Oberhand gewinnen, um so mehr Nährstoffe entziehen sie der veredelten Sorte und bringen sie schließlich zum Absterben. Je weniger harmonisch die Verbindung, um so größer ist die Gefahr, daß sich die Unterlagen „frei machen".

Vor allem muß man bei den Rosen achtgeben. Bei den Beet-Rosen wird man die Wildlinge meistens schnell bemerken, da sie frei stehen und jeder Bodentrieb leicht ins Auge fällt. Befinden sie sich dagegen innerhalb einer Pflanzung, wie es ja z. B. bei Park-Rosen oft der Fall ist – vielleicht mit Stauden kombiniert –, so fällt einem ein solcher Bösewicht sicher erst viel später auf. An meinem Haus, an dem eine Kletter-Rose aus einer dichten Gehölzpflanzung herauswuchs, bemerkte ich eine durchgegangene Unterlage erst, als sie die Höhe der Sorte erreicht hatte und zu blühen begann.

Wertvolle Schneeball- oder Schlingen-Arten (*Viburnum carlesii, V. × burkwoodii, V. utile* oder *V. farreri*) werden häufig auf die Behaarte Schlinge (*Viburnum lantana*) veredelt. Diese Unterlage ist sehr wüchsig, und wenn sie sich frei macht, kann es sein, daß sie im ersten Jahr einen meterlangen Trieb bildet. Franz Boerner berichtet, daß er einmal in einem sonst ausgezeichnet unterhaltenen Kurpark große *Viburnum lantana*-Gebüsche sah, die einst als *Viburnum carlesii* ge-

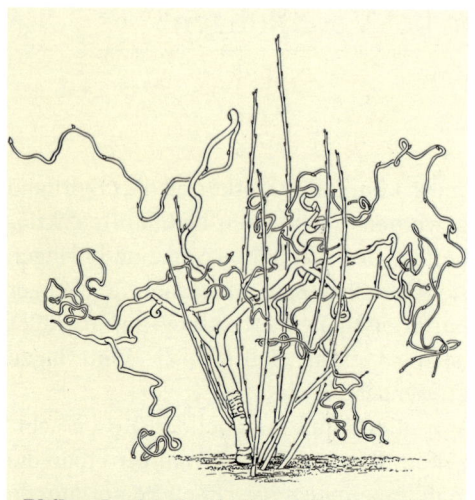

Bleiben durchtreibende Unterlagen unbeachtet, können sie in wenigen Jahren veredelte Gehölze völlig unterdrücken (Corylus avellana 'Tortuosa').

auch *S. pinnatifolia,* werden gelegentlich auf Liguster veredelt. Hier ist es die weniger harmonische Verbindung, die die Unterlage durchtreiben läßt. Dasselbe ist bei der Veredelung von der Schönhülse *(Calophaca)* und dem Salzstrauch *(Halimodendron)* der Fall, wenn sie auf dem Erbsenstrauch *(Caragana arborescens)* veredelt werden. Auch beim Mähnen-Erbsenstrauch *(Caragana jubata)* und den Formen des Fächer-Ahorns muß man auf durchtreibende Unterlagen achtgeben.

pflanzt waren – auch sie hatten sich unbemerkt freigemacht. Ähnliches kann einem bei Sorten von Berberitzen geschehen, die auf die rot belaubte *(Berberis thunbergii* 'Atropurpurea') veredelt wurden. Ihre Triebe verraten sich zum Glück frühzeitig durch ihr rötlich gefärbtes Laub, das sich gut von der grünlaubigen Veredelung abhebt. Aber es ist eine Quälerei, die Triebe herauszuschneiden. Ohne blutige Hände geht es nur, wenn man dabei dicke Lederhandschuhe trägt. Noch gefährlicher ist der Durchtrieb des Gemeinen Flieders *(Syringa vulgaris)* als Unterlage für Flieder-Sorten. Da das Laub von Unterlage und Sorte nahezu gleich ist, wird der Durchtrieb allzu leicht übersehen und überwuchert die Veredelung. Schwachwüchsige Wild-Flieder, wie z. B. *Syringa meyeri, S. microphylla* oder

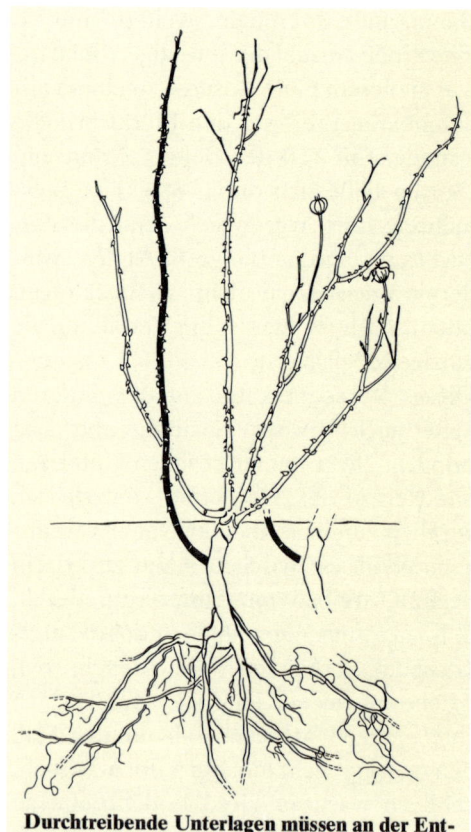

Durchtreibende Unterlagen müssen an der Entstehungsstelle entfernt werden.

Bei japanischen Zier-Kirschen, die auf Stämme der Vogel-Kirsche *(Prunus avium)* veredelt sind, können Wildtriebe aus dem Stamm der Unterlagen zum Verkümmern der Krone führen. Wie schnell durchwachsen z. B. bei *Prunus serrulata* 'Kiku-shidare-sakura' Austriebe aus dem Stamm unterhalb der Veredlungsstelle die hängende Krone, und wie schnell haben sie die Dicke eines Armes erlangt!

Um die Wildlinge sauber zu entfernen, gibt es nur ein Werkzeug: das Messer.

Wer eine Gärtner-Hippe besitzt, hat es damit am leichtesten. Der Wildtrieb muß unmittelbar an seiner Entstehungsstelle so abgeschnitten werden, daß kein Zapfen stehen bleibt, denn aus ihm würden Wildtriebe in noch größerer Zahl entstehen. Man muß also in aller Regel zunächst die Erde in Stammnähe wegkratzen, bevor man den Wildtrieb wegschneiden kann. Je wertvoller die Pflanze ist, um so mehr sollte man sich um eine ordnungsgemäße Wundpflege bemühen.

16 Rückschläge bei Buntlaubigen und Geschlitztblättrigen

In diesem Kapitel taucht der Begriff Mutation auf. Es handelt sich um die sprunghafte Änderung eines Merkmals gegenüber der Ausgangspflanze (Mutterpflanze). Solche spontan auftretenden Erbänderungen sind viel öfter zu verzeichnen als man ahnt, sie werden nur meistens übersehen; oft gehen sie bald zugrunde. Sie sind zuweilen von besonderem gärtnerischen Wert. Erhalten lassen sie sich nur, wenn man sie ständig vegetativ vermehrt. Von den Baumschulen werden sie auf artverwandte Unterlagen veredelt oder durch Stecklinge und Steckholz vermehrt. Sie scheinen manchmal ein schlechtes Gewissen zu haben, oder sie wollen zeigen, wo sie herstammen, denn sie „schlagen zurück". In einem solchen Fall spricht man von einer Rückmutation. Am häufigsten wird man dieses bei panaschierten, d. h. gescheckblättrigen Eschen-Ahor-

nen (*Acer negundo* 'Variegatum' und 'Aureovariegatum') feststellen. Man findet sie aber ebenfalls bei buntlaubigen Eschen (*Fraxinus pennsylvanica* 'Aucubaefolia') und beim gelbblättrigen Holunder (*Sambucus canadensis* 'Aurea'). Dies sind natürlich nur einige Beispiele. Acht geben muß man bei allen Formen mit gescheckten oder sonst in Form und Farbe vom Normalen abweichenden Blättern.

Auch bei Nadelgehölzen treten manchmal plötzlich Rückmutationen auf. Vor allem läßt sich das bei der Muschel-Scheinzypresse (*Chamaecyparis obtusa* 'Nana Gracilis') ganz gut beobachten: Ein Trieb der reinen Art erscheint irgendwo in der Krone und hängt dann als lockerer Zweig elegant über und bildet zu dem kompakten Wuchs der Sorte einen auffälligen Kontrast.

Rückschläge jeglicher Art sind genauso wie die Durchtriebe von Unterlagen zu entfernen, sobald man sie erkennt. Unterläßt man dies, so können sie innerhalb weniger Jahre die Gartenform überwuchern und zum Verkümmern oder gar Absterben bringen. Deshalb sind sie sorgfältig auf Astring wegzuschneiden, um alle Knospen mit der Veranlagung „grün" zu erfassen. Handelt es sich um den Rückschlag eines Nadelgehölzes, so kann man sich überlegen, ob man die Rückmutation nicht einige Jahre weiterkultiviert, wenn sie sich als sehr zahm erweist. Für botanisch interessierte Besucher ist das immer ein sehenswertes Anschauungs- und Studienobjekt.

Nicht mit Rückschlägen zu verwechseln ist der Blattdimorphismus (Zweigestaltigkeit der Blätter) bei einigen Buchen- und Eichen-Sorten. Während der Frühjahrstrieb bei einer Form der Trauben-Eiche (*Quercus petraea* 'Laciniata') schmale, unregelmäßig gelappte, fast riemenförmige Blätter trägt, haben die Johannistriebe, die sich im Frühsommer aus den bereits zur Ruhe gekommenen Terminalknospen der Frühjahrstriebe ganz regelmäßig entwickeln, breitere, gelappte Blätter, wie sie für die reine Art typisch sind. Ähnliche Verhältnisse liegen bei einer Form der Rot-Buche (*Fagus sylvatica* 'Ansorgei') vor. Gerade umgekehrt ist es bei der Stiel-Eiche (*Quercus robur* 'Fürst Schwarzenberg'): Hier ist der Frühjahrstrieb normal belaubt, während der Johannistrieb stark weißgefleckte, panaschierte Blätter aufweist. In allen diesen Fällen haben Schere und Messer hier natürlich nichts zu suchen.

17 Das Schneiden der Straßen- und Alleebäume

Es ist eine nicht zu übersehende Tatsache, daß sich viele unserer Straßenbäume in einem beklagenswerten Zustand befinden. Die Gründe dafür sind vielgestaltig und allgemein bekannt. Die meisten Bäume leiden unter einem erheblichen Nährstoff- und Wassermangel in einem viel zu engen Wurzelbereich, der nur ungenügend durchlüftet ist. Hinzu kommen die Nachteile des Stadtklimas, sowie Salz- und Gasschäden, um nur die wichtigsten zu nennen.

Zu all den Schwierigkeiten, die die Straßen- und Alleebäume gegenüber ihren Kollegen aus Parks und Anlagen ausgesetzt sind, kommen die Schäden ungenügender Pflege, sprich hier, eines fehlenden, oder oft noch schlimmer, falschen Schnittes. Dies ist das Bild, das einem immer wieder begegnet: Beschädigte Stämme, deren nicht überwallte Wunden unbehandelt blieben, tragen ein fehlgebildetes Astwerk. Oft gabelt es sich schon in Höhe der ursprünglichen Krone, die in der Baumschule erzogen wurde, mitunter gar in drei oder mehr Äste und bildet

somit einen Trichter ohne Stammverlängerung. Das Höhenwachstum solcher
Bäume läßt frühzeitig nach oder kommt
ganz zum Stillstand. Die charakteristische
Wuchsform ist nicht mehr zu erkennen.
Da die untersten Äste in die Horizontale
gedrückt werden, ist die Belastung für sie
wesentlich höher. An ihrer Ansatzstelle
reißen sie eher auf, auch wenn sie nicht
immer brechen. Wunden stellen Einfalls-
tore für schädliche Pilze dar, die ihr Zerstörungswerk beginnen. Dies erkennt
man erst, wenn einzelne Äste durch den
Sturm heruntergerissen werden. Überdies
haben diese Bäume oft so tief herabhän-
gende Kronen, daß sie Fahrzeuge mit hohen Aufbauten behindern. So ist man zu
einem Rückschnitt der untersten Zweige
gezwungen.

Dann entschließt man sich nach der alt-
bewährten Methode des „Chausseewär-
terschnittes" zu einem viel zu späten Aufasten. Man erreicht dadurch zwar, daß die
horizontalen oder gar überhängenden
Äste beseitigt werden – aber unter welcher Verwundung des Baumes!

Noch schlimmer allerdings ist das sog.
Abwerfen der Kronen, wobei vom ganzen
Baum nur noch kümmerliche Reste übrigbleiben, ohne daß es dabei recht gelingt, Stammgabelungen oder eine Mehr-
stämmigkeit zu beseitigen. Was wirklich
bleibt, ist ein „Anblick gräßlich und ge-
mein".* Die so mißhandelten Bäume bilden wohl eine neue Krone, aber nur in
Ausnahmefällen wird man diese als schön

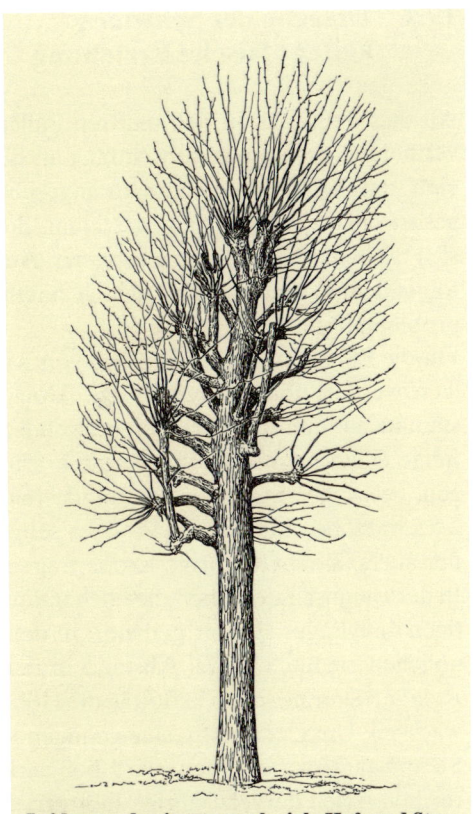

**Leider werden immer noch viele Hof- und Stra-
ßenbäume ohne zwingenden Grund in so grau-
samer Weise verstümmelt.**

und gut bezeichnen können. Zumeist wird
der alte, unschöne und unzweckmäßige
Zustand nach einer Reihe von Jahren
wieder erreicht und unter Umständen beginnt dann das böse Spiel von neuem. Erweist sich ein solches radikales Abwerfen
der Krone als unvermeidlich, so hat es
entweder an der richtigen Kronenerziehung gefehlt, oder aber es wurde eine für
die gegebenen Verhältnisse ungeignete
Baumart zur Bepflanzung gewählt. Häufig auch trifft beides zusammen.

---

* Christian Morgenstern in seinem Gedicht
„Der Lattenzaun"

99

17.1 Ursache der Schwierig-keiten: falsche Erziehung

All dies ließe sich in den meisten Fällen vermeiden, wenn man von Anfang an für eine durchgehende Stammverlängerung gesorgt hätte, d. h. für einen Stamm, der sich bis in die Kronenspitze fortsetzt. Aus folgendem Grund ist dies jedoch häufig problematisch:

Für die Pflanzung an Straßen und von Alleen werden üblicherweise junge Hochstämme aus den Baumschulen verwendet, junge Bäume also, die auf einem kräftigen, geraden Stamm von mindestens 2,25 m Höhe eine ein-, zwei- oder seltener auch eine mehrjährige Krone tragen. In der Baumschule stehen die noch unfertigen Jünglinge, Heister genannt, in dem üblichen ziemlich engen Abstand in den Reihen, denn sie sollen ja flott in die Höhe wachsen. Um gleichzeitig eine genügende Stammstärke zu erhalten, wird bei zahlreichen Arten der letztjährige Jahrestrieb jeweils eingekürzt, entlang dem Stamm das Bekleidungsholz bis zum Anschnitt der Krone maßvoll erhalten und erst in dem Jahr entfernt, in dem der Baum verkauft werden soll.

Mit dem Anschneiden der Krone (dem nachwinterlichen Rückschnitt des senkrecht stehenden, meist unverzweigten Spitzentriebes) beginnt eigentlich das Übel. Unsere Straßenbäume sind von Natur aus Waldbäume, die in der Höhe von gut zwei Metern über der Erde noch gar nicht daran denken, eine Krone zu bilden. Sie müssen sich im Wald hochschieben und bleiben auf Jahre hinaus noch das, was wir als Heister bezeichnen. Wir aber zwingen in der Baumschule die Bäume vorzeitig in eine Form, die sie in der Natur erst in viel späteren Jahren annehmen. Wir geben dies selbst zu, wenn wir sagen, daß wir die Krone „anschneiden" müssen. Vom Obstbau her sind wir es gewöhnt, daß der Baum die Krone in jeder Höhe ansetzt, die wir wünschen, wenn wir den letztjährigen Trieb der Stammverlängerung nur abschneiden. Aber der Obstbaum ist in ganz anderem Maße domestiziert, d. h. eine Kulturpflanze, als der als Straßen- oder Alleebaum verwendete Waldbaum.

Der Wunsch, einen – scheinbar – fertigen Baum zu pflanzen, führte zum Hochstamm, von dem wir ganz genau wissen, daß wir ihm im Laufe seiner weiteren Entwicklung diese erste Baumschulkrone wieder nehmen müssen, da die Stammhöhe von gut zwei Metern nur ausreicht, solange die Kronen klein sind.

Das richtige wäre, zur Pflanzung an Straßen mit Zweigen besetzte Heister zu verwenden, die dann am endgültigen Standort so weit in die Höhe gezogen werden, bis sie von selbst die Neigung haben eine Krone zu bilden. Natürlich muß das Bekleidungsholz entlang dem Stamm stets unter Kontrolle gehalten werden. Jahr für Jahr werden die stärksten Seitentriebe von unten her entfernt und die restlichen öfter im Jahr eingekürzt.

Diese Erziehungsmethode ist die natürlichste und sinnvollste. Langsam setzt sie sich durch, doch sind so erzogene Bäume noch Ausnahmen. Das beste wäre es, ausschließlich 3- bis 4mal verpflanzte Soli-

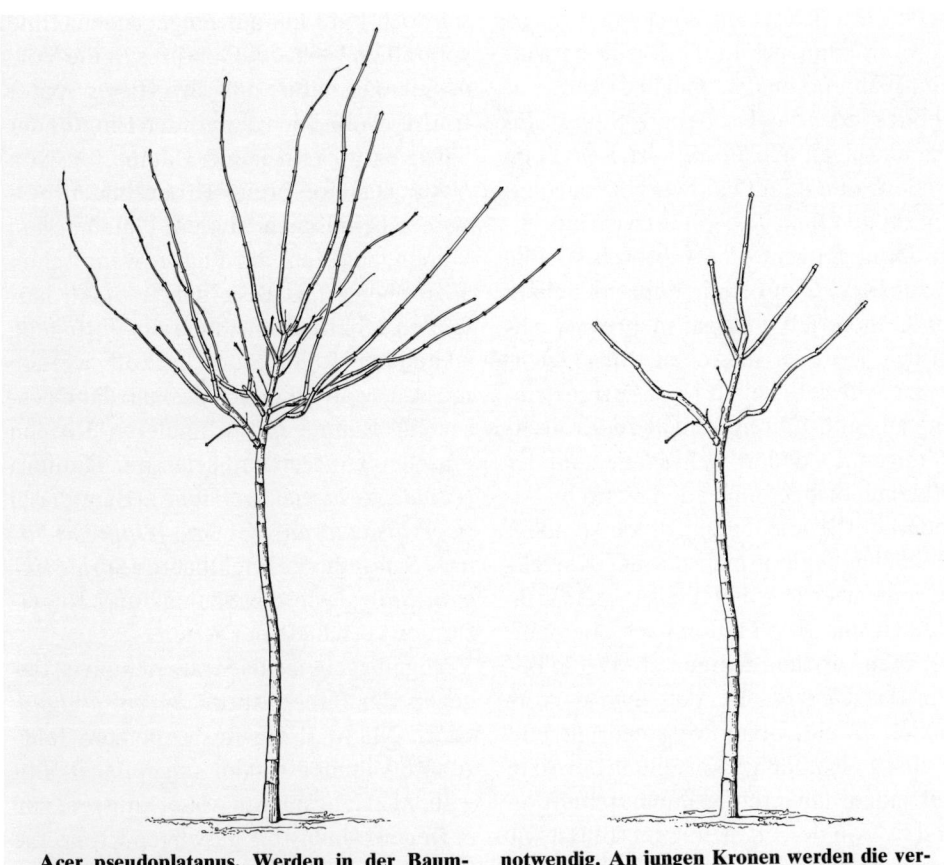

Acer pseudoplatanus. Werden in der Baumschule die Kronen von Alleebäumen angeschnitten, ist nach dem Pflanzen ein starker Eingriff notwendig. An jungen Kronen werden die verbleibenden Triebe in der Regel zurückgeschnitten.

tärbäume, „Hochstämme mit durchgehendem Leittrieb aus weitem Stand" zu pflanzen. Zuweilen werden sie auch als Solitärstammbüsche bezeichnet. Sie alle bieten Gewähr dafür, daß sie sich optimal weiter entwickeln. Aber leider fehlt es, wie so oft, am Geld. Anstatt die reelle und rationelle Aufzucht in der Baumschule zu nutzen, wird am falschen Ende gespart, man kauft einen üblichen Hochstamm – und beginnt mit einer kostspieligen und mühevollen Erziehung am endgültigen Standort. Und das erfordert Geschick, Einfühlungsvermögen und natürlich auch Kosten!

Wird der Baumschul-Hochstamm an die Straße gepflanzt, so bedeutet dies eine gewaltige Änderung seiner Lebensverhältnisse. Er findet für seine Krone plötzlich einen nahezu unbegrenzten Luftraum vor und ist der vollen Belichtung ausgesetzt. Er braucht nicht mehr nach oben zu streben, um sich seinen Wuchsraum zu erobern, er kann sich in die Breite entwickeln. Während im Obstbau in diesem Augenblick erst die Kronenerziehung einsetzt und eigentlich nie aufhört, ist es beim Straßenbaum damit bald vorbei. Nach einem ersten Pflanzungsschnitt wird nur selten daran gedacht, den Leittrieb ständig freizuhalten, damit er die Führung behält. Ein Kronentrieb oder gar mehrere wachsen sich, je steiler sie stehen, um so leichter, zu Afterleittrieben (Konkurrenztrieben) aus und führen schnell zu Zwieselbildungen. Es dauert nicht lange, und der unschöne, dichtkronige, den Verkehr behindernde Straßenbaum ist entstanden. Schließlich beginnt man mit der Korrektur, man astet in roher Weise – um viele Jahre zu spät – von unten nach oben auf, oder man wirft die Kronen ab. Dabei begann das Übel damit, daß man es versäumte, für eine Stammverlängerung und für eine gleichmäßige Verteilung der Äste über einem längeren Stammabschnitt zu sorgen. Von der Pflanzung an sollten wir immer das künftige Bild des Baumes vor uns sehen. Nur dann ist man in der Lage zu übersehen, welche Äste man zur vollen Entwicklung kommen läßt, nämlich nur die, die dem Baum sein ganzes Leben lang erhalten bleiben können. Alles übrige muß *rechtzeitig* entfernt werden.

17.2 Voraussetzung: richtige Artenwahl

Wenn es auch nicht die Aufgabe dieses Buches ist, die Eignung der Arten und Sorten als Straßenbäume zu behandeln, sei doch kurz hierauf eingegangen. Eine sorgfältige Wahl des Gehölzes ist die Voraussetzung dafür, daß sich dieses später frei, d. h. ohne den dauernden Eingriff der Säge, entwickeln kann. Bäume, die von Natur aus eine breite Krone bilden, wie unsere heimischen Linden, Platanen und Ulmen, sind fehl am Platze, wenn schon abzusehen ist, daß sie später durch laufenden Schnitt in den ihnen zur Verfügung stehenden Raum zurückgeholt werden müssen. Man sollte sich deshalb dann besser für Bäume mit schmaleren Kronen entscheiden: Genannt seien nur Rotdorn (*Crataegus laevigata* 'Paulii'), Baumhasel (*Corylus colurna*), Ginkgo (*Ginkgo biloba*), Schwedische Mehlbeere (*Sorbus intermedia*) sowie die Säulen- und Kugelformen verschiedener Arten.

Völlig ungeeignet als Straßenbaum ist dagegen der Silber-Ahorn (*Acer saccharinum*). Man hat ihn in den letzten Jahrzehnten immer wieder angepflanzt, obwohl man längst hätte wissen müssen, daß er wegen seiner stark gabeligen Krone, die äußerst windbruchgefährdet ist, nicht an die Straße gehört.

Noch so klug durchgeführte Schnittmaßnahmen können Fehler bei der Artenwahl nicht ausgleichen. Ohnehin gilt es aus Gründen der Kostenersparnis, möglichst jeglichem aufwendigen Schnitt aus dem Weg zu gehen.

17.3 Die Praxis des Schnittes

Nun, da eingehend über die Ursachen einer falschen Behandlung der Bäume gesprochen wurde, wenden wir uns der

Durchführung der Arbeiten zu. Hierbei gilt es, uns die wesentlichen Grundlagen einer naturnahen und zugleich sinnvollen Erziehung vor Augen zu halten. Folgende Punkte sind die wichtigsten:

1. Die Erhaltung eines von der Wurzel bis zum Gipfel durchgehenden Stammes, von dem die Kronenäste in guter Verteilung abzweigen.
2. Die allmähliche Verlängerung des astfreien Stammes bis zu einer Höhe, die Verkehr und Bebauung verlangen, durch frühzeitige Entfernung der untersten Äste, so daß gefährliche Wunden durch Abnehmen starker Äste vermieden werden.
3. Die Unterdrückung von Stammgabelungen und die Verhinderung von Trichterkronen.

Wie beim Schnitt der Sträucher unterscheiden wir auch hier den Pflanzungs- und Erziehungs- bzw. Erhaltungsschnitt. Einen Rückschnitt, den man auch als „Kappen" bezeichnet, sollte es bei den

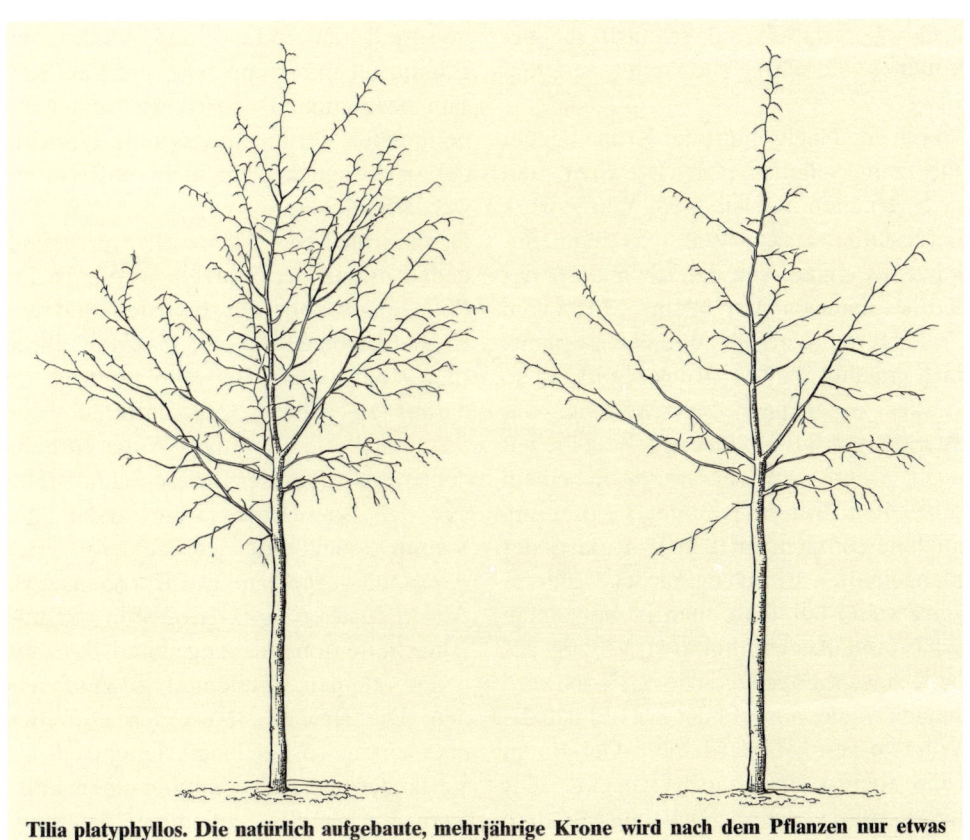

Tilia platyphyllos. Die natürlich aufgebaute, mehrjährige Krone wird nach dem Pflanzen nur etwas ausgelichtet.

103

Bäumen nicht geben, wenn sie richtig erzogen werden. Hierüber wird in einem gesonderten Kapitel gesprochen (siehe Seite 119 ff).

Der Pflanzungsschnitt

Für Bäume, die ohne Ballen gepflanzt werden, ist die Behandlung der Wurzeln ebenso wichtig wie die der Krone. Durch sauberen Schnitt mit der Hippe werden alle gebrochenen, gequetschten und verletzten Wurzeln bis ins gesunde Gewebe zurückgeschnitten. Alle stärkeren Wurzeln sollen dabei eine Schnittfläche bekommen, die schräg nach unten gerichtet ist.

Durch den Rückschnitt der Krone bei der Pflanzung soll das „Gleichgewicht" mit dem erhalten gebliebenen Wurzelwerk hergestellt werden. Wie weit man einkürzt, ist einmal von der Ausbildung der Krone abhängig, vor allem jedoch vom Zustand der Wurzeln. Wie bereits mehrfach erwähnt, hat der Rückschnitt um so stärker zu erfolgen, je schwächer das Wurzelwerk ausgebildet ist. Dasselbe gilt auch, wenn sich der Baum in einem schlechten Zustand befindet, sei dies nun auf einen unsachgemäßen Transport oder mangelhaften Einschlag zurückzuführen. Im Zweifelsfall sollte man immer einem schärferen Rückschnitt den Vorzug geben. Eine erheblich reduzierte Krone wird schnell wieder ausgebildet, sobald sich die Wurzeln neu gebildet haben. Der Baum (und ebenso ein Strauch) „hockt" sehr lange, wenn schwächlich ausgebildete Wurzeln ein Übermaß an Astwerk ernähren müssen, zumal nachträglich doch noch

ein Teil davon eintrocknet. Das gleiche gilt natürlich auch für das Umpflanzen älterer Bäume. Daß zusammen mit einem sinnvollen Rückschnitt weitere Hilfestellungen gegeben werden (Einwickeln des Stammes mit Ballenleinen, zusätzlicher Sonnenschutz, das Aufbringen verdunstungshemmender Mittel), ist bekannt.

In diesem Zusammenhang sei noch ein Trick erwähnt, der sich in dem heißen Sommer 1976 bewährte: Im Botanischen Garten Köln wurden die Stämme und Äste umgepflanzter, durch die Trockenheit und dauernde Sonne gefährdeter Bäume mit einer dünnen Lösung Lac-Balsam bestrichen. Dadurch wird ein vollkommener Verdunstungsschutz erreicht, der nachträglich nicht mehr entfernt zu werden braucht.

Doch zurück zum Thema. Entsprechend dem Zustand der Wurzeln werden beim Pflanzungsschnitt der Leittrieb und die Kronentriebe um $\frac{1}{4}$, $\frac{1}{3}$ bis zu $\frac{1}{2}$ ihrer Länge eingekürzt. Bei dem Leittrieb ist darauf zu achten, daß unterhalb der Schnittstelle ein kräftiges Auge vorhanden ist, das über der letzten Schnittstelle aus der Baumschule steht, damit die Stammverlängerung geradebleibt. Bei Arten mit gegenständigen Knospen, z. B. Ahorn, Eschen usw., ist das an der falschen Seite stehende Auge blind, d. h. mit einem kleinen Rindenteil auszuschneiden. Die Kronenäste werden entweder über einem vorhandenen Seitentrieb als Verlängerungstrieb oder über einem kräftigen, nach außen stehendem Auge geschnitten. Droht der oberste Kronenast infolge seiner steilen oder fast senkrechten Stellung zum Konkurrenztrieb des Leittriebes, zum sogenannten Afterleittrieb zu werden, so ist er sofort auf Astring zu entfernen. Es kann unter Umständen sogar nötig sein, noch den nächststehenden Trieb in gleicher Weise zu entfernen, um dem Leittrieb gleich genügend Freiheit zu geben.

Nicht selten bestehen die Kronen der Alleebäume aus zahlreichen, eng stehenden Trieben. Dann ist ein Teil von ihnen so zu entfernen, daß die verbleibenden möglichst gut verteilt sind und sich zu einer lockeren Krone entwickeln können.

Bei Arten, die mit ihrer stark entwickelten Gipfel (Terminal)-Knospe des Leittriebes die beste Stammverlängerung ergeben, z. B. Roßkastanie *(Aesculus)*, Walnuß *(Juglans)*, Vogelbeere *(Sorbus)* und Hikkory *(Carya)*, lasse man zumindest den Leittrieb ungekürzt. Diese Arten lieben es überhaupt nicht, zuviel Zweige mit den starken Knospen zu verlieren. Nach einem Rückschnitt erscheint der neu zu bil-

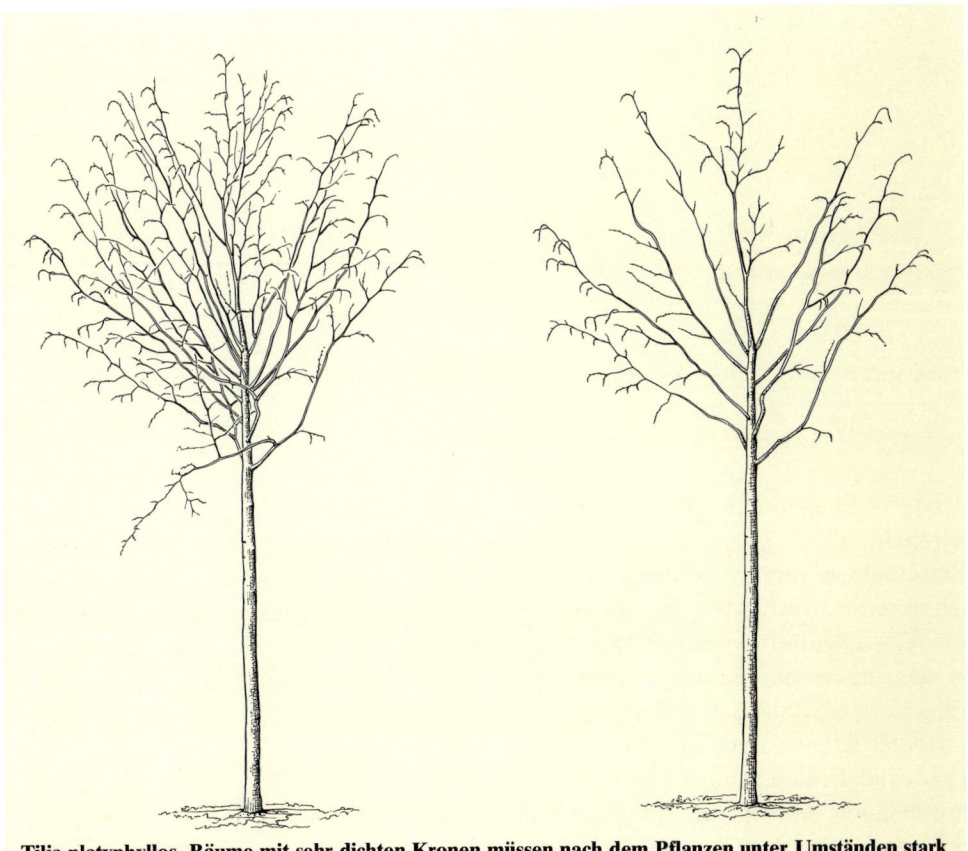

Tilia platyphyllos. Bäume mit sehr dichten Kronen müssen nach dem Pflanzen unter Umständen stark ausgelichtet werden.

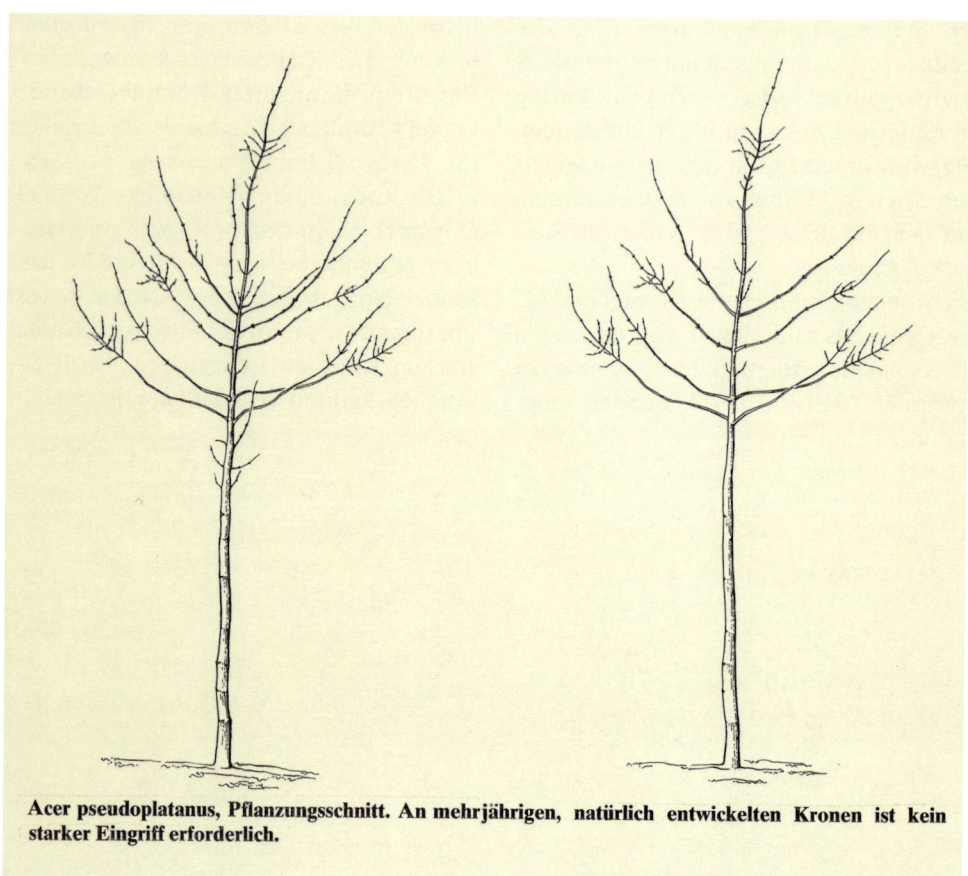

Acer pseudoplatanus, Pflanzungsschnitt. An mehrjährigen, natürlich entwickelten Kronen ist kein starker Eingriff erforderlich.

dende Trieb spät und entwickelt sich nur schwach.

Bei Bäumen mit mehrjährigen Baumschulkronen verfährt man sinngemäß. Zuerst wird entfernt, was sich kreuzt oder in das Innere der Krone hineinwächst. Eine geringe Zahl gut und gleichmäßig verteilter Kronentriebe ist stets besser als ein Zuviel. In diesem Sinne kann sogar das Fortnehmen einiger der untersten Äste befürwortet werden, die später doch fallen müßten. Aber man soll bei der Pflan-

zung die Entstehung großer Wunden vermeiden. Besser ist es, solche starken Äste erst einmal kräftig einzukürzen und sie nicht vor dem 2. oder 3. Jahr am Stamm zu entfernen, wenn die Bäume wieder gut im Wuchs sind und die Wunden besser vernarben.

Der Erziehungs- und Erhaltungsschnitt

In den folgenden Jahren ist das Hauptaugenmerk darauf zu richten, daß der Gipfeltrieb durch Freistellung von Konkurrenztrieben im Wuchs gestärkt und die Bildung von Gabelungen unterdrückt wird. Manche Arten, wie Eichen, machen in den ersten Jahren nach der Pflanzung keine Anstalten, einen Leittrieb zu bilden. Hier sind alle Seitentriebe durch jährliches Einkürzen zurückzuhalten, bis sich ein wüchsiger Leittrieb zeigt.

Vom dritten Jahr an genügt es zumeist, wenn alle zwei Jahre nachgesehen wird, was zu schneiden ist. Je geringer die zeitlichen Abstände sind, um so weniger wird man genötigt sein, starke Äste zu entfernen. Sobald sich über der ersten Baumschulkrone neue Kronenäste ausgebildet haben, wird man mit der Entfernung der unteren beginnen. Je eher, um so weniger spürt es der Baum, und um so weniger auffällig ist es. Gleichzeitig werden zu dicht stehende Äste herausgenommen, sich kreuzende Äste entfernt oder zurückgeschnitten, ebenso erkrankte und abgestorbene.

Mehrfach wurde bereits darauf hingewiesen, daß das Aufasten meist zu spät vorgenommen wird, nämlich dann, wenn die Äste schon viel zu stark sind. Man sollte von Anfang an das Dickenwachstum der unteren Äste durch Einkürzen etwas zurückhalten. Müssen solche entfernt werden, so sollte dies nicht auf einmal geschehen, sondern sie sollten erst einmal einer Vorbereitung unterworfen werden. Dies geschieht, indem sie in einem Jahr auf etwa die Hälfte bis zu einem Drittel ihrer Gesamtlänge zurückgesetzt werden, immer so, daß möglichst nahe der Schnittfläche ein kräftiger Seitentrieb als Zugast stehenbleibt. Erst im nächsten oder über-

nächsten Jahr wird dann der Rest bis zum Stamm abgenommen. Auch verteile man die Entfernung dieser Äste auf mehrere Jahre. Einer oder zwei im Jahre, nicht aber gleich eine ganze Astserie. Der Grund ist folgender: Das Entfernen ist für den Baum ein erheblicher Eingriff! Hat er sich von seinem Schock (Bluten, Saftverlust u. ä.) erholt, stehen der Krone ein Übermaß an Wasser und Nährstoffen zur Verfügung, denn die Wurzeln liefern sie in der gewohnten Weise weiter. Die Folge davon ist die Bildung zahlreicher, stark wachsender, aufrecht stehender Äste im oberen Bereich der Krone, eine Erscheinung, wie wir sie von den Wasserloden her kennen. Das wiederum führt zur Bildung von Gabelungen und Konkurrenztrieben, die wir gerade unterdrücken wollen! Solche Wasserreiser bilden sich nicht nur im Kroneninneren, sondern auch entlang dem Stamm jüngerer, aber auch älterer Bäume. Sie müssen natürlich entfernt werden. Doch sollten sie nicht nur ausgebrochen, sondern sorgfältig auf Astring abgeschnitten werden. Die Wunden überwallen so schneller und etwaige Anlagen weiterer Adventivknospen werden dadurch entfernt. Dies ist besonders wichtig bei Arten, die gern „Räuber" bilden, wie Linden und Rüstern. Daß ebenso alle Bodentriebe, insbesondere bei tief veredelten Bäumen die Austriebe der Unterlage unmittelbar an ihrer Ansatzstelle weggeschnitten werden müssen, sei nur beiläufig erwähnt.

Saubere Arbeit versteht sich auch hier von selbst. Dazu gehört, daß entweder auf Astring oder auf einen Zugast zurückgeschnitten wird. „Kleiderhaken" treiben entweder nicht mehr durch, trocknen dann zurück und bilden Infektionsquellen, oder aber sie führen zur Bildung von Wasserreisern. Die von der Säge zerrissenen Rindenkanten müssen mit dem Messer (Hippe) nachgeschnitten werden. Zumindest die Wunden, die größer als ein Fünfmarkstück sind, sollen mit einem Wundverschlußmittel versorgt werden. Größere Schnittflächen brauchen mindestens 3 Jahre bis sie überwallen; in dieser Zeit ist eine unversorgte Wunde in der Regel durch Pilze infiziert, die hier unbemerkt ihr Zerstörungswerk verrichten (vgl. das Kapitel „Wunden und ihre Behandlung" sowie den Abschnitt über parasitische Pilze).

Normalerweise wird der Schnitt in der Vegetationsruhe ausgeführt. In stärkeren Frostperioden und besonders bei Rauhreif sollte man ihn jedoch unterlassen, da dann die Äste leicht brechen und splittern. Einerseits verstärkt dies die Unfallgefahren, zum anderen wird das Kambium geschädigt.

Der Sommerschnitt

Ein Verfahren, das zwar eine größere Arbeitsleistung erfordert, es aber ermöglicht, das Wachstum weitgehend zu lenken, ist der Sommerschnitt. Er besteht in einem Einstutzen im Wuchs befindlicher Sprosse, also einem Pinzieren. Werden alle Seitentriebe so behandelt, so hat dies einen stärkeren Längenzuwachs des Haupttriebes zur Folge. Ebenso kann durch Einstutzen des Haupttriebes das Wachstum von Seitenzweigen gefördert werden. Bäume, die dem Sommerschnitt unterzogen werden, lassen sich eher aufasten und erhalten dadurch schneller die notwendige Stammhöhe. Leider wird diese wirkungsvolle Erziehungsmethode nur selten praktiziert, weil im Sommer so viel anderes zu tun ist.

Die Erziehung der Bäume ist Facharbeit, und sie erfordert neben grundlegenden Kenntnissen Einfühlungsvermögen und das Wissen um die Wuchseigenschaften der verschiedenen Arten. Nur so kann sie sachgemäß durchgeführt werden.

18 Das Schneiden der Bäume in Garten und Park

So wie eine Straße erst durch Bäume Farbe und Leben erhält und eine Allee erst durch Bäume diesen Namen verdient, verleihen sie dem Garten Höhepunkte und dem Park sein eigenes Antlitz. Gerade hier, wo ihr Wuchs nicht durch Forderungen des Verkehrs behindert oder wesentlich eingeschränkt ist, sollen sie sich möglichst ungestört entfalten können. Nur dann erhalten sie ihren charakteristischen Wuchs und ihre volle Schönheit. Im Haus- und Kleingarten wird sich dieses verständlicherweise nicht immer verwirklichen lassen. Dazu fehlt einfach der Platz. Aber gerade deshalb sollte man sich sehr sorgfältig überlegen, welche Art man als Hausbaum oder besonderen Blickpunkt wählt, damit dieser als solcher und im Rahmen der Gesamtanlage voll zur Geltung kommt. Wenn sich auch die folgenden Ausführungen zum Teil auf Arten beziehen, die im durchschnittlichen Garten nur in Ausnahmefällen Verwendung finden dürften, so geht es doch stets um wesentliche Aspekte, die grundsätzlich für alle baumförmigen Gehölze gelten.

eingreifen müssen. Vor allem in der Jugend bedürfen die meisten eines regulierenden Erziehungsschnittes, damit sie sich wirklich optimal entwickeln können. Wie im vorigen Kapitel beschrieben, ist darauf zu achten, daß nicht aus der Baumschulkrone ein Quirl verbleibt, wie er bei dem natürlich gewachsenen Baum kaum vorkommt. Es gilt hier ebenfalls über eine Reihe von Jahren hinweg den Mitteltrieb zu fördern und die Krone aufzulockern.

Im Gegensatz zur Behandlung der Straßenbäume wird man in Garten und Park im allgemeinen danach trachten, die Seitenäste am Stamm so weit herab zu erhalten wie möglich. Gerade die fast bis zum Boden herabreichenden Äste verleihen dem Baum besondere Schönheit. Hat er seine Sturm- und Drangperiode hinter sich, sollte man ihn (fast) sich selbst überlassen. Geht seine Entwicklung später eigene Wege, so trägt dies nur dazu bei, daß er ein eigenes Gesicht bekommt. So lieben wir auch – oder gerade – den malerischen Baum, der die Spuren seines Kampfes mit den Elementen zu erkennen gibt.

18.1 Das Ziel: der sich frei entwickelnde Baum

Wenn es auch das erklärte Ziel ist, dem Baum hier weitgehende Freiheit zu lassen, so besagt dies jedoch nicht, daß wir nicht doch in besonderen Fällen mit der Schere

18.2 Den Reichtum der Formen erhalten

Das Bild eines Gartens oder Parkes wird vielfältiger, wenn Arten da sind, die sich durch abweichende Wuchsformen auszeichnen. Dem gilt es natürlich auch bei der Erziehung Rechnung zu tragen. Man darf im Park nicht versuchen, Bäume, die von Natur aus häufig mehrstämmig oder krummschäftig wachsen, zu einstämmigen und geradschäftigen Musterknaben erziehen zu wollen. Als Beispiele seien genannt: Der Eschen- und der Silber-Ahorn *(Acer negundo, A. saccharinum)*, der Korkbaum *(Phellodendron)*, die Flügelnuß *(Pterocarya)* und auch der Katsurabaum *(Cercidiphyllum)*. Das gleiche gilt auch für kleiner bleibende Arten wie die Parrotie *(Parrotia)*, die meist mehrstämmig bleibt und den Essigbaum *(Rhus typhina)*. Bei ihm gibt es Exemplare, die sich bei ungenügendem Licht zur Seite neigen oder sich mit dem ganzen Stamm der Erde auflegen; hierdurch entstehen malerische, bizarre Formen. Schräg stehende Stämme zeigt auch der Trompetenbaum *(Catalpa)* und die Ölweide *(Elaeagnus angustifolia)*. Bei all diesen wird man vergeblich versuchen, sie durch einen Schnitt zu strammer Haltung zu bewegen.

18.3 Kleine Tricks

Man soll also keinen Baum in Formen zwingen, die seiner Art nicht gemäß sind. Andererseits können zur Erreichung besonderer Wirkungen auch besondere Maßnahmen notwendig sein. So etwa kann am Ufer ein mehrstämmiger, weit ausladender Baum erwünscht sein, wie er ja auch in der Natur etwa als Folge von Beschädigungen auftritt. In diesem Falle ist es richtig, den Leittrieb des jungen Baumes ganz herauszunehmen. Wenn man Glück hat, behalten die übrigen Kro-

nenäste ihre Wuchsrichtung bei. Werden diese in ihrer Längenentwicklung unterschiedlich stark gefördert (durch gezielte Rückschnitte lassen sich solche Entwicklungen beeinflussen), kann ein solcher Baum recht malerische Formen entwickeln. Zeigt einer der Kronenäste die Neigung sich aufzurichten, um die Funktion der Stammverlängerung zu übernehmen, muß man ihn rechtzeitig herunterbinden oder ihn entfernen. Einfacher ist es allerdings, sich in der Baumschule einen malerisch gewachsenen Baum als Solitärbaum auszusuchen.

In einzelnen Fällen kann für einen Durchblick in die Landschaft der langschäftige Baum erwünscht sein. Seine Erziehung entspricht ganz der des Straßenbaumes. Ein Aufasten älterer Bäume wird vorgenommen, wie dies im Kapitel über den Schnitt der Straßenbäume beschrieben wurde.

18.4 Dezente Hilfen

Im Park werden häufig auch Bäume mit abweichenden Wuchsformen gepflanzt, insbesondere Säulen- und Hängeformen (sog. Trauerbäume). Die bekanntesten unter ihnen sind wohl die Säulen-Schwarzpappel *(Populus nigra* 'Italica'), die dummerweise auch „Pyramidenpappel" genannt wird, die Säulen-Eiche *(Quercus robur* 'Fastigiata'), die Hänge-Buche *(Fagus sylvatica* 'Pendula') und – vor allem – die „Trauer-Weide" *(Salix alba* 'Tristis'). Auch ihnen wird man jede Freiheit des Wuchses lassen. Bei den Säulen-Eichen kommt es häufig vor, daß plötzlich ein seitlicher Ast aus dem Kronenrahmen völlig hinauswächst. Ihn muß man entfernen, um die Gesamtform zu erhalten. Zu weit geht es aber, wenn solche Säulenformen heckenartig geschoren werden oder wenn in größerer Höhe die Zweigspitzen weggeschossen werden. Beides gibt es tatsächlich. Solche „Stricknadelbäume" wirken starr und tot. Bei Hängeformen, besonders bei Hänge-Buche und Hänge-Esche, kann es gelegentlich notwendig sein, namentlich in der Jugend, den sich nach unten biegenden Leittrieb aufzurichten und zu stäben, wenn man erreichen will, daß der Baum schneller eine größere Höhe erreicht. Ebenso kann man ihn aber auch entfernen oder herunterbiegen, wenn die Entwicklung mehr in die Breite gehen soll. Es können auch einzelne Zweige herausgenommen oder durch Anbinden in eine bestimmte Richtung gelenkt werden, wenn man besonders malerisch oder abenteuerlich wirkende Bäume wünscht. Aber solche Verfahren können leicht zu geschmacklosen Spielereien ausarten.

Werden Bäume zu kleineren *Gruppen oder Lauben* zusammengepflanzt, so leben sie in ihrer Jugend wie freistehende Einzelbäume. Später, wenn sich die Kronen berühren und ineinanderwachsen, ändern sich die Verhältnisse. An der Außenseite geht das Wachstum ungehindert weiter, nach innen wird es jedoch aus Lichtmangel immer stärker gehemmt. Nach außen können die Bäume auch im hohen Alter bis zum Boden hin beastet bleiben (wenn Seitenlicht in ausreichender Menge vorhanden ist), im Inneren sterben die Äste von unten nach oben fortschreitend allmählich ab. Alle Bäume bilden zusammen eine Glocke, die innen immer hohler wird. Gruppen dieser Art können, wenn sie aus nur einer Baumart bestehen, einmal ein überwältigendes Bild ergeben. Bei einer solchen Pflanzung werden die Einzelbäume zuerst genau wie Straßenbäume behandelt, um den Höhenwuchs zu fördern. Späterhin wird man gelegentlich Äste, die nach außen gehen und sich gegenseitig behindern, herausnehmen müssen, dabei aber darauf bedacht sein, daß keine Löcher in der Laubwand entstehen. Die äußere Beastung wird man bis zum Boden herunter zu erhalten trachten, wozu gelegentlich höher stehende Äste eingekürzt werden müssen, um den untersten einen besseren Lichtgenuß zu verschaffen. Sobald sich im Inneren der Gruppe abgestorbenes Holz zeigt, wird man dies herausnehmen.

Daß nach *Sturm- und Schneebruch* oder Frostschäden alle in Mitleidenschaft gezogenen Teile unter möglichster Schonung der Kronenform entfernt werden müssen, ist selbstverständlich. Es ist besonderer Wert darauf zu legen, daß keine Splitterwunden am Baum verbleiben. Ein Abwerfen der Kronen sollte bei Parkbäumen eine Unmöglichkeit sein. Abgängige Bäume sind dadurch doch nicht wieder jung zu machen. Man sollte sie nur so lange halten, wie sie einen gärtnerischen (z. B. Seltenheit) oder landschaftlichen Wert darstellen und keine Gefahr für die Besucher sind. Wenn sie nur noch mit größter Mühe gehalten werden können, sollte man sie besser ersetzen.

19   Das Schneiden der Nadelgehölze

Die Gestalt, der Habitus der Nadelhölzer, ist bei der Mehrzahl der Gattungen und Arten sehr viel regelmäßiger als bei den Laubgehölzen. In der Jugend, am deutlichsten an Baumschulbeständen sichtbar, sind die Symmetrieverhältnisse so vollkommen, daß die gleichaltrigen Pflanzen sich fast wie ein Ei dem anderen gleichen. Der spiegelbildliche Aufbau bleibt bei Fichten, Lebensbäumen *(Thuja)* und Scheinzypressen *(Chamaecyparis)* fast das ganze Leben lang erhalten. Bei anderen Gattungen, namentlich den Kiefern, wird die Krone im Alter locker, bleibt aber doch so regelmäßig, daß ein Schnitt normalerweise nicht notwendig wird.

Häufig ist die Meinung zu hören, man sollte Nadelhölzer überhaupt nicht schneiden, wenn man ihnen ihre natürliche, artcharakteristische und lebensvolle Silhouette erhalten wolle, man solle nur dort eingreifen, wo diese einer Korrektur bedarf. Tatsächlich ist es leicht, durch einen unbedachten Schnitt ein Nadelholz um seine Individualität zu bringen und aus ihm eine seelenlose geometrische Figur zu machen, indem seine Oberfläche ständig glattgeschoren wird. Wenn Nadelgehölze geschnitten werden, – die Hecken sind hier ausgenommen – so muß dies stets mit größter Bedachtsamkeit und Zurückhaltung geschehen. Ihr geschlossener Wuchs und ihre Gleichförmigkeit lassen eine fehlerhafte Behandlung viel deutlicher in Er-

scheinung treten, als dies bei den Laubgehölzen der Fall ist. Wenn sie erst einmal „verschnitten" sind, dauert es viele Jahre, bis sich die Fehler wieder ausgewachsen haben. *Der Leitsatz, daß man einem gerade geschnittenen Gehölz diesen Eingriff nicht ansehen darf, gilt für Nadelgehölze deshalb ganz besonders.* Statt zu schneiden sollte man sich viel öfter des Mittels bedienen, durch Einkürzen des Leittriebes, durch Ausbrechen starker Terminalknospen sowie schwächerer Seitenknospen den Wuchs zu beeinflussen und zu regulieren.

Die Formenmannigfaltigkeit der Nadelhölzer ist so groß, daß es möglich ist, für jeden Zweck das Gewünschte zu finden; es gibt schmale und breitere Säulen-, Kegel-, Kugel- und Halbkugelformen. Es gibt Arten und Formen die stark wachsen und zu großen Bäumen werden, und andere, die durchaus zwergigen Wuchs besitzen. Es sollte eigentlich nicht nötig sein, durch strengen Formenschnitt starr wirkende Säulen, Kegel, Pyramiden und Kugeln herstellen zu müssen, auch da nicht, wo diese in Verbindung mit der Architektur ausgesprochen repräsentativ wirken sollen. Es ist fast zu bedauern, daß manche Nadelholzarten die Fähigkeit haben, sich auch nach immerwährendem Schnitt fortlaufend zu regenerieren. Gefährlich ist es auch, in älteren Kronen von Tannen, Fichten oder Kiefern Äste einzukürzen.

Außer Taxus baccata läßt sich unter den Koniferen wohl nur der Lebensbaum (Thuja occidentalis) einen solch starken Rückschnitt gefallen.

113

Sie wachsen fast nie mehr weiter, weil sie keine neuen Spitzentriebe bilden können. Sie bleiben gegenüber den anderen Kronenästen zurück, sterben schließlich ab und hinterlassen Löcher in der sonst regelmäßigen Krone.

Manche Arten, die in der Baumschule vegetativ vermehrt werden, erhalten dort in den ersten Jahren einen formgebenden Schnitt. Dies ist deshalb erforderlich, weil sie teilweise aus Seitenzweigen stammen. Sie haben dann von Natur aus das Bestreben, sich plagiotrop (d. h. senkrecht oder schräg zur Lotlinie) zu verzweigen. Dies schafft man aus der Welt, indem man sie formiert, d. h. an Stäben anbindet und vorsichtig schneidet. Lebensbäume, Scheinzypressen und Eiben werden in den Baumschulen nicht selten zweimal jährlich gestutzt. Dies ist erforderlich, weil dichte, „gut garnierte" Pflanzen verlangt werden. Wenn sie dann im Garten ausgepflanzt werden, ist die Erziehung zwar beendet; es kann jedoch sein, daß sie nun frei und ungehindert wachsen, sodaß sich über einem kompakteren Unterteil ein lockerer Zuwachs ausbildet. Dann ist es angebracht, das Stutzen, wie es in der Baumschule vorgenommen wurde, anfangs auch im Garten zu praktizieren, um den Übergang zwischen Schule und Freiheit fließender zu gestalten.

Das beste Beispiel ist der bekannte, hellblaue Wacholder *Juniperus squamata* 'Meyeri', der sehr bald ausgreifende Triebe bildet und dann im Alter unansehnlich und staksig wird. Diesen Wacholder müßte man eigentlich jedes Jahr entspitzen.

Durch das Entspitzen der langen Triebe bleiben die Pflanzen gedrungener und natürlich kleiner. Es sollte jedoch stets so dezent vorgenommen werden, daß die jeweilige Art oder Sorte ihren Charakter beibehält. Ein vorsichtiger Rückschnitt der Triebverlängerungen ist auch bei den Lebensbäumen *(Thuja)*, den Scheinzypressen *(Chamaecyparis)* dem Taxus *(Taxus baccata)* und bei den Hemlockstannen *(Tsuga)* möglich. Fichten und Tannen den Gipfeltrieb einzukürzen und einen Seitentrieb zu stäben, um auf diese Weise die Pflanzen kurz zu halten, empfindet wohl jeder als unnatürlich. Wenn man Fichten zu Hecken degradiert, ist das schon schlimm genug. Im Garten sollten sie Freiheit genießen.

19.1 Die Konkurrenz schläft nie

Läßt man aufrechte, besonders kegelförmig wachsende Scheinzypressen-, *Juniperus*- und *Thuja*-Formen unkontrolliert wachsen, so merkt man erst nach Jahren – und viel zu spät – daß es sich bei diesen so schön kompakt wirkenden Pflanzen zuweilen um mehr- oder gar vielstämmige Individuen handelt. Zieht man einen solchen Nebenbuhler zur Seite, zeigt es sich, daß er einen wesentlichen Teil der Bekleidung trägt und daß der Haupttrieb ohne seine Mithilfe zu einem oft erheblichen Teil verkahlt ist. An sich ist das nicht weiter schlimm, doch sind solche Pflanzen, namentlich bei Schneelast, viel stärker gefährdet als solche mit nur einem starken, bis zum Wipfel durchgehenden Haupttrieb. Mehrstämmige Gehölze brechen oder fallen leicht auseinander. Stämme oder Äste, die durch Schneelast an der eingekrümmten Seite Stauchungen im Holzkörper erlitten haben, vermögen sich nicht wieder aufzurichten. In dem Zusammenhang sei daran erinnert, wie wichtig es ist, insbesondere schweren Pappschnee von Koniferen abzuschütteln! Man sollte auf der Hut sein und die sich bildenden Nebenstämme, zumindest im Abstand von jeweils einigen Jahren, so weit zurücknehmen, daß sie nur noch als Seitenzweige dienen. Es kann sich dabei als nötig erweisen, auch den stehenbleibenden Wipfelsproß etwas einzukürzen, falls er nicht genügend oder nur einseitig bezweigt ist. Der Wipfelsproß muß natürlich trotz dieser Maßnahme ein Übergewicht im Vergleich zu den zurückgenommenen Sprossen behalten.

Vor allem bei Tannen *(Abies)* und Fichten *(Picea)* bilden sich gelegentlich Doppelspitzen. Aus ihnen entstehen dann die Zwiesel genannten zweistämmigen Exemplare. Erkennt man diese unerwünschte Bildung rechtzeitig und ist sie in noch erreichbarer Höhe, so ist einer der Gipfelsprosse möglichst vollkommen zu entfernen.

Die Schönheit dieser Gattungen liegt in ihrer ebenmäßigen Ausbildung. Genau das Umgekehrte wird nun erstrebt, wenn es darum geht, bei manchen Nadelgehölzen, die von Natur aus kompakt wachsen, mehrstämmige Exemplare zu erzielen. Vielstämmige Säulen-Eiben *(Taxus baccata* 'Fastigiata') oder Wacholder *(Juniperus communis)* können außerordentlich malerische Gestalten darstellen. Man

kann diese Bildung begünstigen, indem man in der gewünschten Höhe über dem Boden den Leittrieb herausschneidet.

19.2 Hilfe bei Kopflosen

Gehen durch Frost und mechanische Beschädigung Sproßspitzen verloren, wirkt sich dies unterschiedlich aus. Wacholder *(Juniperus)*, Scheinzypressen *(Chamaecyparis)*, Lebensbäume *(Thuja)* und deren Arten und Formen ersetzen die Wipfel auch ohne unsere Mithilfe neu. Gewöhnlich richtet sich sehr bald der oberste erhalten gebliebene Seitensproß auf und bildet die Stammfortsetzung. Heftet man einen solchen Trieb noch dazu senkrecht an einen Stab, so ist der Verlust bald nicht mehr zu bemerken. Auch bei den Fichten *(Picea)*, den Kiefern *(Pinus)*, den Zedern *(Cedrus)* und den Hemlockstannen *(Tsuga)* richten sich bald ein oder mehrere Äste des obersten Astquirls an der Spitze auf, sofern dieser erst einige Jahre alt ist. Die sich aufrichtenden Äste ändern ihren Charakter, d. h. statt sich wie bisher plagiotrop (S. 114) zu verzweigen, beginnen sie, quirlig gestellte Seitenzweige zu erzeugen. Von diesen sich aufrichtenden Zweigen läßt man den besten, also den stehen, der die geradeste Fortsetzung des Stammes verspricht, die übrigen schneidet man heraus. Läßt man alle sich aufrichtenden Sprosse wachsen, so kann man die später oft sehr malerisch wirkenden „Lyrabäume" erhalten, je nachdem, ob sich zwei oder mehr Teilstämme mit bogenförmigem Ablauf vom Hauptstamm gebildet haben.

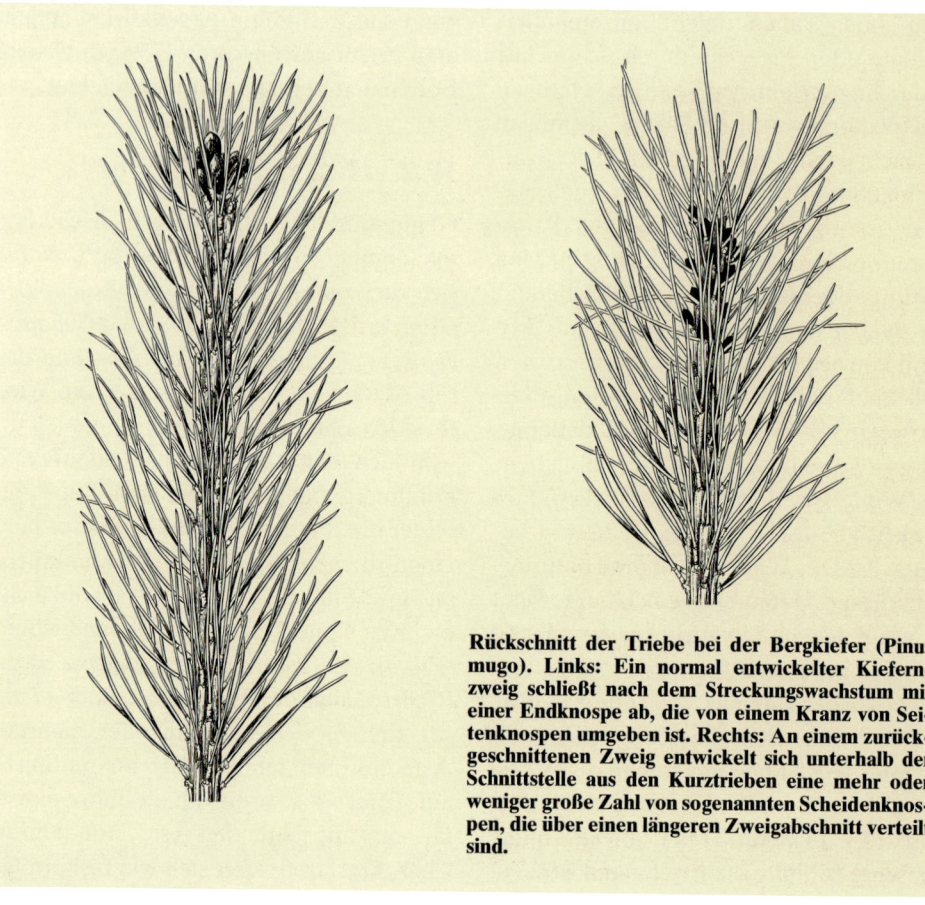

Rückschnitt der Triebe bei der Bergkiefer (Pinus mugo). Links: Ein normal entwickelter Kiefernzweig schließt nach dem Streckungswachstum mit einer Endknospe ab, die von einem Kranz von Seitenknospen umgeben ist. Rechts: An einem zurückgeschnittenen Zweig entwickelt sich unterhalb der Schnittstelle aus den Kurztrieben eine mehr oder weniger große Zahl von sogenannten Scheidenknospen, die über einen längeren Zweigabschnitt verteilt sind.

Bei Fichten kommt es nach einer Beschädigung der Stammverlängerung auch vor, daß sich aus schlafenden Augen unmittelbar an der Basis der Zweige des obersten Astquirls neue, aufrecht wachsende Sprosse in größerer Zahl bilden. Das ist besonders dann der Fall, wenn der Astquirl schon älter ist. Der Baum tut hier offensichtlich des Guten zuviel! Deshalb entfernt man alle möglichst bald bis auf den kräftigsten. Ließe man alle wachsen, so erhielte man rundliche Kronen, die an

Hexenbesen erinnern und somit scheußlich aussehen.

Besonders auf der Hut sein muß man bei solchen Nadelgehölzen, bei denen man Kopf und Rückgrat vermißt. Dies trifft man oft bei der Hiba *(Thujopsis dolobrata)* an. Sie wurde dann aus Seitentrieben vermehrt, denen oft das ganze Leben lang eine aufrechte Haltung fremd bleibt. Läßt man sie ungeschnitten wachsen, so bilden sich nur vielzweigige, wenig schöne Büsche. Hier muß man den besten Trieb aufrecht an einen Stab binden und die übrigen Sprosse im Wuchs zurückhalten, um schöne kegelförmige Büsche oder Bäume zu erzielen. Ein korrigierender Schnitt ist gelegentlich auch bei veredelten Tannen notwendig. Da auch sie häufig aus Seitentrieben vermehrt werden, haben sie nicht selten den Drang, auf einer Seite stärker zu wachsen als auf den übrigen. Solche Seitenzweige müssen natürlich eingekürzt werden.

Viel schwerer ersetzen sich verloren gegangene Stammspitzen beim Ginkgo (*Ginkgo biloba*), bei den Lärchen (*Larix*) und besonders bei den Tannen (*Abies*). Wenn überhaupt, so vergehen oft mehrere Jahre, bis sich ein neuer Wipfeltrieb bildet. Bei der Edel-Tanne (*Abies procera*) und der Pracht-Tanne (*Abies magnifica*) braucht man überhaupt nicht damit zu rechnen, daß eine Stammspitze ersetzt wird.

Sobald feststeht, daß die Pflanze ein Leben lang nur im Staube kriechen wird, sollte man sie entfernen. Es gibt allerdings Parkbesitzer, die aus der Not eine Tugend machen und diese Restpflanzen zu abnormen Formen weiter schneiden und entspitzen. Doch wer kann daran Gefallen finden? Bewußtes Kappen von Fichten und Tannen, um monströse Formen zu erzielen, kann man dagegen nur als geschmack- und gefühllos bezeichnen.

19.3 Rückschnitt nur als Notverordnung

Bei den Laubgehölzen besteht nach schweren Eingriffen oder Schäden die Aussicht, den Rückschnitt als Verjüngungskur zu verordnen, auch wenn es sich dabei um eine Pferdekur handelt. Bei den Nadelgehölzen verspricht dies nur in wenigen Ausnahmefällen Erfolg.

Es passiert, daß in strengen Wintern die Benadelung völlig vernichtet wird und auch die Zweige selbst mehr oder weniger erfrieren, während der Stamm gesund bleibt. Einige wenige Arten haben nach unseren bisherigen Erfahrungen nun die Fähigkeit, aus dem Stamm eine gänzlich neue Beastung aufzubauen. Bekannt ist dies von der Eibe (*Taxus*), insbesondere von der empfindlichen Säulen-Eibe (*Taxus baccata* 'Fastigiata'), alten Mammutbäumen (*Sequoiadendron giganteum*) und der großen Küsten-Tanne (*Abies grandis*). Man nimmt so geschädigten Bäumen das gesamte Astwerk restlos auf Astring fort. Aus dem Stamm treiben dann zahlreiche Knospen, die in wenigen Jahren die alte Krone völlig ersetzen. Bei den übrigen Nadelgehölzen ist solch ein Verfahren eine sehr riskante Sache; man kann Glück haben, wenn man z. B. die Scheinzypresse (*Chamaecyparis*) oder den Lebensbaum (*Thuja*) bis ins alte Holz zurückschneidet. Aber hier ist Voraussetzung, daß den einzelnen Ästen wenigstens ein Teil ihrer grünen Zweige erhalten bleibt.

Auf jeden Fall muß man sich in Geduld fassen. Dann kann man z. B. erleben, daß aus kahlen Seitentrieben von Fichten Adventivknospen die verlorenen Triebe ersetzen.

Machtlos sind wir, wenn durch Spätfröste der eben begonnene Neutrieb in einer Nacht vernichtet wird. Wenige Arten, nämlich die Nadelgehölze, die für Hecken- und Formschnitt geeignet sind, treiben aus Knospen aus dem vor- oder mehrjährigen Holz im gleichen Jahr noch einmal aus. Die übrigen sind aber auf keine Art zu bewegen, noch in dieser Vegetationsperiode Ersatz für den erfrorenen Neutrieb zu bilden. Allein des Aussehens wegen entferne man die roten erfrorenen Sprosse. Im kommenden Jahr erfolgt dann der Austrieb aus Knospen des älteren, noch benadelten Holzes, die sich inzwischen gestärkt haben. Erfriert der Neutrieb mehrere Jahre hintereinander, wie man es zum Beispiel bei der Sitka-Fichte *(Picea sitchensis)* erleben kann, dann sind die Pflanzen unwiederbringlich verloren.

Das harmonische Bild vieler Nadelgehölze kommt nur dann voll zur Geltung, wenn die Zweige möglichst tief herab reichen. Dies ändert sich, sobald ihnen die Konkurrenz zu nahe auf den Leib rückt. Dann können ganze Astserien, von unten nach oben fortschreitend, absterben. Es gelingt durch keine Maßnahme, die Bäume zur Neubildung von Ästen an diesen Stellen zu veranlassen. Auch wenn sonstwie in der Krone Äste absterben oder ausbrechen, so werden sie gewöhnlich nicht ersetzt, abgesehen von Ausnahmen wie die Eiben *(Taxus)* oder die Pech-Kiefern *(Pinus rigida)*. Manche Arten, wie Fichten, Tannen und Kiefern, stoßen diese abgestorbenen Äste nach einigen Jahren ab, der Stamm reinigt sich. Bei anderen Nadelgehölzen, wie Scheinzypressen *(Chamaecyparis)* und den Lebensbäumen *(Thuja)*, bleiben diese abgestorbenen Äste infolge ihrer Zähigkeit viele Jahre am Stamm sitzen.

Schneidet man bei *Pinus mugo* die jungen Triebe („Kerzen") etwa Mitte Mai zu einem Zeitpunkt zurück, zu dem das Streckenwachstum beendet ist und die Knospenbildung am Triebende einsetzt, werden in wenigen Wochen die Scheidenknospen zwischen den Nadelbüscheln (Kurztrieben) ausgebildet. Nur an starken, besonders günstig stehenden Zweigen wird sich eine größere Zahl von Knospen entwickeln, schwächere Seitentriebe bilden häufig nur 2–3 Knospen aus. Müssen an Nadelgehölzen lebende oder abgestorbene (trockene) Äste entfernt werden, so schneide man sie unmittelbar am Stamm weg und scheue sich auch nicht, eine zu groß erscheinende Wunde dadurch zu verursachen, daß man die Anschwellung an der Astbasis (z. B. bei Kiefern) völlig mit absägt. Je vollkommener die Astbasis entfernt wird, um so schneller kann die Überwallung der Wunde von den lebenden Kambiumzellen am Wundrand vor sich gehen. Selbst große Wunden können dann innerhalb weniger Jahre perfekt heilen.

Wipfeldürre, d. h. ein Vertrocknen der Äste und Zweige in der Wipfelregion, kann nicht allein dadurch bekämpft werden, daß man die abgestorbenen Teile bis in das gesunde Holz zurücksetzt. Erst einmal muß die Ursache der Erscheinung erkannt und auch beseitigt werden. Nicht selten handelt es sich um Bodentrockenheit, zumal dann, wenn außer der Konkurrenz von Bäumen noch eine dichte Unterpflanzung vorhanden ist.

Das radikale Kappen der Kronen älterer Bäume sollte endlich der Vergangenheit angehören. Eine solche Maßnahme kann im Obstbau dann sinnvoll sein, wenn man Bäume umveredeln muß. Bei Park- und Straßenbäumen ist ein Kappen der Krone einfach sinnlos. Als häufigste Gründe für das Kappen von Bäumen werden wohl angegeben: a) die Verjüngung, b) daß die Kronen weit mehr Raum einnehmen, als ihnen zugebilligt werden kann.

Ist die Verjüngung der Grund, so überlege man, ob die Bäume überhaupt noch genügend Lebenskraft haben. Es ist unsinnig, altersschwachen, im Absterben begriffenen Bäumen durch einen so gewaltsamen Eingriff neue Vitalität geben zu wollen. Auch Bäumen ist eine begrenzte Lebensdauer eigen, durch ein Kappen läßt sich ihr Leben nicht verlängern. Vergreisen sie aber vorzeitig, dann sind dafür unzureichende Umweltbedingungen verantwortlich. Um deren Verbesserung sollte man sich bemühen, dann wird auch der Baum wieder zu wachsen beginnen. Wenn die Kronen mehr Raum einnehmen, als für sie vorgesehen ist, dann wurde eben ursprünglich eine falsche Baumart gewählt, oder aber sie ist durch die Wandlung der örtlichen Verhältnisse (Verkehr und Bebauung) nicht mehr geeignet. Meistens ist es dann richtiger, gegen alle Widerstände eine Neupflanzung mit einer geeigneten Baumart vorzunehmen.

20.1 Die Krone weitgehend erhalten

Da ein *Kappen* von Baumkronen abgelehnt wird, sollen dafür hier auch keine Anleitungen gegeben werden. Das *Reduzieren* einer großen Krone kann aber durchaus sinnvoll sein. Man muß eine solche Maßnahme erwägen, wenn etwa der zur Verfügung stehende Raum zu klein geworden ist, die Wurzeln in irgendeiner Form beschädigt worden sind und die Krone nicht mehr ernähren können oder auch dann, wenn die Krone stammbeschädigter Bäume aus statischen Gründen zu schwer geworden ist. In all diesen Fällen werden von der Peripherie der Krone her die äußeren Teile der Äste bis auf einen Ast zurückgenommen, der weiter im Kroneninneren sitzt. Bei älteren Bäumen hängen die äußeren Kronenäste häufig nach unten, sie werden zunächst entfernt. Man erhält dann das Bild der Krone am besten, wenn man sich bemüht, die nach unten oder zur Seite wachsenden Äste zu entfernen. Nie sollte man nach oben bzw. nach außen gerichtete Äste zugunsten eines abwärts oder seitwärts gerichteten Astes wegnehmen. Wenn ein zusätzliches Auslichten der Krone notwendig ist, werden einzelne Äste 2. oder 3. Ordnung auch unmittelbar am Hauptast abgeschnitten. Nur selten entfernt man größere Äste ganz, d. h. bis zum Stamm hin.

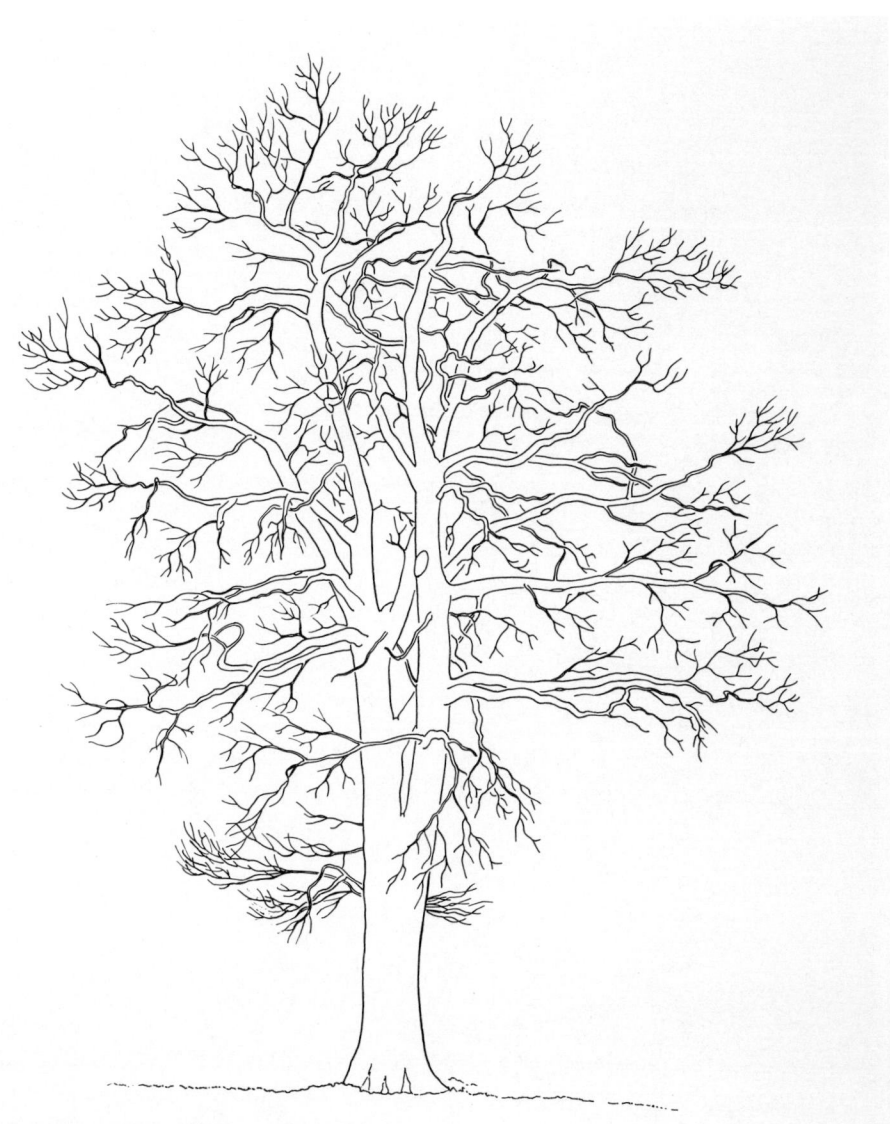

Quercus robur. Ein notwendig werdender Auslichtungsschnitt an alten oder zu schweren Kronen muß so angelegt werden, daß die Kronenform nicht zerstört wird. In der Hauptsache werden die nach unten gerichteten Äste entfernt.

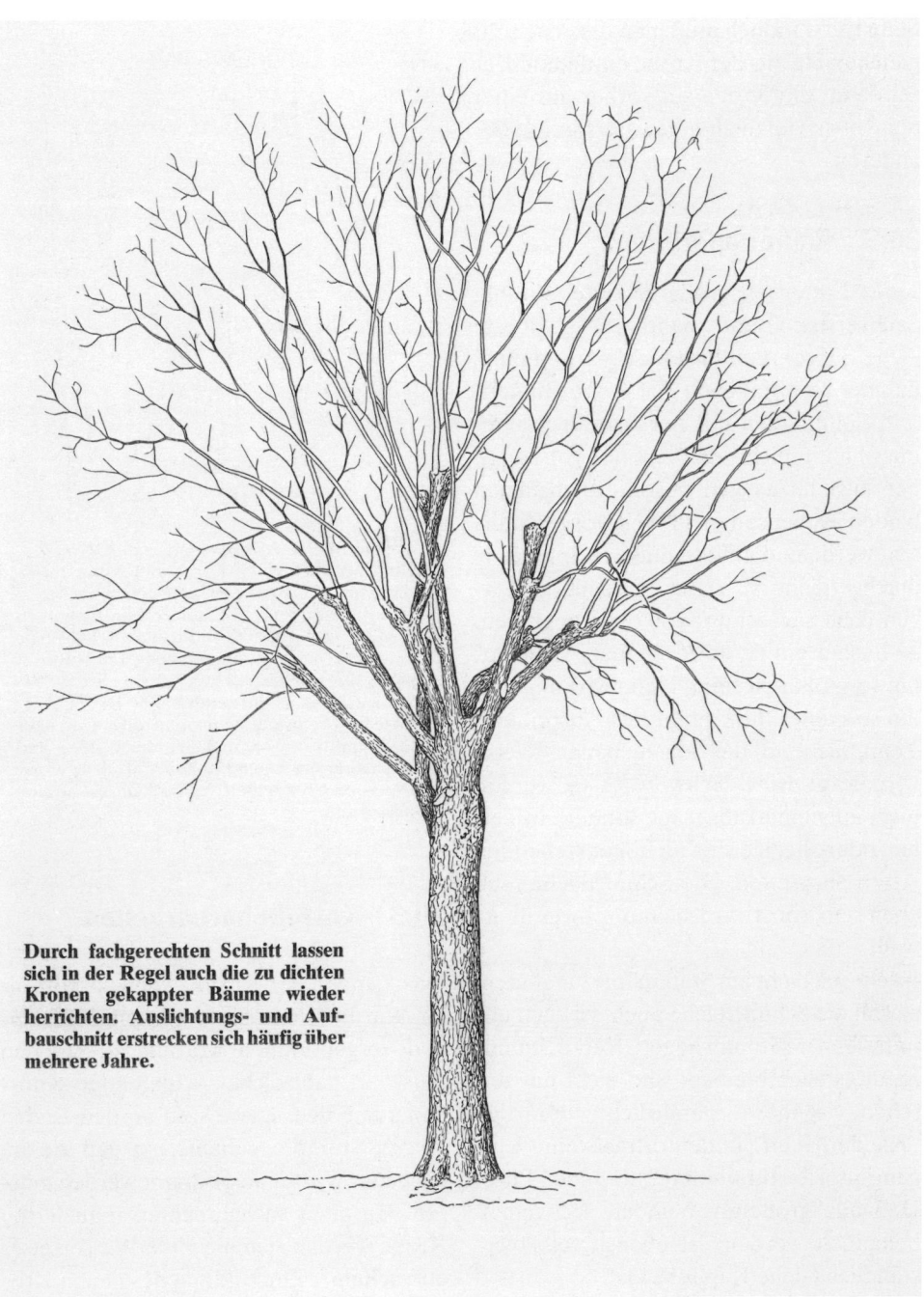

Durch fachgerechten Schnitt lassen sich in der Regel auch die zu dichten Kronen gekappter Bäume wieder herrichten. Auslichtungs- und Aufbauschnitt erstrecken sich häufig über mehrere Jahre.

Selbstverständlich muß man die Äste sehr gleichmäßig aus der Krone entnehmen, es sei denn, die Krone sei vorher auf einer Seite etwa viel dichter gewesen als auf der anderen.

20.2 Sauber operieren

Jedes Entfernen größerer Äste verlangt Sachverstand und handwerklich beste Arbeit! Es darf einfach nicht vorkommen, daß der herabfallende Ast große Rinden- und Splintfetzen mit herausreißt. Es genügt häufig nicht, den Ast nur von unten her etwas anzusägen, er sollte auch an den beiden Außenseiten so weit vorgeschnitten werden, daß das äußere Splintholz durchgetrennt ist. Dann erst sollte der eigentliche Sägeschnitt von oben beginnen. Je flacher ein zu entfernender Ast steht, um so größer ist seine Hebelwirkung und um so größer die Gefahr des Ausreißens, wenn nicht in der angegebenen Weise vorgesorgt wird. Schwere Äste werden nicht auf einmal abgesägt, sondern in Teilen, oder aber sie sind an höher stehenden Ästen anzuseilen. Die Schnittfläche muß eben sein, sonst wird sie nur schwer überwallt.

Ist ein Ast dicht am Stamm fortzunehmen, so soll die Schnittfläche auch wirklich unmittelbar am Stamm liegen. Kurze Stümpfe, die stehen bleiben, sind nicht nur unschön, sondern gefährlich: derartige „Kleiderhaken" bilden oftmals eine Eingangspforte für holzzerstörende Pilze. Daß alle größeren Wunden sachgemäß behandelt werden, ist ebenso selbstverständlich (siehe Kapitel 21).

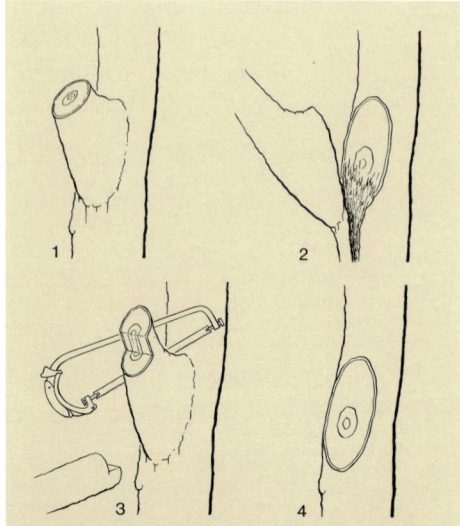

Vorgehen beim Abschneiden von Ästen. 1 = Beim Entfernen von Zweigen und Ästen dürfen keine Stümpfe (Kleiderhaken) stehen bleiben. 2 = Bei nur einem Schnitt läßt sich ein Ausreißen fast nicht verhindern. 3 = Richtige Schnittfolge an starken Ästen zur Vermeidung von Rißwunden. Es sind mindestens drei Schnitte in der Reihenfolge A, B, C notwendig. 4 = Die Schnittwunde liegt dicht am Stamm und nicht wie früher häufig praktiziert so, daß sich der obere Rand etwas näher am Stamm befindet als der untere. Die Wunde hat einen rundlichen bis ovalen Querschnitt.

20.3 Korrekt nacharbeiten

Das Kappen der Krone, wenn es trotz aller Warnung und Sinnlosigkeit doch einmal vorgenommen worden ist, hat den Austrieb zahlreicher schlafender Knospen zur Folge. Diese sind an den Enden der Aststümpfe gehäuft, so daß sie im nächsten Winter ausgedünnt werden müssen. (In einer sachgerechten reduzierten Krone werden sich nie viele Wasserreiser entwickeln.) Zur Bildung des neuen Kronengerüstes läßt man an jedem Ast nur 1 bis 2 dieser Triebe stehen, und zwar die kräftigsten und die am günstigsten gestellten. Das sind die, die oben am Aststumpf stehen. Daraus erwachsene Äste werden später viel seltener ausbrechen als Äste, die seitwärts oder gar an der Unterseite des Aststumpfes wachsen. Auch diese wird man, da sie meist für ihre Länge zu schwach sind, um etwa $\frac{1}{3}$ bis $\frac{1}{2}$ einkürzen, ebenso ihre seitlichen Austriebe.

Die Zugäste, die dem Baum erhalten geblieben waren, können allmählich, soweit sie zu stark in das Innere der neuen Krone geraten, entfernt werden. Auch in den nächsten Jahren werden sich noch Wasserreiser in mehr oder minder großer Zahl an Stümpfen und Stamm bilden. Wieweit man diese sofort wegnehmen oder noch für einige Jahre belassen kann, muß von Fall zu Fall entschieden werden. Wichtig ist, daß der Baum so schnell wie möglich Laubwerk erhält, das der Leistung des Wurzelsystems entspricht. Erst wenn dieses Verhältnis wiederhergestellt ist, wird der Baum ein normales Wachstum zurückerlangen, ohne immer wieder Wasserreiser zu treiben.

Nicht alle Baumarten halten ein starkes Kappen der Krone gleich gut aus. Während es bei Roßkastanien bald zum Hohlwerden und zu Pilzinfektionen führt, überstehen Linden und Eschen diese Maßnahme besser und verheilen die Wunden schneller. Aus einer Veröffentlichung in den Mitteilungen der Deutschen Dendrologischen Gesellschaft (1933) geht hervor, daß gekappte Platanen in den ersten Jahren nicht von der Blattfallkrankheit *(Gloeosporium nervisequum)* befallen wurden. Das ist wohl kaum zu verallgemeinern. Zumindest wäre dies kein Grund, nun Platanen alle paar Jahre zu kappen.

Zu einer Manie ist es vielerorts geworden, die Kugel-Robinie *(Robinia pseudoacacia* 'Inermis') Jahr um Jahr völlig zu kappen. Leider kann man dies ungestraft tun, da die Regenerationsfähigkeit sehr groß ist. Während andere Bäume bereits im vollen Frühjahrslaub stehen, starren ihre Stümpfe noch wie leblos in den Himmel. Aber im Laufe des Sommers bildet sich doch eine Krone aus zahllosen Ruten aus. Daß sich an den Stamm- und Astenden allmählich richtige Wucherungen bilden, ist verständlich.

Auch Linden, Platanen, Ulmen und Rotdorn werden häufig in gleicher Weise mißhandelt, insbesondere dort, wo man ein bestimmtes Größenverhältnis zwischen Bauwerk und Baum ständig bewahren möchte.

In Gegenden, wo viel Birkenreiserbesen verwendet werden, so z. B. im Glatzer Bergland oder am Bodensee, sieht man oft an Feldwegen Sand-Birken *(Betula pendula)*, die alle zwei Jahre zum Zwecke der Reisergewinnung gekappt werden, d. h. nur der Stamm und einige starke Äste bleiben stehen. Es entstehen so im Laufe der Zeit ganz gespenstisch wirkende Bäume. Aber die Birken überstehen solche Prozedur. Ähnlich die Korb-Weiden *(Salix triandra* und *S. viminalis)*, die immer wieder bis hinunter auf die Stammstümpfe zurückgeschnitten werden.

Jeder Schnitt an einem Baum oder Strauch bedeutet für diesen eine Verletzung. Er reagiert hierauf in doppelter Weise.

Einmal ist er bestrebt, die Wunde zu verschließen. Auf der anderen Seite zieht das Entfernen eines Teiles der Pflanze eine Funktionsstörung nach sich: die vordem ausgewogene, harmonische Belieferung und Verarbeitung von Nährstoffen wird aus dem Gleichgewicht gebracht. Um dieses Mißverhältnis wieder zu beheben, versucht die Pflanze, die verloren gegangenen Teile möglichst schnell zu regenerieren. Meist bilden die Gehölze – vor allem die Bäume – unmittelbar in der Nähe der Wunden Wasserschosse aus. Es kann genau so gut aber auch eine verstärkte Neubildung in der Krone, vor allem an der Spitze, bewirken. Bei Sträuchern, bei denen wir die überalterten Triebe kurz über der Erde wegnehmen, führt es zur stärkeren Ausbildung von Bodentrieben. Im einzelnen haben wir hierüber schon gesprochen.

21.1 Reaktionen der Pflanze

Kommen wir wieder auf das Thema der Wundheilung zurück. Damit unsere unterstützenden Maßnahmen möglichst wirkungsvoll ausgeführt werden, müssen wir uns hiermit ausführlicher befassen.
In der einfachsten Form findet die Wundheilung lediglich dadurch statt, daß das *Holz eintrocknet.* Dies gilt vor allem bei jungen Trieben. Die Praxis ist wohl jedem bekannt: Schneidet man einen Zweig durch das Internodium, d. h. zwischen zwei Knospen quer zur Längsachse durch, trocknet der obere durchgeschnittene und funktionslos gewordene Teil allmählich ab bis zu einer Achselknospe, aus der sich ein neuer Trieb entwickelt. Um dieses Eintrocknen auf eine möglichst kurze Strecke zu beschränken und einen recht schnellen Wundabschluß zu erreichen, wird bekanntlich der Schnitt nicht an beliebiger Stelle durch das Internodium geführt, sondern dicht oberhalb einer Knospe, und zwar schräg zur Längsachse. Eine Wundbehandlung ist hier selbstverständlich nicht erforderlich.

Wird die Wunde älterem Holz zugefügt, reagiert die Pflanze darauf durch die Bildung von *Schutzholz.* Dies wird sichtbar an einer dunkleren Verfärbung der äußeren Jahresringe der Wundstelle, wodurch sie sich deutlich von dem darunter liegenden Splintholz unterscheiden. Die Pflanze verändert dieses noch junge Gewebe nach Art der Umwandlung des Kernholzes. Die Zellwände sind verfärbt, und das Innere der Gefäße ist mit einer gummiartigen, braunen Masse angefüllt. Möglicherweise wird das Holz auch durch die Bildung von Gerbsäure haltbar gemacht. Dieses Schutzholz ist für Luft und Wasser undurchlässig, und es stellt so einen wirkungsvollen Wundverschluß dar.

Während die ebengenannten Reaktionen sich unbemerkt vollziehen, erkennt man deutlich, wenn die Wundfläche mit *Schutzstoffen* durchtränkt wird. Am bekanntesten ist die Gummibildung beim Steinobst und der Harzfluß bei den Nadelgehölzen. Beides kann, wie man weiß, in sehr reichem Maße auftreten.

21.2 Hilfestellungen

Die Bildung von Schutzholz und die Einlagerung von Schutzstoffen ist zwar recht wirkungsvoll, hat für den Baum jedoch nicht den Wert einer Lebensversicherung. Harze und Gummi reißen auf, wenn sie altern, so daß in allen Fällen parasitische Pilze eindringen können. Eine Wunde ist erst dann wirklich geheilt, wenn sie vollkommen überwallt ist. Aus diesem Grunde zielen unsere praktischen Maßnahmen darauf ab, die Überwallung zu fördern und bis dahin die Wundflächen für Pilze undurchdringlich zu machen. Sprechen wir deshalb zuerst von der *Überwallung der Wunde.* Diese beginnt mit der Kallusbildung, d. h. der Bildung eines noch undifferenzierten, regellosen Wundgewebes. Bei den Gehölzen besorgt dieses das Kambium (vgl. Seite 19). Es stellt bekanntlich die Wachstumszone dar, die sich zwischen Holz und Rinde befindet und bei normalen Verhältnissen jene beiden wichtigen Gewebe abgliedert. Bei einer Verletzung wird ein Wundreiz ausgeübt, welcher zur Bildung von Wundhormonen führt, die wie ein Alarmsignal wirken. Das durch den Schnitt offen liegende Kambium beginnt unverzüglich zu wuchern, tritt zwischen Holz und Rinde aus und fängt an, die freie Schnittstelle zu überdecken. Dieser Kallus ist im jungen Zustand gleichförmig, später entwickelt er sich nach innen hin zu Wundholz, nach außen zur Wundrinde. Das Tempo dieser Kallusbildung ist recht unterschiedlich; bei jüngeren, wüchsigen Bäumen beträgt die Zuwachsrate etwa 10 bis 15 mm pro Jahr. Das besagt also, daß wir kleinere Wunden, etwa von der Größe eines Markstückes, bei zügigem Wachstum der Pflanze sich selbst überlassen können. Je älter der Baum und je größer die Wunde, um so wichtiger ist es, sie mit Wundverschlußmitteln zu versorgen. Schaden kann es natürlich auch bei kleineren Wunden nicht.

Die gewünschte zügige Überwallung ist nur zu erwarten, wenn der Schnitt an der richtigen Stelle sorgfältig durchgeführt wurde. Mehrfach wurde betont, daß man stets auf Astring schneiden muß, d. h. daß die Wunde (fast) stammgleich liegen sollte. Jeder stehenbleibende Zapfen („Kleiderhaken") birgt die Gefahr des Eintrocknens in sich und kann eine Überwallung vollkommen verhindern. Hierzu gehört auch, daß die bei den Nadelgehölzen (z. B. *Pinus*) häufige Anschwellung („Zitzenbildung") der Basis eines Astes mit entfernt wird. Die Wunde wird dadurch zwar erheblich größer, aber die Überwallung geht bedeutend schneller vonstatten. Das gleiche gilt auch für die zu entfernenden Äste, welche im spitzen Winkel abgehen und infolgedessen bei „stammesglei-

chem" Schnitt eine lang-ovale Wunde
hinterlassen. Diese heilt schneller aus, als
wenn man – vielleicht aus falsch verstan-
dener Rücksicht – im unteren Bereich einen Keil beläßt. Immer ist daran zu denken, daß der Saftstrom stets nur den sinnvollen, direkten Weg geht. Er transportiert die Nährstoffe, die zur Kallusbildung
gebraucht werden. „Kleiderhaken" und
andere sinnlos geschnittenen Aststümpfe
sind für den Baum ohne Funktion. Infolgedessen werden sie nicht versorgt und
somit auch nicht überwallt.
Die Kallusbildung geht schneller und rei-
bungsloser vor sich, wenn die Wundrän-

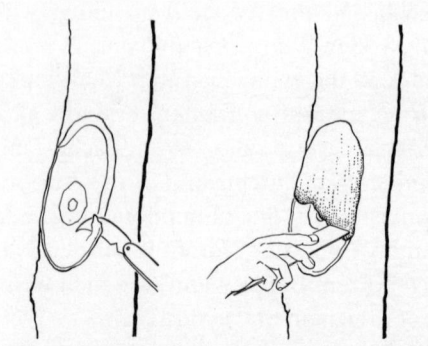

**Besonders bei großen Wunden ist eine Wundbe-
handlung unerläßlich. Die von der Säge zerfran-
ste Rinde wird glattgeschnitten, die gesamte
Wunde mit Baumwachs oder anderen Wundverschlußmitteln (Lac-Balsam) verschlossen.**

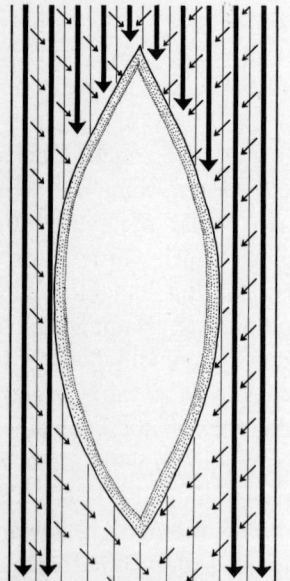

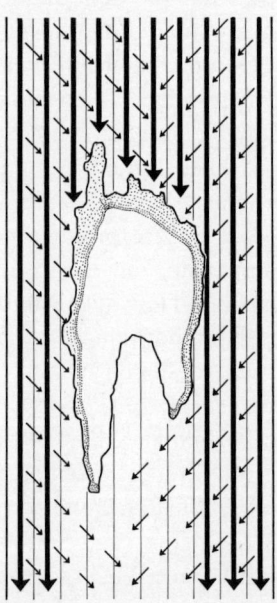

**Wundversorgung (nach Siewniak 1976, abgeän-
dert). Bei Laubgehölzen bestehen auch tangen-
tiale und radiale Verbindungen zwischen den
Siebröhren (durch Pfeile angedeutet), die Assimilate können auch quer zur Stammachse geführt werden. Nur durch eine elliptische Wund-
form in Längsrichtung des Stammes ist eine op-** **timale Versorgung der Wundränder mit Assimi-
laten und damit eine rasche Kallusbildung ge-
währleistet. Bei ungeformten Wunden entstehen
nicht selten Zonen, die vom Assimilatstrom abgeschnitten und deshalb unterernährt sind. Solche Rindenpartien sterben ab, ein Wundverschluß ist nicht möglich.**

der glatt sind. Jeder Schnitt der Säge ist deshalb mit einer Hippe nachzuschneiden. Riß- und Splitterwunden, wie sie durch unsachgemäßes Abwerfen entstehen können, müssen auf jeden Fall vermieden werden. Entstehen sie trotz aller Sorgfalt doch einmal, oder werden sie durch Schnee- oder Windbruch hervorgerufen, so müssen die äußeren Ränder mit dem Messer so glatt wie irgend möglich nachgearbeitet werden. Aus eingerissener Rinde entwickelt sich niemals Kallus! Unter diesen Rindenfetzen trocknet das Kambium weit zurück, und eine Heilung wird somit unnötig hinausgezögert, wenn nicht gar unmöglich gemacht. Zu einer ordnungsgemäßen Wundpflege gehört selbstverständlich eine ebene, saubere Schnittfläche. Etwaige „Stoßkanten" in deren Mitte (sie treten manchmal auf, wenn von zwei Seiten gesägt wurde) sind zu vermeiden. Hier trocknet das Holz eher ein, reißt auf und liefert somit Eintrittspforten für holzzerstörende Pilze. Stehengebliebene Grate hindern noch stärker eine schnelle Überwallung und schließen sie möglicherweise aus.

21.3 Wundverschlußmittel

Zur Vermeidung von Infektionen ist dafür zu sorgen, daß die Wunde bis zur endgültigen Überwallung von der Außenluft abgeschlossen wird. Die Mittel, die hierfür in Frage kommen, müssen in gleichem Maße pflanzenverträglich wie haltbar sein.

Aus diesem Grunde scheiden übliche Anstrichfarben und Lacke aus. Mittel, welche für die Wundpflege genommen werden, sollten von der Biologischen Bundesanstalt anerkannt sein. Nur so hat man die Gewähr, daß man damit zum mindesten keinen Schaden anrichtet. Das Zeichen der Anerkennung ist wohl jedem bekannt: es ist ein Dreieck, in dem sich um eine Ähre eine Schlange windet.

Zur Zeit sind etwa 25 verschiedene Mittel im Handel, die z. T. recht unterschiedlich aufgebaut sind.

Am bekanntesten sind die *Baumwachse,* auch Wundwachs oder Baumharz genannt. Sie werden von verschiedenen Firmen hergestellt und unterscheiden sich vor allem darin, ob sie kaltflüssig, kaltstreichbar oder warmflüssig sind. Am häufigsten wird wohl immer noch das kaltsteichbare Baumwachs verwendet. Man bekommt es preiswert, in kleinen, handlichen Dosen, die man bequem in der Tasche tragen kann. So hat man es stets zur Hand, wenn es darum geht, eine kleinere Wunde zu schließen. Hierzu können solche Mittel auch uneingeschränkt empfohlen werden. Bei einem groß angelegten Versuch der Landwirtschaftskammer Bonn erwies sich Trimona Baumwachs als besonders empfehlenswert; es ist auch bei Kälte gut streichbar, haltbar und widerstandsfähig.

Alle sonstigen Mittel sollen hier zusammen den vorgenannten Wachsen und Harzen gegenübergestellt werden. Der Vollständigkeit halber sei erwähnt, daß noch vor wenigen Jahren spezielle Präparate auf dem Markt waren, die gleichzeitig den Obstbaumkrebs wirksam bekämpften. Sie wurden wegen ihrer Giftigkeit alle zurückgezogen. Zum Glück tritt diese

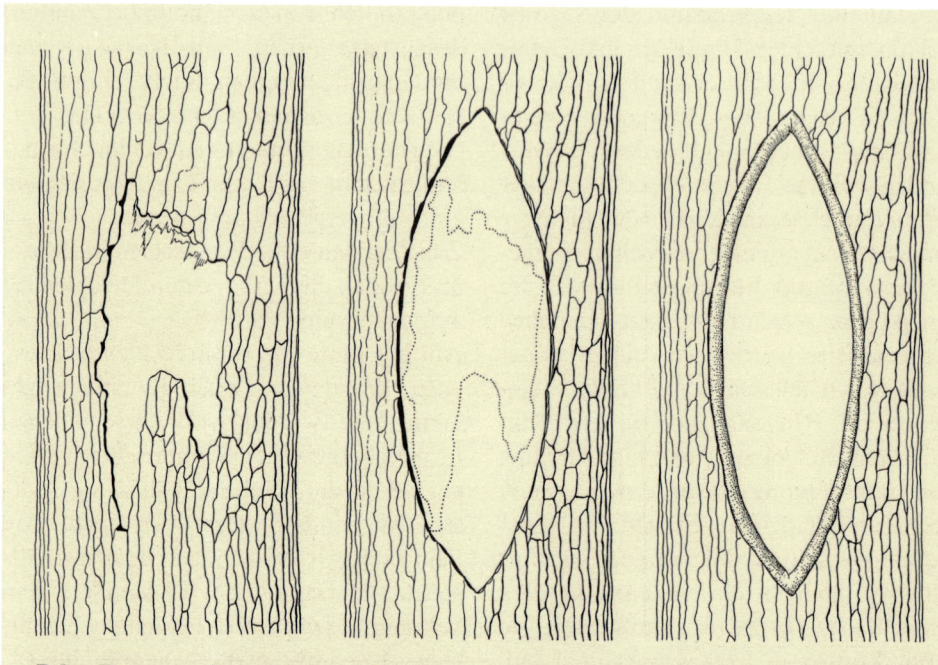

Behandlung von Stammwunden. Auch sehr große Stammwunden können ohne Bedenken zu einer elliptischen Form erweitert werden. Sie verheilen dann in aller Regel schneller und vollkommener als kleinere, aber unregelmäßige, ungeformte Wunden.

Krankheit bei den Ziergehölzen nur verhältnismäßig selten auf. Wer jedoch zugleich mit der Wundpflege den Krebs bekämpfen will, erkundige sich im Fachgeschäft, ob inzwischen ein entsprechendes Mittel im Handel ist, das von der Biologischen Bundesanstalt anerkannt wird.

Von den verbleibenden Mitteln sollen nur noch zwei herausgestellt werden. Als erstes sei Tervanol genannt, da sich dieses in den oben genannten Versuchen sehr bewährte. Der Verfasser hat zwar hiermit keine eigenen Erfahrungen gemacht, jedoch mit dem Präparat Lac-Balsam. Dieses ist auf einer Plastikbasis aufgebaut, zu jeder Zeit streichfähig, elastisch und sehr dauerhaft. Die Oberfläche von sehr großen Wunden, die damit vor 4 bis 5 Jahren behandelt wurden, sind bis heute noch völlig dicht verschlossen. Das Kallusgewebe kriecht über die Fläche hinweg und schließt das Präparat ein.

Es sei noch kurz auf die Einfärbung verschiedener Wundverschlußmittel hingewiesen. Ein Teil von ihnen besitzt eine leuchtend rote Farbe. Wer solche Präparate in einem Garten oder Park benutzt, zeigt weithin sichtbar, wie fleißig er war.

Der eigentliche Zweck ist jedoch, daß man dadurch noch nach Jahren darauf hingewiesen wird, wo eine Wundfläche behandelt wurde, die man kontrollieren sollte und nötigenfalls nachbehandeln muß. Das sollte man immer tun, unabhängig von dem Präparat, das man benutzt.

Zur praktischen Durchführung sei noch erwähnt, daß die Schnittstellen möglichst unmittelbar nach der Bearbeitung behandelt werden sollen. Eine Ausnahme kann man nur dann machen, wenn das Holz mit irgendeinem Imprägnierungsmittel bearbeitet wurde. Schneidet man bei regnerischem Wetter, so daß die Schnittstellen feucht sind, fassen die Wundverschlußmittel oftmals nicht an, d. h. sie heben sich ab oder werden, wenn sie flüssig sind, vom Regen verdünnt oder teilweise abgewaschen. Zu mindest decken sie nicht vollständig. In einem solchen Falle ist es besser, mit der Behandlung zu warten, bis die Wundflächen wirklich abgetrocknet sind. Anders ist es hingegen, wenn Gehölze bluten. Da versagen die normalen Wundpflege- und Verschlußmittel. Deshalb sei in diesem Zusammenhang auf das Mittel Saft-Stop hingewiesen, das im engeren Sinne kein Pflanzenschutzmittel darstellt und deshalb amtlich nicht anerkannt werden kann. Aber es hat sich bewährt. Wir sprachen bereits darüber, daß vor allem Ahorne, Walnüsse und der Gelbholzbaum *(Cladrastis lutea)* gefährdet sind. So passierte es im Nachwinter 1976 im Botanischen Garten in Köln, daß von einem ca. 100 Jahre alten Baum der letztgenannten Art ein Ast abgesägt wurde. Dieser besaß etwa die Stärke eines Handgelenkes. Er wurde ordnungsgemäß versorgt; als jedoch Tauwetter einsetzte, drückte sich das Verschlußmittel ab, und der Baum verlor aus dieser Wunde täglich bis zu 10,5 Liter Wasser. Das ging wochenlang in ähnlicher Stärke weiter. Erst als die Knospen schwollen, ließ es nach und hörte dann bei Beginn der Blattentfaltung ganz auf.

In jedem größeren Park sollte ein Mittel wie Saft-Stop zur Verfügung stehen. Es sollte auch oder gerade dann auf die Schnittstellen aufgetragen werden, wenn man einen Ast oder Zweig (bei diesen Arten blutet tatsächlich jeder Schnitt!) noch relativ zeitig, d. h. im Winter entfernt. Dann ist der Saftdruck noch nicht vorhanden oder er tritt kaum in Erscheinung. Das Mittel schließt so fest wie aufgeschweißter Kunststoff, auch auf feuchtem Holz. Ein Nachteil ist, daß Saft-Stop in der Flasche nur ein Jahr lagerfähig ist. Das ist jedoch nicht verwunderlich, da es sich ja bei der Verwendung umgehend härten muß. Dafür genügen kleinste Mengen ($\frac{1}{4}$ l) als Vorrat.

22 Therapie mit dem Holzhammer: baumchirurgische Maßnahmen

Dieses Kapitel hat mit dem eigentlichen Schnitt der Gehölze nichts zu tun. Es gehört dennoch hierher. Die Bezeichnung Baumchirurgie erscheint vielleicht manchem etwas hochtrabend, möglicherweise gibt sie auch zu Mißdeutungen Anlaß. Wir verstehen hierunter erhebliche, ungewöhnliche Eingriffe (tatsächlich fast immer mit Hammer und Meißel), die zur Wiedererlangung der Gesundheit älterer Bäume dienen. Sie werden dann erforderlich, wenn größere Teile des Stammes oder stärkere Äste von Pilzen befallen sind, aber auch, wenn durch Windbruch, Blitzschlag oder durch mechanische Einwirkungen große Splitterwunden gerissen wurden. Sie würden ohne Pflege dem Baum ein langes Siechtum bescheren.

22.1 Baumchirurgen sind Spezialisten

Schon diese einleitenden Worte deuten an, daß solche Operationen ebenso mühsam sind, wie ihre Anwendung solides Wissen und eine große Erfahrung voraussetzt. Stärker geschädigte, wertvolle, oft historische Bäume, die umfassender Eingriffe bedürfen, übergibt man daher am besten einem kundigen Baumchirurgen. Die sorgfältige Bearbeitung eines einzigen mächtigen Baumes durch mehrere Fachleute kann sich über viele Wochen hinziehen. Man braucht sich deshalb nicht

zu wundern, daß die Kosten hierfür mitunter fünfstellige Zahlen erreichen können. In der Bundesrepublik gibt es übrigens nur wenige größere Firmen, die solche Arbeiten übernehmen. Am Rande sei erwähnt, daß in den Vereinigten Staaten die Arbeitsmethoden zu ihrer heutigen Perfektion entwickelt wurden. Die Ausübung dieses Berufes setzt dort ein mehrsemestriges Studium voraus, das mit einem Diplom abschließt. Die Bezeichnung Baumchirurg wurde sicherlich aus dem Englischen übernommen: in Amerika lautet dieser Berufstitel Tree-Surgeon, was so viel wie Pflanzen-Wundarzt bedeutet. In England nennen sich diese Fachleute Tree-Specialist oder ebenso wie in Amerika Tree-Surgeon.

Die meisten Leser dürften wohl kaum auf den Gedanken kommen, baumchirurgische Maßnahmen an einem Gehölz ausführen zu lassen oder sie gar selbst vorzunehmen. Einen früh erkannten Schaden kann jedoch jeder mit bescheidenem Werkzeug selbst entfernen; das verhindert Ausfälle, die erst nach Jahren sichtbar werden. Noch so unbedeutend erscheinende Infektionsherde sollten sofort unters Messer genommen werden, damit sich daraus nicht größere Schäden entwickeln. Die folgende Beschreibung soll jeden Leser in die Lage versetzen, solche Rettungsaktionen bis zu einem gewissen Schwierigkeitsgrad selbst vorzunehmen.

22.2 „Pilzsuche" für jedermann

Die Tatsache, daß der Wundpflege viel zu wenig Beachtung geschenkt wird, führt zu Faulstellen und Asthöhlen. Es gibt kaum einen größeren Garten oder Park, in dem man nicht diese „klassischen Mängel" studieren kann. Läßt man diese Krankheitsherde gewähren, kommt eines Tages der Zeitpunkt, wo der darüber stehende Ast abbricht, oder aber – da er windgefährdet ist – entfernt werden muß. Oft ist der ganze Baum dadurch nicht mehr lebensfähig. Die rechtzeitige Ausbesserung einer solchen Infektionsstelle ist schon eine baumchirurgische Maßnahme. Es geht hierbei im wesentlichen darum, alles faule Holz bis zum letzten Winkel auszuräumen. Dazu dienen Meißel (Hohlmeißel) und für die Feinarbeiten selbstverständlich wieder das Messer. Wesentlich ist nun, daß nach Abschluß der Arbeiten eine glatte, sauber verarbeitete Oberfläche entsteht; auch bei verhältnismäßig waagerecht ausgearbeiteten Flächen sollten diese doch so weit geneigt sein, daß das Regenwasser ablaufen kann. Daß dabei den Wundrändern besondere Beachtung geschenkt werden muß, ist wohl selbstverständlich.

Nach dem Eingriff läßt man das gesunde, freigelegte Holz einige Tage trocknen. Da eine Restinfektion durch Pilze nie ausgeschlossen werden kann, wird es am zweckmäßigsten mit Xylamon oder einem anderen Holzschutzmittel intensiv durchtränkt. Der aufmerksame Leser erinnert sich hier an das, was auf Seite 18 über das Holz berichtet wurde: nur die äußeren Schichten des Splintholzes sind aktiv, d. h. transportieren Wasser und Nährstoffe. Das ältere Holz ist biologisch tot. Wir müssen dieses gründlich mehrfach desinfizieren, da es jahrelang ungeschützt bleiben wird. Es besteht keine Gefahr, daß die Desinfektionsmittel hier Schaden anrichten. Anders ist es dagegen bei den Randzonen: Da es sich bei ihnen um lebendes Gewebe handelt, sollte man – vor allem in der Nähe des Kambiums – die Mittel nur äußerst vorsichtig anwenden. Einmal sind die Befallstellen hier ohnehin gründlich ausgeräumt, zum anderen wird dieser Teil am schnellsten überwallt. Nach Ablauf von weiteren 14 Tagen überstreicht man die gesamte Schnittfläche mit einem dauerhaften Wundverschlußmittel. Eine solche Operation ist jedoch nur dann möglich, wenn die Wunde nur sehr flach ausgebildet ist, also nicht tief in den Stamm hineinreicht.

Handelt es sich darum, einen vom Sturm abgerissenen Ast abzunehmen, wird in gleicher Weise vorgegangen. Die Bruchstelle wird sauber entfernt und die Wunde korrekt nachgearbeitet. Dabei wird es einem möglicherweise widerstreben, das gesamte gesplitterte Holz bis zu den letzten aufgerissenen Fasern wegzuschneiden bzw. wegzustemmen, weil hier unter Umständen tragende Substanz fortgenommen werden muß. Aber Hemmungen sind hier fehl am Platze – eine saubere Wundfläche ist die wichtigste Vorbedingung für eine gute Heilung. Aus dem Holz herausstehende Splitter würden das Regenwasser und damit auch die Sporen von Fäulnispilzen in den Stamm leiten. Zudem wird nur eine glatte Oberfläche von einem gesunden, wuchsfreudigen Baum überwallt; selbst wenn sie die Größe eines Bügelbrettes besitzen sollte, ist dieses kein Hindernis.

Die vorstehend beschriebenen Arbeiten kann auch der Gartenbesitzer bei gutem Willen und etwas handwerklichem Geschick durchaus selbst ausführen. Bedenklich wird es, wenn bei der Behandlung wesentliche Teile des Stammes herausgearbeitet werden müssen, so daß tiefe Höhlungen entstehen. Hier denkt natürlich jeder daran, daß man früher solche Bäume ausmauerte oder mit Beton ausgoß. Das geht durchaus, auch wenn es heute (s. unten) bessere Methoden gibt. Für den Amateur-Chirurgen sei dieses alte Verfahren nur dann noch empfohlen, wenn es sich um einen begrenzten, jedoch tiefen Hohlraum handelt. Sie ist u. a. dann angebracht, wenn man ihn aus praktischen Gründen nicht nach außen erweitern kann, um dem Regenwasser Ablauf zu verschaffen. In diesem Fall ist eine Plombe ein probates Mittel. Sie hat aber nur dann Sinn, wenn die gesamte infizierte Stelle zuvor sauber ausgearbeitet wurde; sonst werden die Fehler mit ihr nur verdeckt und darunter geht das Zerstörungswerk der Pilze um so ungehinderter weiter. Wer akkurate Vorarbeit leistet und die Höhlung späterhin mit Mörtel auskleidet, muß darauf achten, daß die Ränder der Füllung mit dem letzten Jahresring bündig liegen, so daß der Kallus sie ungehindert überwallen kann. Denn dies allein ist der Sinn der Maßnahme: dem Wundgewebe die Auflage zu geben, die beim gesunden Baum das eigene Holz darstellt. Auf die Festigkeit des Gehölzes hat eine einzelne Beton-Einlage keinen Einfluß.

Große Höhlungen werden heute nicht mehr völlig angefüllt, sondern lediglich „verblendet". Innen, anschließend an das verbleibende Holz, wird eine Mauer hochgezogen; die Außenkante verläuft dort, wo sich früher das Holz des Stammes befand. Ein solches Verfahren hat sich dem völligen Ausgießen des hohlen Stammes mit Beton als überlegen erwiesen. Große Betonfüllungen geben nämlich bei Wind und Sturm nicht nach, die Folge davon ist, daß sie oftmals an den Seiten aufreißen, sich vom Holz lösen und somit Anlaß zu neuen Infektionen geben. Ein Blendwerk, wie eben beschrieben, ist wesentlich elastischer, vor allem, wenn dem Material Kork oder spezieller Kunststoff beigemischt ist oder dieses sogar ausschließlich aus einem Schaumstoff besteht. Übrigens hat man in den USA vor Jahren den ganzen Hohlraum solcher Bäume mit Schaumstoff, einem dauerelastischen Material, ausgespritzt.

Da ein Ausmauern verschiedene Nachteile mit sich bringt und das Verblenden nur dazu dient, die Überwallung zu „leiten", verzichtet man bei älteren, geschwächten Bäumen und großen Wunden auf jegliche Auskleidung, da sie nur noch in geringem Maße Kallus bilden – mit der Überwallung größerer Flächen ist bei solchen Veteranen nicht mehr zu rechnen. Wenn das Verblenden dennoch praktiziert wird, so deshalb, weil solche hohlen Bäume in Parks und Anlagen immer wieder dazu verführen, Feuer zu legen.

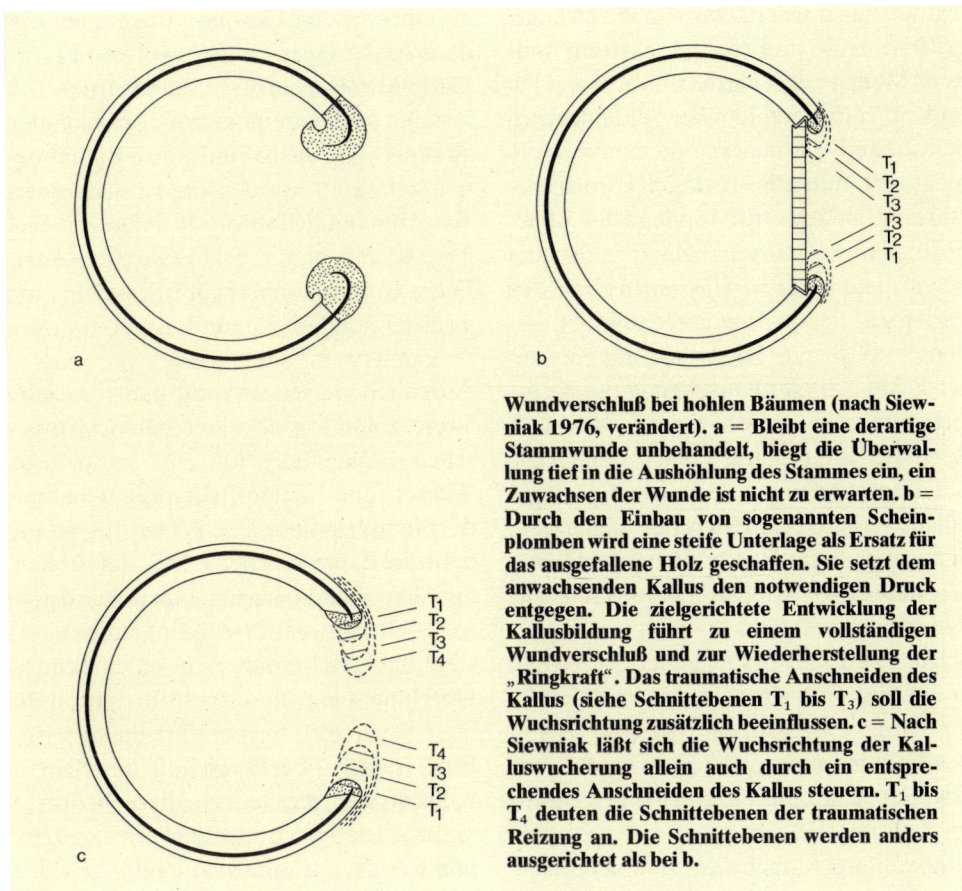

Wundverschluß bei hohlen Bäumen (nach Siewniak 1976, verändert). a = Bleibt eine derartige Stammwunde unbehandelt, biegt die Überwallung tief in die Aushöhlung des Stammes ein, ein Zuwachsen der Wunde ist nicht zu erwarten. b = Durch den Einbau von sogenannten Scheinplomben wird eine steife Unterlage als Ersatz für das ausgefallene Holz geschaffen. Sie setzt dem anwachsenden Kallus den notwendigen Druck entgegen. Die zielgerichtete Entwicklung der Kallusbildung führt zu einem vollständigen Wundverschluß und zur Wiederherstellung der „Ringkraft". Das traumatische Anschneiden des Kallus (siehe Schnittebenen T_1 bis T_3) soll die Wuchsrichtung zusätzlich beeinflussen. c = Nach Siewniak läßt sich die Wuchsrichtung der Kalluswucherung allein auch durch ein entsprechendes Anschneiden des Kallus steuern. T_1 bis T_4 deuten die Schnittebenen der traumatischen Reizung an. Die Schnittebenen werden anders ausgerichtet als bei b.

22.3 Arbeit für Profis

Damit dürften alle Möglichkeiten aufgezeigt sein, die dem Gartenbesitzer in solchen besonderen Fällen zur Verfügung stehen. Ist z. B. der Stamm eines Baumes in erheblichem Maße angegriffen, so stellt sich die Frage, ob man einen Fachmann zu Rate zieht, oder sich von dem Baum trennt. Das ganze Ausmaß eines Befalles erkennt man immer erst, wenn das infizierte Holz entfernt wird. Von einer äußerlich begrenzten Infektionsstelle reicht das befallene Gewebe häufig ebenso aufwärts wie möglicherweise bis zum Wurzelhals oder gar bis in die Wurzeln hinab. Wenn die baumchirurgische Arbeit einen Sinn haben soll, muß sie genau so konsequent durchgeführt werden wie die Behandlung kleinerer Schäden. Baumchirurgen verfolgen die Infektionen bis tief in die Erde, wobei die Wurzeln z. T. freigelegt werden müssen. Das von Pilzen angegriffene Holz muß restlos entfernt werden. Manche Baumarten haben die Fähigkeit, vom Kambium her Sekundärwurzeln zu bilden, die durch die innere Höhlung des Baumes ins Erdreich vordringen. Bekannt sind hierfür Linden, der Gelbholzbaum (*Cladrastis lutea*) und der Schnurbaum (*Sophora japonica*). Für den Patienten, der ja sehr geschädigt ist, bedeutet dies eine hochwillkommene zusätzliche Nährstoffversorgung und eine Erhöhung der Standfestigkeit. Anschließend wird das gesunde Holz – ähnlich wie oben beschrieben – desinfiziert und mit einem Wundverschlußmittel behandelt. Schon aus dieser Beschreibung kann man die mühevolle Kleinarbeit ersehen, die damit verbunden ist.

Nach derart schwerwiegenden Eingriffen ergibt sich fast stets die Notwendigkeit, die Krone einzukürzen, damit die Statik des Baumes nicht gefährdet ist. Hierfür erweisen sich Fahrleitern (Feuerwehrleitern) als unerläßlich.

Eine weitere Aufgabe der Baumchirurgie besteht darin, schwere, gesunde, jedoch bruchgefährdete Gabeln oder Trichterkronen durch Verspannen zu sichern. Längst ist bekannt, daß Eisenbänder, die man früher um die Äste der Krone legte, unzweckmäßig sind. Werden sie nicht regelmäßig gelöst, wachsen sie ein und stellen somit eine neue Gefahr dar. An ihrer Stelle nimmt man heute Eisenbolzen, die an ihren Enden Gewinde tragen, auf die dann hinter einer etwas gewölbten Eisenplatte Muttern aufgeschraubt werden. Sie festigen nun Gabelungen, die auseinander zu brechen drohen. Sind ganze Baumkronen gefährdet, werden die zu sichernden Äste durchbohrt, solche Rundbolzen eingesetzt und hieran Stahlseile verankert. Diese Bolzen können natürlich nicht einwachsen sondern allenfalls überwallt werden, und das schadet nichts.

Abschließend sei erwähnt, daß vor allem ältere Bäume nach einer baumchirurgischen Behandlung für eine zusätzliche Wasser- und Nährstoffversorgung besonders dankbar sind. Ebenso wichtig ist es, daß die Baumscheiben, d. h. der Boden um den Stamm herum, nicht verfestigt wird. Gerade bei Naturdenkmälern besteht die Gefahr, daß er durch dauerndes Überlaufen hart und somit für Luft, d. h. hier: Sauerstoff, schwer durchlässig wird. Eine Lage grober Kies hilft in solchem Falle. Besser ist es jedoch, diese Stelle mit anspruchslosen Bodendeckern zu bepflanzen. Vor allem *Pachysandra* bewährt sich in unübertroffener Weise, sofern der Platz vor der ärgsten Sonne bewahrt ist. Der Boden behält durch die Bepflanzung seine Gare, bleibt locker und luftdurchlässig. Das herabfallende Laub wird von den Pflanzen festgehalten, es vermodert, die Nährstoffe werden freigesetzt und stehen somit dem Baum großenteils wieder zur Verfügung.

Neben den Konkurrenten im Wurzelbereich können den Bäumen hin und wieder drei Pflanzen-Arten bzw. Gruppen auf den Pelz rücken, die ihnen das Leben recht sauer machen. Es sind dies: der Efeu, die Mistel und die parasitischen Pilze. Natürlich ist die Wirkung jeweils eine völlig andere, die drei wurden hier lediglich aus praktischen Gründen zusammengefaßt.

23.1 Efeu

Beginnen wir hier mit dem harmlosesten Vertreter, dem Efeu. Jeder Leser weiß, daß auch seine Wildform *(Hedera helix)* im Garten gemeinhin als Zierpflanze zu Diensten steht. Er ist in der Lage, noch im tiefsten Schatten Mauern zu bekleiden und alles das liebevoll zu bedecken, was nicht so ansehenswert ist. In dieser Eigenschaft ist er unschlagbar. Anders ist er zu beurteilen, wenn er seine Kletterkünste an den Gehölzen in Garten und Park vorführt. Anfangs behält er dabei seine Jugendform bei, für die die bekannten, tief eingeschnittenen Blätter kennzeichnend sind. Handelt es sich hierbei um Efeu-Formen, wie z. B. den Spießblättrigen Efeu *(Hedera helix* 'Sagittaefolia'), so wirkt das besonders malerisch. Etwa von seinem zwölften Lebensjahr an kann es zur Bildung der Altersform kommen. Anstelle der einst handförmig geschlitzten

Blätter entwickelt die Pflanze nur noch solche, die rundlich und seicht gelappt sind. Nun ist er „mannbar", d. h. blühreif geworden. Er bildet dann zusehends Triebe, die mehr und mehr von der Unterlage abstehen, d. h. sich nach außen neigen. Diese Büsche sind dann recht ansehnlich, können aber auch sehr schwer werden. Je nach dem, in welcher Höhe und auf welchem Baum sie sich entwickeln, müssen wir ihnen entweder einen besonderen Schönheitswert zugestehen oder sie als noch vertretbar, überflüssig oder gar als fehl am Platze bezeichnen. Dienen große, wüchsige Laubbäume ihm als Unterlage, sollte man den Efeu gewähren lassen; ebenso bei schnell wachsenden Gehölzen, z. B. Fichten und Lärchen, die hochgewachsen und im unteren Bereich kahl geworden sind. Bei anderen Bäumen sollte man ihn kurz halten, oder ihm von Anfang an seinen „beruflichen Aufstieg" verwehren.

Was ist nun zu tun, wenn sich ein Efeu an einem mittelhohen Laubbaum emporgearbeitet hat und allmählich übermächtig zu werden droht. Natürlich kann man die Efeustämme unten durchsägen. Da die Haftwurzeln aber wie mit Draht mit der Rinde des Baumes verbunden sind, ist es kaum möglich, sie ganz zu entfernen. Das zurückbleibende trockene Gestrüpp bietet über Jahre hinaus ein sehr häßliches Bild. Es ist deshalb zweckmäßig, den ungebetenen Gast nach und nach lahmzulegen, d. h. im Abstand von Jahren immer nur einen seiner Stämme durchzusägen, dann fällt diese Maßnahme nicht so ins Auge. Ohnehin wird er ja dadurch bescheidener.

Wenn wir diese botanisch übrigens hochinteressante Pflanze als Mitläufer bezeichnen, so charakterisiert dies ihre wesentliche Eigenschaft. Die zu höchst wirkungsvollen Haftorganen umgebildeten Wurzeln sind nicht in der Lage, Nährstoffe aufzunehmen und somit den Baum direkt zu schädigen. Allenfalls kann er ihm „das Wasser abgraben", was jedoch einem ausgewachsenen Baum nicht schadet.

23.2 Mistel

Die Mistel *(Viscum album)* treffen wir, im Gegensatz zum Efeu, nur in bestimmten Gebieten unseres Landes als Mitbewohner der Parkbäume an. Bei ihr handelt es sich nun tatsächlich um einen Mitesser. Sie entzieht dem Wirtsbaum das benötigte Wasser und die darin enthaltenen Nährstoffe. In Sachen Assimilate, d. h. Zucker, Stärke und dgl. ist sie Selbstversorger. Schon deshalb wirkt sich nur ein übermäßiger Befall schädlich auf den Wirtsbaum aus.

Es gibt drei verschiedene Rassen, von denen die eine hauptsächlich auf Tannen, die andere auf Kiefern parasitiert; sie kommen fast nur in Wäldern vor. Die dritte, die Laubholzmistel, bevorzugt besonders Pappeln, Weiden, Ahorne und Linden. Sehr gern sind sie auch bei den Obst-

bäumen zur Miete, doch gehören diese nicht zu unserem Themenbereich. Die Samen werden durch Vögel, vor allem von der Misteldrossel verbreitet. Obwohl die Pflanzen sehr reich fruchten, sind sie bei uns über weite Strecken nicht anzutreffen. Während man sie in Apfel- und Birnenplantagen wohl bekämpfen muß, sollten wir diesen bemerkenswerten Vertreter unserer Flora nicht nur dulden, sondern weitgehend schonen. Hinzu kommt, daß ein winterkahler Baum, von einigen Mistelbüschen besetzt, einen besonderen Blickfang darstellt.

23.3 Gefahr im Verborgenen: parasitische Pilze

In den vorigen Kapiteln wurde immer wieder auf die Gefahren durch die Infektion von Pilzen hingewiesen. Es ist Zeit, daß wir diese näher kennenlernen. Die größte Zahl der Gehölze in Gärten und Parks wird durch Pilzarten infiziert, die zur großen Gruppe der Löcherpilze (Polyporaceen) gehören. Die meisten von diesen tragen konsolenartige Fruchtkörper, wie wir sie wohl alle schon einmal gesehen haben. In den feinen, porenartigen Löchern an ihrer Unterseite wird eine unendlich große Zahl von Sporen gebildet. Wie klein sie sind, geht daraus hervor, daß in einem Kubikmillimeter etwa $1\,{}^{1}/_{4}$ Millionen Sporen Platz finden. Natürlich schweben sie in der Luft und werden über weite Strecken fortgetragen. Treffen sie nach ihrer langen Reise auf eine gesunde, intakte Rinde, passiert gar nichts. Finden sie jedoch offenliegendes

Holz vor, so keimen sie aus – sofern es sich um eine Wirtspflanze handelt. Im Baum entwickelt sich aus einer Spore ein feines Myzel, d. h. Pilzfäden von etwa der gleichen Stärke wie die Sporen. Diese greifen das Holz an, bemächtigen sich seiner Nährstoffe und zersetzen es dabei. Manche Pilzarten befallen ausschließlich lebendes Gewebe, andere begnügen sich mit abgestorbenem. Auch hier gibt es wieder Übergänge, Pilze, die man als Schwächeparasiten bezeichnet. Sie vermögen erst Fuß zu fassen und das Rennen für sich zu entscheiden, wenn die Lebenskraft des Baumes bereits erlahmt. Erst dann ist er der Unterlegene. Mehr und mehr frißt sich der Pilz in das Innere vor, dabei zerfällt das Holz zu einer weichen oder aber bröckeligen Masse. Baut der Pilz ausschließlich Zellulose ab, bleibt das braunrote Lignin übrig – es entsteht Rotfäule; baut er neben der Zellulose auch das Lignin ab, entsteht Weißfäule.

Das Tempo des Zersetzungsprozesses ist je nach Art des befallenen Pilzes und des Wirtsbaumes unterschiedlich. In jedem Fall setzt zwischen Baum und Pilz ein Wettrennen ein. Dabei kann der Baum einen sehr langen Atem haben: es gibt Berichte von Eichen, die seit über 300 Jahren vom Schwefel-Porling befallen sind und immer noch gut weitergedeihen. Aber das sind gewiß Ausnahmen. Letztlich behält der Pilz die Oberhand, der Baum stirbt. Die Pilze können diese Wühlarbeit im Inneren des Baumes oft über Jahrzehnte durchführen, ohne daß sie sichtbar in Erscheinung treten. Das Myzel wächst von der Infektionsstelle weit in Stamm und Äste hinein, ohne daß sich manchmal auch nur die Rinde verfärbt. Lediglich an der Tiefe der Asthöhlen kann man erahnen, wie weit der Bösewicht schon vorgedrungen ist. Wenn das Holz im Inneren des Stammes weitgehend aufgezehrt ist, so daß bereits die äußere Holzschicht angegriffen wird, kann man dies eventuell an der Verfärbung der Borke erkennen, so vor allem bei Roßkastanien. Klopft man einen solchen Baum ab, hört man am Klang, daß er innen, wenn auch nicht hohl, so doch anders tönt, da die feste Substanz fehlt. Das ist natürlich ein Alarmzeichen.

Was aber soll man tun, wenn Fruchtkörper das Vorhandensein eines Pilzes anzeigen? Ob man sie entfernt oder nicht, hat mit dem Tempo seines Zerstörungswerkes nichts zu tun. Man verhindert damit lediglich, daß nicht noch mehr Sporen gebildet werden, die zu einer weiteren Besiedelung führen – irgendwo auf der Erde, möchte man in Anbetracht der Reisefreudigkeit der Sporen fast sagen. Für die Praxis der Infektionen dürfte dies kaum von Belang sein.

Oben wurde bereits gesagt, daß viele parasitische Pilze unbemerkt ihr Zerstörungswerk verrichten, daß sie ihre Anwesenheit also nicht durch Fruchtkörper verraten. Hier muß noch ergänzt werden, daß manche so getarnt sind, daß man sie oftmals übersieht. So sind die Fruchtkörper des Gemeinen Feuerschwammes *(Phellinus ignarius)*, der vor allem auf Weiden, Birken, Pappeln und Apfelbäumen (Zier-Äpfeln) parasitiert, getarnt. Oft besitzen sie eine ähnliche Farbe wie die Rinde, und die Konsolen schmiegen sich ihr an, daß man schon genauer hinsehen muß, um sie zu gewahren. Sie sind holzhart und so fest mit dem Baum verwachsen, daß man sie nur mit Mühe entfernen kann. Der Vollständigkeit halber sei erwähnt, daß einige parasitische Pilze die Pflanzen vom Boden her infizieren können. Das ist z. B. beim Wurzelschwamm *(Fomitopsis annosa)* und einigen anderen Porlingen der Fall. Ganz besonders gilt dies auch für den Hallimasch *(Armillaria mellea)*, der bekanntlich zu den Lamellenpilzen zählt. Bei dieser Angriffstaktik können wir dem Baum weder durch einen gezielten Schnitt noch durch chirurgische Maßnahmen helfen. Angesichts solcher Hinterlist kann man nur sein Vertrauen auf die Robustheit des Gehölzes setzen; bei einem Befall ist jedoch die Aussicht, daß es siegt, nicht höher als die Gewinnchancen bei einem Lotteriespiel.

24 Das Handwerkszeug

Vernünftige Arbeit läßt sich nur leisten, wenn man ordentliches Werkzeug einsetzt. Der Gärtner und ebenso der Gartenfreund sollen deshalb nach dem Besten sehen, was auf dem Markt ist. Es ist zwar sicherlich ein Zeichen von Familientradition, wenn noch eine Gartenschere vom Urgroßvater in Gebrauch ist. Doch ist sie meist in einem so verheerenden Zustand, daß man damit kein Gehölz mehr quälen, sondern ihr einen Ehrenplatz in der Andenkenkiste gönnen sollte.

Das älteste Werkzeug im Rahmen unserer Arbeit ist das *Messer*. Zum Nacharbeiten von Schnittflächen sei hier das Kopuliermesser empfohlen. Im Vergleich zu normalen Taschenmessern sind diese aus einem so hervorragendem Stahl hergestellt und besitzen einen so erstklassigen Schnitt, daß jeder, der einmal damit gearbeitet hat, ein solches zu seinem besten Taschenmesser erklären wird. Die bereits mehrfach erwähnte *Hippe* gibt es in mehreren Ausführungen. Sie alle haben eine geschwungene Schneide und einen ebenso geformten, robusten Griff. Dadurch wird der Schnitt so leicht, daß man fingerdicke Zweige mit ihnen ohne Mühe schneiden kann. Eines der beiden Werkzeuge, Messer oder Hippe, muß nach jeder Sägearbeit in Aktion treten. Die aufgerissenen Rinden werden konsequent nachgeschnitten.

Bei den *Baumscheren* unterscheidet man ein- und zweischneidige Scheren. Letztere ergeben einen viel saubereren Schnitt, sind jedoch empfindlicher. Sie vertragen es gar nicht, wenn man sie während des Schneidens hin und her drückt, um so die Zweige besser „abzuwürgen". In einem solchen Fall sollte immer die Säge bereit sein. Die universellste Schere ist die mit schmalen Schneiden, deren schlanke Spitzen ein Eindringen in dichte und spitzwinkelige Verzweigungen ermöglicht. Allerdings ist sie auch die empfindlichste Schere. Daß das Schneiden der Gehölze auf die Dauer zur harten Arbeit ausarten kann, weiß jeder, der einmal einige Stunden hintereinander die Schere betätigt hat. Erst dann wird man den Vorteil einer Schere mit Rollgriff richtig beurteilen können. Bei ihr „rollt" an der Seite, an der die Finger liegen, über eine Achse eine anatomisch geformte Hülse, die der Bewegung der Finger nachgibt und so Arbeit einspart. Ferner sei noch auf die Löwe-Schere hingewiesen. Sie besitzt nur eine dünne, gerade Schneide, die gegen eine Platte gedrückt wird. Zudem hat sie einen ziehenden Schnitt, so daß die Arbeit mit ihr äußerst leicht von der Hand geht; auch hinterläßt sie saubere Schnittflächen. Da man meist bei kühler Witterung schneidet, sollten die Griffe der Scheren isoliert sein.

Wer immer ein Gärtnermesser oder eine Gartenschere sein eigen nennt, muß auch einen *Abziehstein* besitzen und gebrauchen. Sobald die Klingen stumpfer werden, kann man sie mit diesem Stein, der entweder als Naturstein (Belgischer Brocken) oder als künstlicher Abziehstein zu haben ist, abziehen. Dabei werden sie auf den mit Wasser stets gut benetzten Stein flach aufgelegt, die stumpfe Seite der Klinge parallel zu diesem nur ganz leicht angehoben und in kreisende Bewegung versetzt. Dabei nutzt sich der feinkörnige Stein ein wenig ab, eine Dunkelfärbung des „Schmiermittels" zeigt, daß dabei auch Metall abgenommen wird. Sämtliches Werkzeug wird – entsprechend der Herstellung – nur einseitig abgezogen. Erst ganz zum Schluß werden die ungeschliffenen Schnittflächen mit dem Stein leicht bearbeitet. Falls sich ein Grat bildet, streift man die Klinge über ein Holz und zieht sie noch einmal kurz ab. Wenn der Stahl im Bereich der Schneide durch mehrfaches Abziehen so dick geworden ist, daß die Klinge sich nicht mehr in der gewohnten Weise abziehen läßt, muß ein Schleifstein her. Mit seiner Hilfe wird die gesamte Schneide um den Bruchteil eines Millimeters zurückgenommen. Den Feinschliff besorgt wieder der Abziehstein.

Bereits im Kapitel über die Hecken sprachen wir von den Scheren, die eigens zu deren Schnitt gefertigt werden. Da sie allgemein bekannt sind, brauchen wir sie nicht zu erklären. Neben den üblichen gibt es auch ausgesprochen leichte Heckenscheren. Sie eignen sich sehr gut für kleinere oder frisch gepflanzte Hecken, deren Triebe noch relativ zart sind. Je mehr man schneiden muß, um so eher wird man sich für eine robustere Schere entscheiden. Diese sollte möglichst gummigepuffert sein, weil dadurch die Handgelenke geschont werden.

Neben Scheren mit geraden Schneiden gibt es solche mit Wellenschliff. Bei dieser Konstruktion ging man wohl von dem Gedanken aus, noch stärker den ziehenden Schnitt zu bewirken. Tatsächlich läßt es sich mit diesen Scheren leichter arbeiten; die Triebe rutschen nicht zwischen den Klingen weg.

Über die *elektrisch betriebenen Scheren* wurde bereits in dem Kapitel über die

Hecken berichtet. Dennoch sei hier das Wesentliche wiederholt. Beim Kauf eines solchen Gerätes sollte man sich nur dann von einem sehr günstigen Preis leiten lassen, wenn man eine verhältnismäßig kleine Hecke zu schneiden hat. Ein heulender Motor wird nach kurzer Zeit unerträglich. Man achte darauf, daß die Klingen gegenläufig sind, nur so bleibt die naturgemäß entstehende Vibration in Grenzen. Manche Fabrikate kann man mit unterschiedlich langen Werkzeugen bekommen. Für den Normalverbraucher ist eine Länge von etwa 40 cm am günstigsten.

Wenn auch, entsprechend den Sicherheitsvorschriften, die heute in den Handel gegebenen Scheren mit zwei Druckschaltern ausgestattet werden, sind sicher doch noch etliche in Benutzung, die durch einen Kippschalter auf „Dauerlauf" geschaltet werden können. Diese Schalter stellen jedoch tatsächlich eine Gefahrenquelle dar, so daß man sie schleunigst auswechseln sollte: besonders bei Arbeiten auf Leitern, Podesten usw., kurz, bei unsicherem Stand, kann es vorkommen, daß man eine solche Schere im Notfall fortwirft. Dann muß sich der Motor automatisch ausschalten. Auch ist mancher Finger zwischen die Klingen geraten, weil man bei laufendem Werkzeug das Schnittgrün von der Hecke entfernte. Bei einem doppelten Druckschalter ist so etwas ausgeschlossen.

Für den Hausgarten kann man sich den Strom aus der Steckdose in der Wohnung holen. Wegen des Leistungsabfalls sollte das Verlängerungskabel zur Heckenschere die Länge von 40 m allerdings nicht überschreiten. Wird die Entfernung zu weit, muß ein Elektriker im hinteren Teil des Gartens eine ortsfeste Steckdose anbringen, deren Zuleitung über den genügenden Querschnitt verfügt. In größeren Anlagen und Parks wird der Strom von fahrbaren Aggregaten erzeugt, die von Benzinmotoren angetrieben werden. Diese sollten stets eine Anschlußmöglichkeit für zwei Heckenscheren haben; dadurch wird es möglich, eine Hecke von beiden Seiten gleichzeitig zu schneiden. Auch wird die Leistung des Motors nur so voll ausgenutzt.

Von den *Astscheren* war schon beim Rückschnitt der Hecken auf Seite 76 die Rede.

Zum Ausputzen größerer Bäume können *Stangenscheren* (und Stangensägen) eingesetzt werden. Diese lassen sich auf bis zu 6 m hohe Stangen aufsetzen und durch Hebelzug mit einer stabilen Kordel bedienen. Man wird sie nur in Sonderfällen gebrauchen, vornehmlich dann, wenn es darum geht, junge, lästige Konkurrenztriebe in entsprechender Höhe loszuwerden. Dann ist man froh, wenn man sie zur Hand hat, denn eine solch lange Leiter ist nur selten vorhanden und oft auch nur mit Mühe aufzustellen.

Die *Baumsäge* mit verstellbarem Blatt und Spannvorrichtung ist neben Messer und Gartenschere das universellste Werkzeug bei unserer Arbeit. Mehr und mehr haben sich Blätter mit grober (sog. M-Zahnung) durchgesetzt. Diese bestehen aus gehärtetem Stahl, der nicht mehr nachgeschliffen werden kann. Das ist auch gar nicht nötig, denn selbst bei Dauergebrauch hält ein solches Blatt etliche Wochen. Einfache Sägeblätter mit Dreieckszähnen sind bei dünneren Ästen angenehmer, weil sie leichter „anfassen". Auch hinterlassen sie einen etwas glatteren Schnitt mit weniger ausgefransten Kanten. Da man jedoch jede Schnittfläche, die beim Sägen entsteht, mit dem Messer nachschneiden sollte, kommt man mit einer Baumsäge mit einem Blatt mit grober Zahnung normalerweise aus. Eine *Stahlrohr-Bügelsäge* sollte man nur in Ausnahmefällen bei der Arbeit in Baumkronen verwenden. Mit dem vorgenannten Werkzeug arbeitet es sich ebenso leicht, und der Schnitt wird viel sicherer durchgeführt, es gibt weniger Stümpfe und „Kleiderhaken".

Für das Entfernen größerer Äste (auch beim Kappen) erleichtert die *Motorsäge* die Arbeiten ganz erheblich. Über solche verfügt jedoch wohl ausschließlich ein gärtnerischer Betrieb. Mit ganz wenigen Ausnahmen ist bis heute (1978) die mittels eines Benzinmotors angetriebene Motorsäge verbreitet. In den letzten Jahren wurden äußerst leichte Geräte dieser Art konstruiert, die für Pflegearbeiten besonders vorteilhaft sind. Jeder Gärtner sollte wissen, daß Motorsägen bei Arbeiten in Baumkronen nur dann eingesetzt werden dürfen, wenn diese von der Plattform einer Fahrleiter aus bedient werden. Es widerspricht den Sicherheitsvorschriften der Berufsgenossenschaft, die Säge erst oben auf der Leiter anzuwerfen. Man muß dies schon unten auf der Erde tun und dann mit laufendem Motor die Leiter erklettern. Die Vorschrift besagt desweiteren, daß während der Arbeit ein Helm mit einem Gesichtsschutz getragen werden muß, und auch ein Gehörschutz sollte vorhanden sein.

Die meisten Gartenbesitzer sind sehr erstaunt, wenn man ihnen berichtet, daß die Wein-Raute *(Ruta graveolens)* bei der Berührung Hautreizungen hervorrufen kann. Bei empfindlichen Menschen entstehen dann – wenn zum Beispiel laubbesetzte Triebe zurückgeschnitten werden – oft üble Verbrennungen. So etwas passiert natürlich nur, wenn das Laub direkt mit der Haut in Berührung kommt. Je wärmer der Tag, d. h. je offener die Poren der betroffenen Person sind, um so eher kommt es zu solchen Erscheinungen. Da niemand weiß, wie er darauf reagiert, sollte man beim Umgang mit der Wein-Raute Handschuhe tragen.

Obgleich der Bärenklau *(Heracleum mantegazzianum)* nicht zu den Gehölzen gehört, sei er hier der Vollständigkeit halber erwähnt. Sein Saft ruft, ebenso wie der der vorigen Pflanze, bei vielen Menschen Verbrennungen hervor.

Die am übelsten beleumundeten Gehölze sind in dieser Hinsicht die Gift-Sumach-Arten. Sie sind mit den Essigbäumen *(Rhus typhina, R. glabra)* verwandt. Bis vor kurzem marschierten sie alle noch unter dem gemeinsamen wissenschaftlichen Gattungsnamen *Rhus.* Inzwischen wurden die gefährlichen, Unheil stiftenden Damen jedoch umgetauft. Das ist gut so, denn sie brachten den Namen der tugendhaften Verwandtschaft in Verruf. Jetzt heißen die Ausgestoßenen botanisch *To-xicodendron:* der Gift-Sumach *T. quercifolium* statt *Rhus toxicodendron,* der Kriechende Gift-Sumach *T. radicans* statt *Rhus radicans* und der Firnis- oder Chinesische Gift-Sumach *T. vernix* statt *Rhus vernix.*

Bei Berührung mit diesen Pflanzen reagieren die Menschen unterschiedlich. Die verschiedensten Erscheinungen können die Folge sein: Hautreizungen, juckender Ausschlag, Drüsenschwellungen in den Achseln, ödematöse Entzündungen der Haut an Gesicht und Körper. In Nordamerika, wo die beiden erstgenannten, besonders gefährlichen Arten zu Hause sind, sind sie wegen dieser Eigenschaft berüchtigt. Das ist auch der Grund, weshalb sie von Baumschulen nicht herangezogen werden; man findet sie darum auch nicht in unseren Anlagen und Parks, sondern wohl nur in botanischen Gärten. Die Gärtner, die diese Gift-Sumach auslichten oder beschneiden, müssen stets Handschuhe tragen, die nach der Arbeit sorgfältig auszuwaschen sind. Auch darf sich der Betreffende nicht etwa mit den Händen den Schweiß vom Gesicht wischen, da die Giftstoffe hierbei auf die Gesichtshaut übertragen werden können. Als Mittel gegen die Rhus-Dermatitis wird ein Abwaschen mit alkoholischer Bleiazetat-Lösung (sog. Bleizuckerlösung) empfohlen. In der Literatur werden derartige Hauterkrankungen auch nach Berührung des

Seidelbastes *(Daphne)* angegeben. Es scheint sich jedoch um sehr seltene Fälle zu handeln, so daß bei der Arbeit mit diesen Pflanzen wohl kaum eine besondere Vorsicht notwendig ist, zumal da diese Gehölze ja so gut wie nie geschnitten werden.

Auch gewisse Hölzer können bei der Bearbeitung Beschwerden hervorrufen. So steht der Amberbaum *(Liquidambar)* im Verdacht, Hautreizungen erzeugen zu können. Franz Boerner berichtet in den früheren Ausgaben dieses Büchleins, daß er bei der Bearbeitung vom Holz der *Sophora japonica* über kräftige Kopfschmerzen zu klagen hatte.

26 Wohin mit dem Abfall?

Das anfallende Schnittgrün und Holz sinnvoll zu verwerten oder auf anständige Weise loszuwerden, ist für manchen ein Problem. Noch vor wenigen Jahren konnte man im Garten hin und wieder ein Feuerchen anzünden und alles Brennbare gen Himmel schicken. Aber wer das heute noch wagt, wird bald als Umweltverschmutzer gebranntmarkt. Also geht, wenn möglich, ein großer Teil über die Mülltonne fort. Wenn diese aber nicht genug schluckt, ist guter Rat teuer.

Doch es gibt ohnehin eine andere Lösung: Die wenigsten ahnen, daß man mit etwas Geschick den Löwenanteil über den Kompost verwerten kann. Die größte Menge fällt natürlich beim Schnitt der Hecken an. In diesem Kapitel wurde bereits darüber gesprochen, daß bei einem häufigeren Schnitt die Triebe und Dornen beim Weißdorn noch weich sind; da man jedoch bestrebt sein sollte, das Brutgeschäft der Singvögel, die hier möglicherweise nisten, nicht zu stören, schneidet man erst im August. Dann sind die Triebe

oft mehr als ellenlang und im Kompost rechthinderlich. Es bedarf jedoch kaum einer größeren Mühe, wenn man die Hecke dann gewissermaßen ratenweise schneidet, indem man zwei- bis dreimal mit der Schere an ihr entlang geht, bis sie die gewünschte Form hat. Das solchermaßen entstandene Schnittgrün behindert später die Arbeiten am Komposthaufen keineswegs, es trägt zur gewünschten Durchlüftung bei und ist spätestens nach zwei Jahren völlig zersetzt.

Beim Schnitt der Ziergehölze im engeren Sinne fällt immer wieder Holz an, das wegen seiner Größe nicht auf den Kompost gehört. Ebenso ist es wegen seiner Sperrigkeit für einen Abtransport über die Mülltonne ungeeignet. Hier kann man sich bei der verwandten Zunft der Obstbauer einen Rat holen. Sie machen es nämlich folgendermaßen: Beim winterlichen Schnitt wird das ganze Holz zwischen die Reihen befördert und liegengelassen; im Sommer fassen es Kreiselmäher und zerhacken es zusammen mit dem Unkraut. So wird letztlich damit gemulcht, auch wenn dies recht seltsam klingt. In den klassischen Anbaugebieten vor allem Norddeutschlands, in denen von stark wachsenden Bäumen reichlich Holz anfällt, gibt es sogar für die Zerkleinerung spezielle Häcksler, d. h. Maschinen mit 30 bis 40 PS starken Motoren, die selbst armdicke Äste schlucken.

Nun wäre es für einen Gartenbesitzer unsinnig, für diese Zwecke eine Maschine anzuschaffen, aber mit etwas Geduld kann man ähnliches auch mit der Hand vollbringen. Wer es einmal probiert hat, staunt, wie schnell man von einem Ast mit einer guten Gartenschere die Triebe und Zweige in spannenlangen Stücken abschnippelt, bis zum Schluß lediglich die daumendicken oder stärkeren Äste übrigbleiben. Diese lassen sich dann bequem auf einem Hauklotz zerhacken, von wo sie gleich unter geeignete Strauchgruppen in die Nähe der Basis verteilt werden. Meistens bemerkt man sie dort nicht einmal und ist überrascht, daß bereits nach zwei Jahren der größte Teil verrottet ist. Wenn man eine gute Kompostwirtschaft mit dreijährigem Turnus betreibt, kann der feinere Holzanteil auch aufgesetzt werden. Schüttet man in die Lage noch etwas Erde ein und hält sie den Sommer über feucht, machen sich Pilze und Bakterien geradezu mit Begeisterung darüber her, so daß sich das Holz schnell zersetzt.

Müllkippen nehmen von landschaftsgärtnerischen oder städtischen Betrieben nur noch in Ausnahmefällen Schnittgut an, da die Substanz später sehr zusammenfällt. Wenn auch die Mengen, die aus den Hausgärten über die Mülltonnen dorthin wandern, im einzelnen nur gering sind, so ist doch die Gesamtsumme beträchtlich. So tut derjenige, der mit dieser organischen Substanz seinen Kompost bereichert, gleichzeitig etwas Sinnvolles für den Umweltschutz.

27 Die strauchigen Gehölze von A bis Z und ihr Schnitt

Die Gruppensymbole A1 – A4 und B1 – B3 sind auf Seite 43 ff bzw. 47 ff erklärt.

Römische Zahlen: Monate (Blütezeit), also III = März, IV = April usw.

B.	= Blätter	einj.	= einjährig	So.	= Sommer	-wi.	= -winter
Bl.	= Blüten	Fr.	= Früchte	Str.	= Sträucher		
E.	= Ende	Frühj.	= Frühjahr	Wi.	= Winter		

Name	Gruppe	Bemerkungen	Höhe m	Behandlung
Abelia	B1 A1	Den Weigelien naheste-hende schöne, aber emp-findliche Bl.-str. Bl. rosa-weiß, VI–X.	bis 2	Schnitt auf Auslichten be-schränken. Rückschnitt nur nach Frostschaden.
Abeliophyllum	A1	Seltener, aparter Bl.-str., Bl. rosa-weiß, III, IV.	bis 1,5	Nur Auslichten soweit nötig.
Acanthopanax Kraftwurz	A1	Str. mit meist gefiederten B. Bl. wenig ansehnlich in Dolden.	2 – 4	Nur gelegentliches Aus-lichten. Rückschnitt nur, wenn zu groß geworden.
Acer Ahorn	A2	Allbekannte Gehölzgat-tung.	versch.	Die hier in Betracht kom-menden strauchigen Ar-ten (*Acer circinatum, A. carpinifolium, A. japoni-cum, A. palmatum,* auch *A. ginnala* und *A. tatari-cum*) natürlich entwickeln lassen, jeden unnötigen Schnitt vermeiden.
Actinidia Strahlengriffel	A	Sommergrüne Schlingstr. mit weißen, duftenden Bl. V–VI–VII, je nach Art.	bis 8	Nur winterliches Auslich-ten, Rückschnitt nur, wenn zu mächtig werdend.
Aesculus parviflora Strauch-Roßkastanie	B1	Sehr aparter, durch Wur-zelschößlinge allmählich breiter werdender Bl.-str., Bl. weiß, VII–VIII.	bis 3	Kein Schnitt nötig, wenn genügend Raum.
Akebia	A1	Sommergrüne Schlingstr. mit schönem Blatt, pur-purnen Bl. im V und gur-kenartigen, violetten Fr., IX–X.	bis 5	Auslichten und Rück-schnitt, wenn zu üppig ge-worden, im Wi. oder nach Blüte.

Name	Gruppe	Bemerkungen	Höhe m	Behandlung
Alnus, Erle *A. incana* 'Aurea' *A. viridis* und ähnliche Arten	A3	Durch ihre männl. Bl.-kätzchen im III, IV sehr zierend.	3 – 8	Wenn genügend Raum, Schnitt unnötig. *A. viridis* evtl. auslichten, da sehr dicht werdend.
Amelanchier Felsenbirne	A3	Ansehnliche Str. bis kl. Bäume mit weißen Bl., ähnlich der Traubenkirsche, IV, V. Einige mit prachtvoller Herbstfärbg.	versch. 2 – 10	Schnitt soweit nötig nach Blüte, besser sich nur auf Auslichten beschränken.
Amorpha Bastardindigo *A. canescens* *A. nana*	B1 + 3	Niedrige Str. mit blau-violetten Bl.-ähren im VI–VII.	bis 1	*A. canescens* friert häufig zurück, am besten im Nachwi. stark zurückschneiden, bei *A. nana* weniger nötig.
A. fruticosa	B1	Sparriger, wenig verästelter Str. Bl. violettblau in aufrechten schmalen Trauben, VI–VII.	bis 4	Bedarf, um in Form zu bleiben, eines jährlichen Rückschnittes im Nachwi. um mindestens ein Drittel seiner Höhe.
Ampelopsis Doldenrebe	B2	Meist üppige Rankenkletterer. Bl. unscheinbar, meist VII, VIII. Einige mit hübschen Fr.	versch. bis 10	Rückschnitt nach Bedarf, wenn über den zugewiesenen Raum an Lauben, Mauern usw. hinauswachsend.
Andromeda polifolia Rosmarinheide	A2	Niedrige, immergrüne Heidepflanze mit weißlichrosa Blüten, V–VII.	0,3	Kein Schnitt nötig.
Aralia	B1	Wenig verästelte, starre, meist bestachelte Str. mit riesigen, doppelt gefiederten Blättern und großen, schirmförmigen Bl.-ständen mit kleinen weißen Einzelbl., VIII.	bis 8	Durch Schnitt irgendwelcher Art wird nur der auffällige, „vorweltliche" Wuchs gestört. Eine reichere Verzweigung wird dadurch kaum erzielt, da immer nur wenige Knospen austreiben. Wenn zu groß werdend, ist jedoch eine Verjüngung durch starken Rückschnitt möglich, da dann aus der Wurzel neue Sprosse treiben.

Name	Gruppe	Bemerkungen	Höhe m	Behandlung
Arctostaphylos Bärentraube	A2	Ein immergrüner Kleinstrauch mit lederigen Blättern und zierlichen weißen Bl., IV bis VI.	0,5	Kein Schnitt nötig, allenfalls die langen Triebe einkürzen.
Arctous Alpen-Bärentraube	A2	Ähnlich vorigem, doch nur sommergrün. Kriechender teppichbildender Spalierstrauch, V, VI.	0,2	Keinerlei Schnitt.
Aristolochia Pfeifenwinde		Sommergrüne, wüchsige Windesträucher mit großen Blättern und eigentümlichen, pfeifenartigen, aber meist ziemlich versteckten Bl., V, VI.	bis 10	Kein geregelter Schnitt, nach Bedarf zurücknehmen oder auslichten, wenn über den zugewiesenen Raum hinauswachsend.
Aronia Apfelbeere	A3	Sommergrüne, der Mehlbeere verwandte Str. mit weißen Blüten in Doldentrauben, V, und schönen roten oder dunkelpurpurnen, lange haltenden Fr., VIII–X.	bis 3	Nur nach Bedarf auslichten, verjüngt sich gut von innen heraus.
Artemisia Beifuß	B1	Aromatisch duftende feinlaubige Str., unansehnliche Bl., VII–IX.	bis 2	Werden von unten her kahl. Am besten als Halbstr. zu behandeln. Jährlich im Nachwi. auf handlange Zapfen zurückschneiden.
Arundinaria		Immergrüne Bambusgräser.	bis 4	Kein Schnitt, außer wenn durch Frost geschädigt. Treiben gut von unten durch.
Aucuba japonica	A2	Immergrüne großlaubige Str. Bl. unbedeutend, IV, V., rote, kirschgroße Beeren, zweihäusig.	bei uns bis 2	Wurzeln Frostschutz geben. Rückschnitt nur, wenn frostgeschädigt. Treibt gut durch.
Baccharis Kreuzstrauch	B1 + 3	Aufrechter Compositen-Str. mit weißen Bl.-köpfchen, VIII–X.	bis 2	Friert häufig zurück. Dann starker Rückschnitt. Sonst letztjährige Triebe im Vorwinter zur Hälfte zurücknehmen, im Nachwinter auf kurze Zapfen zurückschneiden.

Name	Gruppe	Bemerkungen	Höhe m	Behandlung
Berberis Berberitze	A3	Sommergrüne und immergrüne Str. von sehr verschiedenem Wuchs. Zum Teil schöne Bl.-str. und ganz herrliche Fr.-str. Dem Ansehen nach in Gruppe A1, tatsächlich aber in Gruppe A3 gehörig. Bl. V, VI. Fr. VIII bis XI.	versch. 0,5 – 3	Die kräftig wachsenden laubabwerfenden Arten werden ausgelichtet, da ausgesprochen basiton veranlagt. Allzu starke Langtriebe im Sommer evtl. einkürzen. *B. stenophylla* möglichst nicht schneiden. In den überhängenden Zweigen liegt die ganze Eleganz des Str. Auch die anderen immergrünen *B.* werden nur geschnitten, wenn durch Frost beschädigt. *B. gagnepainii* kann man auch durch Schnitt nicht formen. Bei Veredlungen auf Unterlagentriebe achten.
Berchemia	B1	Zierlich belaubte Schlingstr. mit wenig auffälligen Bl., VI, VII. Fr. erst im folgenden Sommer reifend, erst rot, dann schwarz oder blauschwarz.	bis 5	Kein geregelter Schnitt, bei Bedarf auslichten oder zurückschneiden.
Betula Birke	A1	Nur einige strauchige Arten wie *B. fruticosa, humilis, nana.* Bl. in Kätzchen im frühen Frühjahr.	bis 2	Kaum Rückschnitt nötig.
Bilderdykia Schling-Knöterich	B1 + 2	Bekannte starkwüchsige Winder mit weißen Bl. von VII – IX.	bis 10	Sehr schnellwüchsig und üppig werdend, so daß u. U. ein jährlicher stärkerer Rückschnitt nötig wird. Blüht trotzdem.
Broussonetia Papiermaulbeerbaum	A1	Großer breiter Str. oder kl. mehrst. Baum. Bl. V, die männl. kätzchenartig, weibl. kuglig, grün.	bis 5	Kaum Schnitt nötig. Leidet manchmal unter Frost. Dann kräftig zurückschneiden.
Bruckenthalia Ährenheide	A2	Niedriger, heideartiger, immergrüner Str. mit hellrosa Blüten, VI, VII.	bis 0,2	Kein Schnitt erforderlich.

Name	Gruppe	Bemerkungen	Höhe m	Behandlung
Buddleja alternifolia	A1	Großer, ausgebreitet-überhängender Str. mit lila Blüten im VI.	bis 3	Man schone den eleganten Wuchs dieses herrlichen Bl.-strauches und lichte nur aus. Bei Frostbeschädigung kräftiger Rückschnitt möglich. Ergänzt sich gut basiton.
B. davidii Schmetterlings-strauch	B1	Eines der schönsten sommerblühenden Gehölze. Zieht während der Blütezeit, VII–IX, zahllose Tagfalter an.	bis 4	Im Herbst die noch weichen Triebspitzen einkürzen. Im Frühjahr alle letztjährigen Triebe auf wenige Knospen zurückschneiden. Bei Frostschaden kann unbedenklich weit ins alte Holz zurückgeschnitten werden. Erneuert sich gut und blüht im gleichen Jahr.
Buxus Buchsbaum	A1	Bekannter immergrüner Strauch. Bl. unscheinbar im IV, V.	bis 5	Verträgt jeglichen Schnitt. Als immergrünes Unterholz aber ungeschnitten am schönsten.
Callicarpa Schönfrucht	A1	Sommergrüne Str. mit zierlichen weißlichrosa Blüten, V, VI, und auffällig violettgefärbten Fr., IX, X.	bis 2	Rückschnitt nur nach Frostbeschädigung, treiben sehr willig wieder durch.
Calluna Heidekraut	B1	Allbekannter niedriger immergrüner Str. mit rosa Bl. im Hochsommer.	bis 0,4	Die Schnittmaßnahmen richten sich nach der Art der Pflanzung, s. S. 84 ff.
Calophaca Schönhülse	B1	Niedriger, niederliegend-überhängender Strauch mit großen, goldgelben Schmetterlingsblüten, VI, VII.	bis 0,8	Mäßiger Rückschnitt der einj. Ruten im Nachwint., namentlich, wenn als „Trauerbäumchen" auf *Caragana* oder *Laburnum* veredelt.
Calycanthus Gewürzstrauch	A2	Sommergrüne, ein wenig sparrige Str. mit auffälligen braunroten, z. T. duftenden Bl., VI–VII.	bis 3	Schnitt beschränkt sich auf allmähliches Auslichten.

Name	Gruppe	Bemerkungen	Höhe m	Behandlung
Camellia Kamellie	A3	Immergrüner Str. mit großen Bl., V.	bis 2	Nur nach Frostschaden Rückschnitt.
Campsis Trompetenstrauch	B1	Starkwüchsige Kletterpflanze (Haftwurzelkletterer) mit gefiederten Blättern und scharlachroten Blütentrompeten, VII–IX.	bis 10	Soweit durchführbar, im Nachwi. alle einj. Triebe auf 2 – 3 Kn. zurückschneiden. Sonst Rückschnitt nach Bedarf, vor allem nach Frostschaden.
Caragana Erbsenstrauch	A1 + 3	*Caragana arborescens* ist einer der häufigsten „Decksträucher". Alle anderen Arten sind schöner. *C. jubata*, der Mähnen-Erbsenstrauch, ist eines der apartesten Ziergehölze.	bis 4	Rückschnitt der größeren Arten nur, soweit es aus Raumgründen erforderlich ist. Die niedrigeren Arten bedürfen außer Auslichten keines Schnittes.
Carpinus Hainbuche	A2	Bekannte Heckenpflanze. Ungeschnitten ein Baum werdend.	bis 20	Verträgt bekannterweise jeden und fortgesetzten Schnitt.
Caryopteris Bartblume	B1	Niedrige, vielzweigige Str. mit zierlichen violettblauen Blüten im VII–IX.	bis 1,5	Im Herbst leichter Rückschnitt der noch weichen Triebe. Friert trotzdem häufig zurück. Dann beliebig stark zurückschneiden. Blühen im gleichen Jahr wieder.
Cassiope Schuppenheide	A1	Niedrige, nordische Heide-Verwandte mit kleinen weißen Blütenglocken.	bis 0,2	Keinerlei Schnitt nötig.
Ceanothus Säckelblume *C. americanus* und Hybriden	B1	Zierliche Sträucher mit weißen, rosa oder blauen Bl. in aufrechten Rispen. VI, VII.	bis 1,5	Bei den Hybriden ist das letztjähr. Holz im Nachwi. auf wenige Kn. einzukürzen, soweit nicht Frost einen stärkeren Rückschnitt erfordert.
C. fendleri	A1	Sehr zierlicher Felsenstrauch, der im Juni unter der Fülle zarter weißer Blüten verschwindet.	bis 0,8	Kein Rückschnitt, wird auch nicht gut vertragen.

Name	Gruppe	Bemerkungen	Höhe m	Behandlung
Celastrus Baumwürger	B1	Hochwachsende Schling-str. mit unscheinbaren Bl. aber auffälligen gelbroten Fr. im Herbst.	bis 10	Kein geregelter Schnitt. Rückschnitt (da Auslichten nicht möglich) nach Bedarf, soweit zu üppig werdend. Nicht auf kleinere Bäume wachsen lassen, er „erwürgt" sie.
Cephalanthus Knopfblume	B1	Sommergrüner, etwas sparriger Str. mit hübschen weißen Blütenköpfen im VII, VIII.	bis 3	Rückschnitt, falls nötig, im Nachwi. abgeblühte Triebe trocknen im Wi. häufig ein. Im Nachwi. ausputzen.
Cercidiphyllum Katsurabaum	A1	Schön belaubter Großstr. oder meist mehrstämmiger Baum. Bl. unscheinbar, rotbraun, IV, V.	selten über 10	Am schönsten in ganz freier Entwicklung. Läßt sich bei entsprechendem Schnitt aber auch leicht einstämmig erziehen.
Cercis Judasbaum	A4	Schön belaubte Sträucher oder kleine Bäume. Bl. auffällig, rosa-dunkelrosa, im IV aus dem jüngeren und älteren Holz hervorwachsend.	bis 10	Verträgt Schnitt im Wi. schlecht. Wenn einzelne Zweige herausgenommen werden müssen, dann im Sommer. Alles kranke oder tote Holz sorgfältig entfernen.
Chaenomeles Jap. Zierquitte	A3	Meist bedornte, etwas sparrige Str. Im IV, V mit roten, rosa oder weißen Blüten, im Herbst mit gelben Früchten, die kleinen Quitten gleichen.	bis 2	Vertragen Heckenschnitt. Einzelbüsche gelegentlich auslichten. Das Blühholz wird mehrere Jahre alt und bildet sich auch ohne Schnitt reichlich.
Chamaedaphne Lederblatt	A2	Immergrüner Ericaceen-str. mit weiß. Bl. in nikkenden Trauben, IV, V.	bis 1	Rückschnitt nur, wenn unten kahl geworden.
Chimonanthus Winterblüte	A1	Sommergrüner Strauch. Im II, III mit gelbbraunen, stark duftenden Bl. aus dem alten Holz.	bis 3	Schnitt nur, wenn schlecht geformt, nach Blüte im Frühjahr.

Name	Gruppe	Bemerkungen	Höhe m	Behandlung
Chionanthus Schneeflockenstrauch	A2	Großer, sommergrüner Str. mit dem Flieder ähnlichem Wuchs. Bl. weiß, in überhängenden Rispen, sehr zierlich, VI.	bis 10	Schnitt kaum nötig, da sich auch so genügend verzweigend. Wenn, dann nach der Bl. zurückschneiden.
Cistus Cistrose	B1	Niedrige, immergrüne Str. mit ansehnlichen Bl., weiß oder rötlich, VI–VIII.	bis 1,5	Rückschnitt nur, wenn frostgeschädigt, im Frühjahr.
Clematis Waldrebe		Zumeist hochkletternde Str. (Blattstielranker) mit gefiederten Blättern, glockigen oder flach ausgebreiteten, z. T. sehr großen Blüten und federigen Fruchtständen.		die großblütigen *Clematis* sind so schön, daß man sie nicht gut genug behandeln kann. Dazu gehört auch, daß man sie *richtig* schneidet.
a) *C. florida* und Formen wie 'Duchess of Edinburgh' *C. montana* und Formen *C. patens*-Gruppe wie 'Lasurstern' 'Marie Boisselot' (= 'Mme. Le Coultre') 'The President'	A1	Sind die Frühjahrsblüher.	versch. bis 8	Im Februar, März nur auslichten. Das kräftige einjährige Holz muß erhalten bleiben. Ungeschickter Rückschnitt kann auf Jahre die Blühwilligkeit stören. Bei den Sorten des *C. patens*-Typus werden am besten nach der Blüte die überflüssigen Zweige und die Fruchtansätze herausgeschnitten.
b) *C. jackmanii*-Gruppe wie × *jackmanii* × *jackmanii* 'Superba' 'Gipsy Queen' *C. lanuginosa*-Gruppe wie 'Crimson King' 'Nelly Moser' 'Prins Hendrik' *C. paniculata* *C. rehderana* *C. tangutica*	B1	Sind die Sommerblüher.	versch. bis 8	Diese Arten und Formen vertragen einen kräftigen Rückschnitt auch in das mehrjährige Holz. Zur Verjüngung manchmal nötig und oft bereits im XI ausgeführt.

Name	Gruppe	Bemerkungen	Höhe m	Behandlung
C. vitalba *C. viticella* und Formen wie 'Ernest Markham' 'Lady Betty Balfour' 'Ville de Lyon'				
c) *C. heracleifolia* und Formen *C. stanleyi* *C. texensis* *C. stans*	B 1	Mehr aufrecht wachsende oder nur mäßig rankende Formen. Bl. meist erst im VII–IX.	bis 2	Wie Stauden behandeln, d. h. jedes Jahr stark zurückschneiden. Sofern *C. texensis* nicht zurückgefroren, wachsen lassen.
Clerodendrum Losbaum	B 1	Aufrechte, großlaubige baumartige Str., bei uns meist nicht sehr groß werdend. Im VIII, IX mit eigenartigen rötlichen Blüten über rotgefärbt. Kelch.	bei uns bis 2	An sich kaum des Schnittes bedürfend. Bei uns aber häufig weit zurückfrierend. Blühen dann trotz starken Rückschnittes noch im gleichen Jahr wieder.
Clethra Scheineller	B 1	Hübsche sommergrüne Str. mit weißen duftenden Bl. in aufrechten Trauben, VII bis VIII, hübsche Sommerblüher.	bis 2 und mehr	Bedürfen keines Schnittes. Entfernung der abgeblühten Blütenstände der Ordnung wegen.
Cocculus Kokkelstrauch	B 1	Sommergrüne Windestr., Bl. unscheinbar, VI–VIII.	bis 4	Schnitt kaum nötig. Besorgt der Frost.
Colutea Blasenstrauch	B 2	Sommergrüne Str. mit gelben oder rotbraunen Schmetterlingsblüten, VI bis VIII, und aufgeblasenen Fr.	bis 4	Schnitt, soweit nötig, im Nachwi.
Comptonia	A 2	Sehr apart belaubter kleiner Strauch, Bl. unscheinbar, IV, V.	bis 1	Jeder Schnitt wäre Sünde.
Coriaria Gerberstrauch	A 1 B 1	Bei uns nicht genügend verholzende sommergrüne Str. Bl. unwichtig, Fr. dagegen auffällig, rot bis schwarz oder gelb.	bis 1	Wegen Frostbeschädigung leider meist starker Rückschnitt nötig. Treiben gut wieder durch, aber fruchten natürlich nicht am jungen Austrieb.

Name	Gruppe	Bemerkungen	Höhe m	Behandlung
Cornus, Hartriegel a) *C. florida* *C. kousa* *C. mas* *C. nuttallii* *C. officinalis*	A2	Wüchsige sommergr. Str. Frühjahrsblüher, IV, V, nur *C. kousa* im VI. *C. florida, C. kousa* und *C. nuttalli* gehören zu den allerschönsten Bl.-str.	versch. bis 8	Man lasse die Arten dieser Gruppe möglichst ungeschoren wachsen, nur *C. mas* schneide man, wenn aus Raumgründen nötig.
b) andere Arten	B1	Meist im Juni und später blühend. Bl. weiß, in Trugdolden.	versch. bis 10	Von diesen bedürfen die starkwüchsigen Arten wie *C. alternifolia, C. controversa, C. macrophylla* kaum des Schnittes, sie werden allmählich baumartig. Die Arten dagegen, die im Winter durch die lebhafte Färbung der Rinde ihre einjährigen Zweige auffallen (*C. alba* 'Kesselringii', *C. alba* 'Sibirica', *C. stolonifera* 'Flaviramea', sollten durch fortgesetztes, kräftiges Auslichten dazu veranlaßt werden, sich ständig aus der Basis zu verjüngen.
Coronilla Kronwicke	A1 B1	Rutig verästelter, sommergrüner Str. mit gelben Schmetterlingsblüten im V–VII.	bis 1,5	Bedarf keines Schnittes, allenfalls auslichten, wenn zu dicht werdend.
Corylopsis Scheinhasel	A1	Hübsch belaubte Str. Gehören zu den schönsten Frühlingsblühern, III, IV. Bl. gelb in hängenden Trauben.	bis 2	Jeder Schnitt ist Sünde.
Corylus Haselstrauch	A2	Als Ziersträucher öfter die rotblättrigen oder geschlitztblättrigen Formen angepflanzt.	bis 5	Wenn sie genügend Platz haben, bedürfen sie keines Schnittes; die Verjüngung geschieht durch Auslichten, die Sträucher treiben gern aus der Basis neue Ruten.

Name	Gruppe	Bemerkungen	Höhe m	Behandlung
Cotinus Perückenstrauch	B1	Sommergrüner, großer Str. mit hübscher Belaubung. Hauptschmuck die großen federigen – „perückenartigen" – Fruchtstände, ab VII.	bis 6	Rückschnitt nur, wenn der Strauch zu mächtig wird. Legt sich im Alter gern zur Seite, dagegen ist nichts zu machen!
Cotoneaster Stein- oder Zwergmispel	A1 + 3	Kleine bis mittelgroße, teils sommer-, teils immergrüne Str., die sowohl ihrer Blüten (V, meist VI) wie namentlich ihrer leuchtend gefärbten Früchte wegen gepflanzt werden.	versch. 0,25 – 4	Etwa notwendiger Rückschnitt bei den höheren, sommergrünen Formen im Nachwi., wobei immer auf einen tiefer stehenden, jüngeren Seitenzweig geschnitten werden muß, da die *Cotoneaster* nur ungern aus der Basis austreiben. Die wintergrünen Formen und die Zwergformen bedürfen kaum des Schnittes, die letzten höchstens, um sie zu beschränken.
Crataegus Weißdorn	A1 + 3	Bekannte Gattung, meist größere Büsche od. kleine Bäume bildend. Sowohl der Blüte (Rotdorn) wie der lebhaft gefärbten Fr. wegen beliebt.	bis 7	Schnitt nur nach Bedarf, um die Pflanzen in Form zu halten im Wi. Besser ist Auslichten, um das Blühholz zu erhalten. Der kugelförmige Schnitt von Rotdornstämmen ist strafwürdig.
Crataegomespilus		Bekannter „Pfropfbastard".	bis 5	Wie vorige.
Cytisus, Geißklee (einschl. Besenginster, Kopfginster usw.) a) die meisten dagegen b) *C. austriacus* *C. nigricans* *C. sessilifolius* *C. supinus*	A1 A2	Im Wuchs sehr verschiedenartige sommergrüne Sträucher, eine Anzahl sog. Rutensträucher mit reduzierten, kurzlebigen Blättern. Blüten meist gelb, je nach Art IV–VI, bei *C. austriacus* und *C. supinus* bis VIII.	versch. 0,2–2,5	Bei den *Cytisus* vom Typ der Rutensträucher wie *C. multiflorus, C. praecox, C. scoparius* u.a. kann man durch jährlichen Rückschnitt eines Teiles der gerade abgeblühten Ruten für Nachwuchs kräftiger, schlanker, einjähriger Ruten sorgen, die im nächsten Jahre blü-

Name	Gruppe	Bemerkungen	Höhe m	Behandlung
Cytisus (Fortsetzung)				hen. So bleiben die Büsche locker und elegant gebaut. Dieser Schnitt ist aber keine Notwendigkeit. Bei den „normal" strauchigen Arten wie *C. elongatus* und *C. ratisbonensis*, wie den Arten der Gruppe b) und der zwergigen Arten wie *C. ardoini*, *C. decumbens*, *C. kewensis* u.a. ist kein Schnitt nötig.
Daboecia Kriechheide, Irische Heide	B1	Hübscher, kleiner heideartiger immergrüner Str. Bl. weiß, rosa oder purpurn, VII–IX.	0,5	Kein Schnitt nötig.
Danaë Traubendorn	A2	Immergrüner Str. mit glänzenden Scheinblättern, Bl. unscheinbar.	0,6	Kein Schnitt erforderlich, sofern nicht frostgeschädigt.

Daphne, Seidelbast
 	
a) *D. laureola*
  D. mezeréum u.a.
b) *D. blagayana*
  D. × *burckwoodii*
  D. cneorum u.a.
c) *D. altaica*
  D. caucasica u.a.
	
	A1
	
	A2
	
	A1 + B2
		Sehr aparte Bl.-str., Bl. je nach Art ab III–VI.	0,2–2	Bedürfen allesamt keines Schnittes. *D. mezereum* nimmt häufigeren Schnitt ausgesprochen übel und setzt mit dem Blühen aus.

Davidia Taubenbaum	A1	Sehr schön belaubter kleiner Baum mit auffälligen Bl. mit je 2 großen gelblich-weißen Hochblättern, V, VI.	Bei uns bis 8	Nicht schneiden, allenfalls auslichten
Decaisnea Gurkenstrauch	A1	Starrästiger, wenig verzweigter Str. mit gefiederten Blättern. Bl. VI, nicht sehr auffallend, um so mehr die walzenförmigen, kobaltblauen Fr.	bis 5	Nicht schneiden, hat keinen Sinn, außer wenn frostgeschädigt.

Name	Gruppe	Bemerkungen	Höhe m	Behandlung
Deutzia Deutzie	A1	Bekannte kleinere u. mittelgroße Bl.-str., Bl. meist weiß, seltener hellrosa, V, VI.	1–3	Bei den kleineren Formen: fortlaufende Verjüngung, indem jährlich oder jedes 2. Jahr einige der ältesten Stämme dicht über dem Boden herausgeschnitten werden, so daß die Büsche ständig zu Ersatztrieben aus der Basis angeregt werden. Bei den starkwüchsigen Formen erfolgt die Neubildung mesoton, so daß hier ein Rückschnitt des abgeblühten Holzes auf den nächststehenden Langtrieb für längere Zeit genügt. Vertragen auch ganz scharfen Rückschnitt zur Verjüngung.
Diervilla	B1	Den Weigelien ähnlich, aber weniger ansehnliche Arten Bl. gelblich, VI–VIII.	bis 1	Erfordern keinen Schnitt.
Dipelta Doppelschild	A1	Den *Weigela* verwandter Str.	bis 3	Behandlung wie *Weigela*.
Dirca Lederholz	A1	Sommergrüner Str. mit sehr biegsamem Holz. Bl. gelb, III, IV. Fr. eine kleine gelbrote Pflaume, V, VI. Ausgesprochen hübscher Frühblüher.	bis 1,5	Nicht schneiden!
Disanthus Doppelblüte	B2	Schön belaubter Str., erst im X blühend, ähnlich *Hamamelis*, aber violettpurpurn.	bis 3	Empfindlich, aber schön. Nicht schneiden.
Dryas Silberwurz	A2	Immergrüner, kriechender Zwergstrauch mit weißen Blüten von V bis VI u. federigen Fruchtständen.	0,1	Kein Schnitt nötig, außer wenn durch Wuchern lästig werdend.

Name	Gruppe	Bemerkungen	Höhe m	Behandlung
Elaeagnus Ölweide	A1	Sommergrüne od. immergrüne Str. Bl. klein, meist hellgelb, V–VI, Fr. silbrig, gelb oder rot.	3–7	Laubabwerfende Arten nur auslichten, wenn nötig auch stärkerer Rückschnitt möglich; immergrüne nicht schneiden.
Elsholtzia Kamminze	B2 + 3	Schlecht verholzender niedriger Str. mit hellpurpurnen Bl. in aufrechten Rispen, IX–X.	bis 1	Am besten als Halbstr. behandeln: Schnitt im Frühjahr auf 10 bis 20 cm über dem Boden.
Empetrum Krähenbeere	A1	Niedrige, immergrüne, heideähnliche Str. Bl. unscheinbar, V.	0,3	Schnitt unnötig.
Enkianthus Prachtglocke	A2	Zu den Ericaceen gehöriger sommergrüner Strauch mit weißen oder gelbroten Glockenblüten im V.	bis 2	Nicht schneiden, unnötig.
Erica Heide	A1 B1	Verschiedene, im Frühjahr oder im Sommer blühende Arten.	0,4–1	Im allgemeinen kein Schnitt. Zum Zweck der Verjüngung älterer Pflanzen jedoch möglich.
Escallonia Escallonie	A2	Hübsche sommer- oder immergrüne Str. mit reizenden Bl. im VI, VII.	bis 1	Empfindlich, leicht zurückfrierend. Aber nach Rückschnitt sich meist gut wieder aufbauend.
Euonymus Spindelbaum	A2	Sommer- od. immergrüne Str. mit unscheinbaren Bl., aber auffälligen Fr. im Herbst.	versch. 0,5–8	Die immergrünen Arten lasse man ungestört wachsen. Die sommergrünen werden nur ausgelichtet. Vertragen auch starke Verjüngung gut.
Exochorda Prunkspiere	A3	Hochwüchsige, prachtvolle Blütenstr. Bl. weiß, in Trauben, IV, V.	bis 4	Junge Str. durch Schnitt zu stärkerer Verzweigung anregen, da sonst unten schnell kahl werdend. Bildet keine Bodentriebe! Sonst Schnitt unmittelbar nach Blütezeit, bes. wichtig bei *E. macrantha*. Nimmt stärkere Verjüngung oft übel.

Name	Gruppe	Bemerkungen	Höhe m	Behandlung
Fontanesia	B1	Wenig auffälliger, im Herbst lange grün bleibender Str. Bl. nicht sehr ansehnlich, an *Liguster* erinnernd, V, VI.	bis 5	Stärkerer Rückschnitt wird gut ertragen, falls zu groß werdend. Sonst Schnitt bei dem dichtbuschigen Wuchs nicht erforderlich.
Forestiera	A1	Sommergrüner, ligusterähnlicher Str. Bl. unscheinbar, IV, V.	bis 3	Wie vorige.
Forsythia Goldglöckchen	A1	Bekannte und verbreitete Frühjahrsblüher. Bl. gelb, IV, V.	bis 3	Will man lange Ruten zum Blütenschnitt, so Rückschnitt der abgeblühten Langtriebe auf wenige Kn. Daneben allmähliches Auslichten, um Jungtriebe aus der Basis zu erhalten. *F. suspensa* var. *sieboldii* läßt sich mit ihren bindfadendünnen Trieben 6–8 m hoch als Spalier an Mauern emporziehen.
Fothergilla Federbuschstrauch	A2	Niedrige, sehr aparte Frühjahrsblüher, Bl. weiß, federbuschartig, IV, V.	bis 2	Bildet nicht sehr viel Holz, bedarf keines Schnittes.
Fuchsia magellanica (*F. gracilis*) und ähnliche Fuchsien	B1 + 3	Nur wenige Formen dieser bekannten Zierpflanzengattung sind bei uns im Freien zu halten. Bl. karminpurpurrot, VII–X.	bis 1	Nur in klimatisch sehr begünstigten Gegenden und ausnahmsweise milden Wintern bleiben die oberirdischen Teile einmal am Leben. Wo dies nicht zu erwarten ist, im Spätherbst bis dicht über den Boden zurückschneiden und gut decken. Blühen trotzdem jedes Jahr.
Gaultheria Scheinbeere	B1	Niedrige, immergrüne Ericacee mit weniger auffälligen Bl., V–VII, und hübschen, verschiedenfarbigen Beerenfrüchten.	versch. bis 0,5	Bedürfen, außer bei Frostbeschädigung, keines Rückschnittes.

Name	Gruppe	Bemerkungen	Höhe m	Behandlung
Genista Ginster	A1 + B1	Verbreitete, gelbblütige niedrigere Ziersträucher. Bl. verschl, V–VIII.	versch. bis 1	Die meisten Arten, insbesondere die Dornstr. wie *G. anglica,* *G. hispanica,* *G. horrida,* aber auch *G. radiata* und die niederliegenden *G. pilosa, G. sagittalis* u.a. bedürfen keines Schnittes. *G. tinctoria* dagegen blüht am schönsten, wenn der letztjährige Wuchs im Winter stark zurückgenommen wird.
Halesia Schneeglöckchen-baum	A1	Starkwüchsiger, breitausladender Str., dessen lange Zweige mit reizenden Blütenglöckchen behängt sind, IV, V.	bis 10	Allenfalls nach der Blüte etwas auslichten, sonst natürlich wachsen lassen. Bei der Pflanzung gleich bedenken, daß der Strauch häufig breiter als hoch wird.
Halimodendron Salzstrauch	A3	Ungewöhnlich schöner Str. mit hellviolett und weißen Schmetterlingsblüten im VI–VII.	bis 2	Behandlung wie *Caragana.* Wurzelecht gern ausläufertreibend. Leider meist auf *Caragana* veredelt. Dann die Unterlage stark aus dem Boden durchtreibend. Aufpassen!
Hamamelis Zaubernuß	A1 + 3	Sommergrüne, meist etwas sparrige Str., die durch ihre gelben Bl. im Nachwinter oder Herbst sehr auffallen.	versch. bis 6	Am schönsten, wenn ungeschnitten.
Hebe Strauchveronika	A2	Unter diesem Namen werden heute die immergrünen, neuseeländischen *Veronica* zusammengefaßt. Nur wenige Arten unter Winterschutz einigermaßen hart. Am härtesten die auffällige *H. ochroleuca.*	bis 1	Bedürfen keines Schnittes, außer nach Frostschaden.

Name	Gruppe	Bemerkungen	Höhe m	Behandlung
Hedera Efeu	B1	Bekannteste immergrüne Kletterpflanze (Wurzelkletterer). Bl. an alten Pflanzen („Altersform") im IX, X. Fr. erst im folgenden Jahr reifend.	bis 10	Schnitt nur, wenn über den zugewiesenen Raum hinauswachsend. Aber Rückschnitt jeder Art ertragend.
Hedysarum Hahnenkopf	B2 + 3	Sommergrüner sparriger Str. mit gefiederten B. u. karminpurpurnen Schmetterlingsblüten in aufrechten Trauben, VI–VIII.	bis 1,5	Friert des öfteren zurück. Aber auch ohne dies alle paar Jahre stark zurückzuschneiden, da sonst zu sparrig und innen kahl werdend.
Helianthemum Sonnenröschen	A2	Niedrige, oft rasige Str., die von V–XI in vielen Farben blühen.	bis 0,4	Frieren häufig zurück oder wintern in ungünstigen Lagen leicht aus. Vertragen scharfen Rückschnitt, wenn obere Teile frostgeschädigt.
Hibiscus Strauch-Eibisch	B2	Sommergrüne große Str. Prachtvolle Spätsommerblüher in vielen Farben.	bis 3	Rückschnitt, falls frostgeschädigt im Nachwinter. Letztjährige Triebe regelmäßig vor Austrieb auf wenige Kn. zurücknehmen, um lange Bl.-triebe zu erhalten.
Hippophae Sanddorn	A1 + 3	Beliebter, hochwüchsiger Fruchtstrauch. Bl. III, IV, unansehnlich. Zweihäusig, zu weibl. Pfl. also stets auch männl. setzen.	bis 6	Ungeschnitten wachsen lassen! So auch am reichsten fruchtend. Braucht Platz, bildet Ausläufer.
Holodiscus Scheinspiere	B1	Sommergrüner, ausnehmend schöner Bl.-str. Bl. VI–VII, weiß, in großen duftigen, überhängenden Rispen.	bis 3	Nur fortlaufend einige der ältesten Stämme herausnehmen, um Nachwuchs jüngeren Holzes aus der Basis zu erhalten.
Hydrangea Hortensie a) *H. heteromalla* und ähnliche	A1	Schöne, meist sommerblühende Str. Bl. verschiedenfarbig.	versch. bis 3	Die Arten der Gruppen a) und b) werden so wenig wie angängig geschnitten, da man bei winterlichem Schnitt die vorgebildeten Bl.-kn. der einjähr. Trie-

Name	Gruppe	Bemerkungen	Höhe m	Behandlung

Hydrangea
(Fortsetzung)
b) *H. anomala* ssp.
  petiolaris
  H. aspera
  H. aspera ssp.
  sargentiana
  H. macrophylla
  H. quercifolia
  und ähnliche
c) *H. arborescens*
  H. paniculata
  und ähnliche
	A2
	
	B2
				be vernichten würde. Nach Frostschaden kann *H. macrophylla* bis auf auf den Boden zurückgesetzt werden, blüht aber dann im gleichen Jahr nicht mehr. *H. arborescens* kann, wenn einmal nötig, stark zurückgenommen werden, da die alten Triebe im Laufe der Jahre die immer zahlreicher werdenden Blütenbälle nicht mehr tragen können. *H. paniculata* 'Grandiflora' ist am schönsten, wenn alle kräftigen Jahrestriebe im Nachwi. auf wenige Kn. zurückgeschnitten, die schwachen Triebe aber ganz entfernt werden.

Hypericum Johanniskraut	B1	Sommergr. oder immergr. niedrige Str. mit gelben Bl., meist von VII bis IX.	versch. bis 1	Die niedrigen und mittelhohen Arten können in ungünstigem Klima als Halbstr. behandelt werden, d.h. sie werden im Herbst handbreit über dem Boden abgeschnitten und dann gedeckt. *H. calycinum* und *H. moserianum* machen, da immergrün, eine Ausnahme u. werden allenfalls nach Frostschaden im Frühjahr geschnitten. Im milden Klima kann man auch die übrigen Arten ungeschnitten lassen. Die größeren, strauchigen Arten wie *H. patulum* und *H. kalmianum* läßt man am besten frei wachsen.

Name	Gruppe	Bemerkungen	Höhe m	Behandlung
Ilex, Stechpalme a) immergrüne Arten wie *I. aquifolium* *I. crenata* *I. pernyi* usw.	A 1	Sommer- oder immergr. Str. mit wenig ansehnlichen Bl. Aber mehrere Arten schöne Fruchtstr.	versch. 0,5 bis 5–10	Kein Schnitt außer nach Frostschaden.
b) laubabwerfende Arten wie *I. decidua* *I. laevigata* *I. serrata* *I. verticillata*				Kein Schnitt, nur nach Bedarf auslichten. Aber selten nötig.
Indigofera Indigostrauch	B 1 + 3	Hübsche spätblühende Str. mit rosa Schmetterlingsblüten, VI–VIII.	bis 1	Verlangen Bodendecke, auch geschützt häufig stark zurückfrierend. Dann Schnitt bis dicht über Boden. Blühen im gleichen Jahr wieder.
Itea Rosmarinweide	A 2	Hübscher sommergr. Str. mit weißen Bl.-trauben im VI–VII.	bis 1,5	Bedarf kaum des Schnittes, allenfalls auslichten, da sehr dichtbuschig werdend.
Jamesia *americana*	A 1	Langsam wachsender, sommergrüner Str. mit weißen Sternblüten im V, VI.	bis 1,5	Nur Entfernung abgestorbener Seitentriebe im Inneren des Str., sonst kein Schnitt.
Jasminum *nudiflorum* Winter-Jasmin	A 1	Bekannt. Nachwinter-Vorfrühlingsblüher. Schlankzweigiger Spreizklimmer. An Mauern angeheftet, bis 5 m hoch werdend.	bis 5	Rückschnitt evtl. nach Bl., aber nicht nötig. Allzulang werdende Triebe im Sommer evtl. entspitzen.
andere Arten	B 1 + 2	Strauchige od. windende Arten mit gelben, weißen oder rosa Bl. im VI–VIII.	versch. 1–4	Schnitt nur, soweit notwendig im Nachwinter.
Kalmia Lorbeerrose	A 2	Immergrüne Ericaceen mit rosa Glockenblüten im V bis VI (bis VII).	0,5–2	Keinerlei Schnitt nötig.

Name	Gruppe	Bemerkungen	Höhe m	Behandlung
Kerria Ranunkelstrauch	B 1	Bekannter Bl.-str. mit gelben, zumeist gefüllten Bl. im V, VI.	bis 2	Triebspitzen leiden häufig unter Frost. Im Frühjahr trockene Spitzen ausschneiden. Sonst nur auslichten, bringt zahlreiche Triebe aus der Basis.
Kolkwitzia	A 1	Einer der schönsten Bl.-str., den *Weigela* verwandt. Bl. rosa mit gelb, V, VI.	bis 2,5	Nur allmählich und vorsichtig auslichten, um Eleganz des Wuchses nicht zu zerstören.
+ *Laburnocytisus adami*	A 3	sog. Pfropfbastard zwischen *Laburnum* und *Cytisus purpureus*.	bis 3	siehe *Laburnum*
Laburnum Goldregen	A 3	Verbreitete hohe sommergrüne Bl.-str. mit gelben Schmetterlingsblüten in herabhängenden Trauben im V, VI.	3 (bis 7)	Im allgemeinen kein Schnitt nötig. Bildet keine basitonen Triebe. Nimmt starken Verjüngungsschnitt übel.
Lavandula Lavendel	B 1	Niedrige, immergrüne Str. mit blauen Lippenblüten im VII–VIII.	bis 0,6	Im allgemeinen kein Schnitt nötig. Wenn unschön und unten kahl geworden, kann der Strauch kräftig verjüngt werden.
Ledum Sumpfporst	A 2	Immergrüne, aromatische Ericacee. Bl. weiß, V, VI.	bis 1	Bedarf nur des Schnittes, wenn unten kahl geworden.
Leiophyllum Sandmyrte	A 2	Zierliche immergrüne Ericacee mit weißen Bl. im V, VI.	0,5	Keinerlei Schnitt.
Lespedeza Buschklee	B 2	Sommergrüne, vielzweigige Str. mit purpurrosa Schmetterlingsbl. im VIII bis IX (X).	bis 3	Frieren häufig zurück, dann evtl. Rückschnitt bis kurz über Boden. Blühen im Herbst wieder.
Leucothoe Traubenheide	A 2	Immergrüne Ericaceen v. elegantem Wuchs, Bl. weiß in Rispen, IV, V, etwas versteckt unter dem Laub.	bis 1,5	Kein Schnitt. Nur nach Frostschaden zurückschneiden.

Name	Gruppe	Bemerkungen	Höhe m	Behandlung
Ligustrum Liguster	B1	Bekannte Str., meist sommergrün. Bl. weiß, VI bis VII. Fr. meist schwarz, IX, X.	bis 3	*L. ovalifolium* und *L. vulgare* nebst Formen vertragen jeglichen Schnitt. Als Einzelstr. nur auslichten. *L. obtusifolium* var. *regelianum*, *L. sinense* var. *stauntonii* u. a. nicht durch Schnitt verderben! Die immergrünen Arten empfindlich, evtl. im Sommer entspitzen zwecks besserer Verholzung.
Lindera Fieberstrauch	A1	Wenig auffällige sommergrüne Str. Bl. unscheinbar, gelbgrün, IV.	bis 3	Nur auslichten.
Lonicera Heckenkirsche, Geißblatt				
a) *L. nitida* *L. pileata*	A1	Immergrüne niedrige Str. mit wenig auffälligen Bl., V.	bis 1	Nicht überall völlig hart. Treiben bei Rückschnitt nach Frostschaden durch.
b) *L. alpigena* *L. caerulea* *L. korolkowii* *L. maackii* *L. tatarica* u. a.	A1	Meist kräftige, sommergrüne Arten mit weißen, rosa und hellroten Bl. im V, VI.	versch. bis 4	Fortlaufend auslichten, bilden sonst viel totes Holz im Inneren. Gegen radikale Verjüngung empfindlich.
c) *L. ledebourii* *L. involucrata* und ähnliche	B1	Wenige, sommerblühende (VI, VII) Arten mit großen Tragblättern unter den gelben-braunroten Bl.	bis 2	Nur Auslichten, evtl. Rückschnitt im Nachwi.
d) *L. fragrantissima* *L. × purpusii*	A1	Sehr früh (III, IV) blühende, etwas wintergrüne Arten.	bis 2	Schnitt, soweit erforderlich, unmittelbar nach Blüte.
e) *L. caprifolium* *L. × brownii* *L. periclymenum* *L. × tellmanniana* und ähnliche	A2	Meist üppige, sommergr. Kletterpflanzen (Winder) mit schönen Blüten im V bis VI (bis VIII).	bis 5	Auslichten, falls zu wild werdend. Vertragen auch stärkeren Rückschnitt.
f) *L. henryi* *L. japonica* *L. sempervirens*	B2	Immergrüne oder mehr oder weniger nur wintergrüne Winder. Bl. meist weniger ansehnlich als bei vorigen. VI–VIII.	bis 5	Auslichten. Namentlich *L. henryi* bildet sonst viel trockenes Holz.

Name	Gruppe	Bemerkungen	Höhe m	Behandlung
Lycium Bocksdorn	A1	Zuerst aufrecht wachsende, dann rutenförmig überhängende Spreizklimmer. Bl. purpurviolett od. gelbbraun, VI bis VII. Fr. rot.	bis 3	Um natürlichen Wuchs nicht zu zerstören, nur schneiden, wenn zu wild werdend. Vertragen jedoch auch starken Rückschnitt.
Lyonia	A1	Sommer- oder immergr. Ericaceenstr. mit weißen bis rosa Bl. im IV–VI.	bis 2	Kein Schnitt!
Magnolia	A2 + 3	Bekannte herrliche Bl.-str. meist vor Laubausbruch, einige auch im Sommer blühend.	bis 6 u. höher	Bei Pflanzung evtl. leichter Rückschnitt der letztjährigen Triebe, sonst nicht schneiden. Einzelne überfl. Zweige im Nachwi. entfernen.
× *Mahoberberis*		Wintergrüner, mahonienähnlicher Str. Blüten noch nie beobachtet.	bis 2	Wie *Mahonia aquifolium*.
Mahonia	A2	Immergrüne, schön belaubte Str. Bl. berberitzenartig, gelb, IV, V.	1–2	*M. aquifolium* kann, wenn unten kahl geworden, bis über die Erde zurückgeschnitten werden, treibt willig wieder aus. Die anderen edleren Arten schneide man nicht, ohne durch Frostschaden dazu gezwungen zu sein.
Malus Zier-Äpfel	A3	Schöne Frühlings-Bl.-str., z.T. auch schöne Fruchtstr., in vielen Arten und Formen in Kultur.	bis 6	In der Jugend leichter Form- und Erziehungsschnitt. Später nur noch auslichten im Nachwinter.
Menispermum Mondsame	A1	Apart belaubte, sommergrüne Winder. Wenn älter, sehr zierlich blühend, weiß, V, VI.	bis 4	Auslichten, da sonst zu wirr werdend und viel trockenes Holz bildend. Nach Bedarf jeder Rückschnitt möglich.
Mespilus Mispel	A3	Halbvergessene, „altmodische" Obstart. Bl. groß, weiß, V. Fr. X, XI, braun.	bis 6	Wie *Malus*.

Name	Gruppe	Bemerkungen	Höhe m	Behandlung
Morus Maulbeere	A1	Große Str. oder kleine sommergrüne Bäume. Bl. unscheinbar bei Laubausbruch. Fr. eßbar, schwärzlich, rot oder weiß.	bis 8	Kaum Schnitt erforderlich, wenn genügend Raum. Schnitt wird jedoch gut ertragen. Nach Frostschaden nötig.
Myrica gale Gagel	A2	In Norddeutschland einheimischer Moorstrauch, aromatisch duftend.	bis 1	Verjüngen, wenn kahl werdend.
M. cerifera *M. pensylvanica* Wachsmyrte	A1	Sommergrüne, aromatische Str. Bl. unscheinbar im III, IV. Fr. blauschwarz im Herbst.	bis 3	Kein Schnitt, nur älteste Triebe auslichten.
Myricaria Rispelstrauch	B1	Den Tamarisken ähnlicher und nahe verwandter Str. Bl. rosa, VI, VII.	bis 2	Fast regelmäßig stark zurückfrierend, aber trotz Rückschnitt im Sommer wieder blühend.
Nandina domestica	A2	Reizvoller, aber recht empfindlicher immergrüner Str. mit zierlicher, gefiederter Belaubung. Bl. unscheinbar, VI, VII, aber Fruchtstände, IX, X, sehr ansehnlich. Rot.	bis 2	Guter Schutz erforderlich. Rückschn. nur, wenn nach Frostschaden unvermeidlich.
Neillia	B1	An *Physocarpus* erinnernde, aber weit schönere Bl.-str. Bl. rosa, V, VI.	bis 2,5	Nur allmählich auslichten, aber kein Rückschnitt.
Neviusa Schneelocke	A1	Hübscher sommergr. Str. mit weißen, fedrigen Bl.-ständen, V, VI.	bis 1,5	Wie voriger, wird sonst sehr dicht.
Nothofagus Scheinbuche	A1	Sehr apart belaubter sommergrüner, breitwüchsiger Str. Bl. ähnlich der Rotbuche. Bei uns aber kaum blühend.	bis 4	Nur kein Schnitt! Wird davon nicht schöner.
Olearia	B1	Immergrüner Str. mit kleinen weißen Sternblüten im VII–VIII.	bis 1,5	Kein Schnitt nötig. Höchstens abgeblühte Blütenstände entfernen.
Orixa	A1	Unangenehm duftender, sommergrüner Str. Zierwert gering.	bis 2,5	Rückschnitt, wenn zu breit werdend.

Name	Gruppe	Bemerkungen	Höhe m	Behandlung
Osmanthus Duftblüte	A1 B1	Immergrüne, einem *Ilex aquifolium* sehr ähnliche Str. (doch Blätter gegenständig). Bl. klein, weiß, duftend, V, VI.	bis 3	Kein Schnitt nötig, sofern nicht frostgeschädigt.
Osmaronia Oregonpflaume	A1	Als frühtreibender u. frühblühender Str., III–IV, bemerkenswert, etwas an *Prunus padus* erinnernd. Fr. wie kleine Pflaumen, blauschwarz.	bis 5	Nur auslichten, soweit nötig. Blüten im März leider öfter erfrierend.
Oxydendrum Sauerbaum	B1	Laubabwerfender Ericaceenstr. Bl. VII, VIII, weiß, in langen überhängenden Rispen. Herrliche Herbstfärbung.	bis 5	Bedarf bei uns keines Schnittes, da nur langsam wachsend.
Pachistima	A2	Niedrige immergrüne Str. Bl. rotbraun, wenig ansehnlich, IV, V.	0,5	Bedarf keines Schnittes.
Pachysandra	A2	Bekannter niedriger, immergrüner Str. zur Bodenbedeckung. Bl. weiß, IV.	0,3	Braucht keinerlei Schnitt.
Paeonia Strauch-Päonie	A2	Sommergrüne Str. mit wenigen dicken, aufrechten Stämmen. Bl. ähnlich Staudenpäonien, V, VI.	bis 1	Nicht schneiden. Nur ganz allmählich auslichten.
Paliurus Echter Christusdorn	A1	Sparriger Dornstr. mit kleinen gelben Bl., VI.	bis 3	Friert in strengen Wintern oft stark zurück. Treibt nach Rückschnitt wieder aus. Sonst kein Schnitt.
Parrotia	A1	Schön belaubter Str. für große Gärten. Herrliche Herbstfärbung, interessante Rinde. III–IV.	bis 10	Möglichst wenig schneiden, außer wenn frostgeschädigt. Wuchs in der Jugend mehr sparrig, später geschlossener.
Parrotiopsis	A2	Belaubung ähnlich *Parrotia*. Bl.-köpfe von weißen Hochblättern umgeben, V, schön.	bis 3	Wuchs sehr langsam. Kein Schnitt nötig.

Name	Gruppe	Bemerkungen	Höhe m	Behandlung
Parthenocissus Wilder Wein	B2	Bekannte, mit Ranken od. Haftscheiben kletternde Lianen.	bis 10	Jeder Rückschnitt möglich, wenn über den zur Verfügung stehenden Raum hinauswachsend.
Peraphyllum Sandbirne	A2	Wenig auffälliger sommergrüner Str. mit weiß-rosa Bl. im V.	bis 2	Kein Schnitt nötig.
Periploca Baumschlinge	B2	Sommergr. starkwüchsige Schlinger mit sonderbaren trübvioletten Bl., VI–VIII.	bis 10	Wie *Parthenocissus*.
Pernettya Torfmyrte	A1	Immergrüner Ericaceenstr. mit myrtenartiger Belaubung, Bl. klein, weiß, V, VI. Fr. eine schmückende Beere in verschiedenen Farben.	bis 1	Bedarf keines Schnittes, außer wenn frostgeschädigt.
Perovskia Silberstrauch	B3	Reizender, graulaubiger Steppenstr. mit großen Rispen, blauen Blüten im VIII–IX.	bis 1	Friert regelmäßig mehr od. weniger stark zurück. Wenn nicht zurückgefroren, dann im Nachwinter bis handbreit über den Boden zurückschneiden. Wird trotzdem meterhoch und blüht reich.
Petteria	A2	Dem Goldregen verwandter Str. mit gelben Blüten in aufrechten Trauben, V, VI.	bis 2	Baut sich geschlossen auf, kein Schnitt nötig.
Philadelphus Falscher Jasmin	B1	Gehören zu unseren beliebtesten Blütenstr., Bl. weiß, einfach oder gefüllt, V–VII.	bis 5	Schnitt, wenn man durchaus will, nach der Blüte. Langtriebe dabei schonen. Um die Sträucher stets in guter Form und blühwillig zu erhalten, ist fortlaufendes Auslichten angeraten. Wenn durch „mesotone" Bogenbildung zu breit werdend, schneide man diese Triebe heraus u. erzwinge Nachwuchs aus der Basis.

Name	Gruppe	Bemerkungen	Höhe m	Behandlung
Phillyrea Steinlinde	A1	Der Lorbeer-Kirsche ähnliche immergrüne Str. Bl. wenig ansehnlich, V.	bis 3	Kein Schnitt nötig.
Photinia Glanzmispel	B1	Hervorragend schöner sommergrüner Str. mit weißen Bl. im V und kleinen glänzendroten Fr. im Herbst.	bis 5	Kein Schnitt nötig.
Phyllodoce Moosheide	B1	Zwergige immergr. Ericaceenstr.	bis 0,2	Kein Schnitt.
Phyllostachys		Immergr. Bambusarten.	bis 6	Jeder Schnitt verdirbt die Figur. Allenfalls älteste Triebe herausnehmen.
Physocarpus Blasenspiere	B1	Bekannter „Deckstrauch", weißblühend, VI, VII. Fr. blasig aufgetrieben.	Bis 3	Verjüngung durch Auslichten, treibt willig von unten durch.
Pieris Lavendelheide	A2	Immergrüne Ericaceenstr., die im Herbst bereits die Bl.-stände für das nächste Frühjahr vollkommen ausgebildet haben. Bl. weiß, III. IV.	bis 2	Nicht schneiden, allenfalls älteste Triebe herausnehmen. Vertragen notfalls starken Rückschnitt genausogut wie *Rhododendron*.
Pirus siehe *Pyrus*				
Poliothyrsis Schweifähre	B1	Bei uns nur strauchig, sommergrün, Bl. weiß, in langen aufrechten Rispen, VII.	bis 2	Kein Schnitt nötig.
Polygala Scheinbuchs	A1 B2	Zwergiger, immergr. Str. mit gelbweißen Bl., IV, V, und noch einmal im IX.	bis 0,25	Kein Schnitt
Polygonum siehe *Bilderdykia*				
Poncirus Bitterorange	A1	Auffälliger dornästiger Str., mit ansehnlichen, weißen Bl. im IV, V und nußgroßen, zitronenartigen Früchten im Herbst.	bis 2	Wuchs ausgebreitet. Kein Schnitt, muß so wachsen.

Name	Gruppe	Bemerkungen	Höhe m	Behandlung
Potentilla Fingerstrauch	B1	Hübsche, sommergrüne, reichblühende Str. Bl. gelb oder weiß, V–VIII.	bis 1,5	Fortgesetztes Auslichten und gelegentlicher Rückschnitt wichtig, da sonst in der Blühwilligkeit nachlassend.
Prinsepia Domenkirsche	A1	Dorniger, sommergrüner Str., bemerkenswert durch den frühen Austrieb. Bl. gelblichweiß, Ende III, IV. Fr. eine kleine purpurngefärbte Pflaume.	bis 1,5	Kein Schnitt nötig, nur auslichten, wenn zu dicht werdend.
Prunus		Vom Obstbau her allbekannte Gattung, zu der die Kirschen, Pflaumen, Pfirsiche, Aprikosen, Mandeln und Nektarinen gehören. Zu dieser Gattung gehört eine große Anzahl schönster Blütengehölze.		Bei der Pflanzung werden die *Prunus* mit Ausnahme der Immergrünen im einjähr. Holz stark zurückgeschnitten. Später schränke man den Schnitt – Ausnahmen vergleiche unten – möglichst ein, um den „Gummifluß" zu vermeiden, dem viele *Prunus*-Arten leicht zum Opfer werden.
a) Gruppe *Amygdalus* Pfirsich- und Mandelartige	A1	Zier-Pfirsiche, Zier-Mandeln, z.B. Mandelbäumchen, *P. triloba* 'Plena' Bl. vor Laubaustrieb.	bis 3 u. mehr	Um stets junges, gutes Blühholz zu haben, ist angeraten, die abgeblühten Triebe alsbald nach der Blüte auf 3 bis 5 Knospen einzukürzen. Auslichten älterer Büsche ist, da das Holz leicht überaltert und im Trieb nachläßt, notwendig, aber des Gummiflusses wegen in der Vegetationsperiode auszuführen, am besten nach der Blüte. Die ausläuferbild. Zwerg-Mandel, *P. tenella*, bedarf, wenn wurzelecht, keines Schnittes.

Name	Gruppe	Bemerkungen	Höhe m	Behandlung
b) Gruppe *Prunophora* Pflaumen- und Aprikosenartige	A1 + 3	Zier-Pflaumen wie *P. cerasifera* 'Atropurpurea' (= *pissardi*), die Blut-Pflaume, die gefülltblütige Schlehe, *P. spinosa* 'Plena', Zier-Aprikosen wie *P. mume* u. a.	versch.	Bei den hierhergehörigen Bäumen und Str. kann ein Schnitt wie bei Gruppe a) vorgenommen werden, ohne jedoch in gleichem Maße nötig zu sein. Ein kugelförmiger Kronenschnitt der Blut-Pflaume ist geschmacklos.
c) Gruppe *Cerasus* Kirschenartige	A1 + 3	Zier-Kirschen wie *P. avium* 'Plena', die gefülltblütige Süß-Kirsche, die prächtigen japanischen Zier-Kirschen (*P. serrulata* und *P. subhirtella* mit ihren vielen Formen), *P. glandulosa* 'Albiplena', die Strauch-Kirsche, aber auch die Weichseln wie *P. mahaleb* und *P. maximowiczii*.	versch.	Bei dieser Gruppe ist ein Schnitt möglichst zu vermeiden, um die Gefahr des Gummiflusses nicht heraufzubeschwören, sie sind, natürlich gewachsen, überdies am schönsten. Auslichten – Entfernen größerer, überflüssiger oder am Gummifluß erkrankter Äste – am besten während des Wachstums. *P. glandulosa* nur wurzelecht pflanzen, da veredelt sehr kurzlebig.
d) Gruppe *Padus* Trauben-Kirschen	A1	Als Blütengehölze am wenigsten bedeutend von allen sommergrünen *Prunus*. Eigentlich nur Park- oder Deckholzarten. Hierher *P. padus*, die gewöhnliche Trauben-Kirsche, *P. serotina* und einige andere.	meist baumartig	Bedürfen im allgemeinen keines Schnittes, außer um sie einzudämmen.
e) Gruppe *Laurocerasus* Lorbeer-Kirschen	A1	Immergrüne, bei uns meist strauchige Arten (*P. laurocerasus* und *P. lusitanica*).	bis 6	Bedürfen im allgemeinen keines Schnittes, wenn er auch gut vertragen wird und nach Frostschaden notwendig ist. Treiben aus der Stammbasis meist gut wieder durch.

Name	Gruppe	Bemerkungen	Höhe m	Behandlung
Ptelea Hopfenstrauch	A2	Locker gebaute Str. mit dreiteiligen B., wenig ansehnlichen Bl. im VI und mit den Rüstern ähnelnden auffälligen Fr.-ständen.	bis 6	Es gibt kaum etwas zu schneiden, sie sind eben sehr locker gebaut.
Pterocarya Flügelnuß	B1	*P. fraxinifolia*, baumartiger Str. aus der Familie der Walnußgewächse.	bis 20	Meist mehrstämmig, auf feuchten Standorten viel Wurzelschößlinge treibend. Auslichten nur nach Bedarf. Blutet schon sehr früh im Jahr und stark.
Pterostyrax Flügelstorax	B1	Großer, schöner Bl.-str. Bl. weiß, im VI, Bl.-stände an Deutzien erinnernd.	bis 6	In der Jugend leicht zurückfrierend, aber meist gut wieder durchtreibend. Später härter. Abgesehen von sommerlichem Entspitzen üppiger Langtriebe nur mäßiges Auslichten ratsam.
Pyracantha Feuerdorn	A3	Bekannter, immergrüner Bl.- und Fr.-strauch. Bl. weiß, V, VI, Fr. scharlachrot, orangerot, auch gelb, im IX, X.	bis 3	Bei Pflanzung nur letztjährige Triebe etwas einkürzen. Verträgt heckenartigen Schnitt gut. Einzelsträucher sich ohne Schnitt entwickeln lassen. Blüh- und Fruchtwilligkeit durch Schnitt anscheinend kaum beeinflußbar, scheint Erbanlage zu sein.
Pyrus Wild-Birnen	A3	Im Garten von viel geringerer Bedeutung als die Zier-Äpfel. Bl. weiß, IV, V. Die Früchte viel weniger zierend als bei den Äpfeln.	bis 6	Schnitt wie Zier-Äpfel *(Malus)*. Bei einigen Arten wie *P. salicifolia* wird die Krone sehr dicht, und es sammelt sich in ihr viel trockenes Holz an: auslichten. Langtriebe bei jungen Pflanzen im Sommer entspitzen.

Name	Gruppe	Bemerkungen	Höhe m	Behandlung
Quercus Eiche	A2	Mehr oder weniger strauchig bleiben bei uns nur die schönlaubigen *Q. pontica* und die wintergrünen *Q. turneri* var. *pseudoturneri* und ähnliche.	versch.	*Q. pontica* möglichst wenig schneiden, namentlich die Terminalknospen der Leittriebe belassen. Nach Frostschaden erholen sich die Büsche nur sehr langsam. Die wintergrünen Eichen bedürfen kaum des Schnittes, da ziemlich geschlossen wachsend.
Rhamnus Kreuzdorn	A3	Als wirklich schöne Gartenstr. kommen nur wenige großlaubige Arten in Betracht wie *R. alpinus*, *R. fallax* und *R. imeretinus*. Bl. und Fr. wenig ansehnlich.	versch.	Schnitt kaum nötig, allenfalls auslichten.
Rhododendron Alpenrosen Azaleen nur *R. camtschaticum*	A2 B1	Bekannte immergrüne od. sommergrüne Bl.-str. von großer Mannigfaltigkeit in Wuchs, Belaubung, Bl.-form und Bl.-farbe.	versch. 0,3–5	Im allgemein. wenig Schnitt erforderlich. Soweit durchführbar bei den Formen, deren Früchte reifen, Ausbrechen der Blütenstände unmittelbar nach der Blüte. Durchtrieb und Triebentwicklung dann merklich stärker. Büsche, die unten kahl geworden sind oder nach Frostschäden und Schneebruch beschädigt sind, können stark verjüngt werden.
Rhodotypos Scheinkerrie	B1	Hübscher, der *Kerria* ähnelnder Strauch, doch Bl. weiß, V, VI, Fr. schwarz, in der Form etwas an Brombeeren erinnernd.	bis 2	Behandlung wie *Kerria*.

Name	Gruppe	Bemerkungen	Höhe m	Behandlung
Rhus, Sumach *R. chinensis* *R. glabra* *R. pulvinata* *R. typhina*	B1	Große Str. oder kleine Bäume mit gefiederten B. Blüten meistens weniger ansehnlich, aber Fruchtstände auffällig u. schön.	1–10	Die dickzweigigen Arten wie *R. glabra, R. hybrida* und *typhina* schneide man möglichst nicht, sie nehmen im Alter häufig einen sehr malerischen, niederliegend-aufstrebenden Wuchs an.
Ribes	A1 + 3	Zahlzeiche wilde Johannis- und Stachelbeerarten sind schöne Frühjahrsblütenstr. III, IV, V.	bis 2,5	Ständige Verjüngung durch fortgesetztes Auslichten, da Büsche sonst bald überaltern. Bei *R. sanguineum* auch scharfer Rückschnitt der Langtriebe unmittelb. nach Blüte. Auch Entspitzen sehr wüchsiger Langtriebe im VI.
Robinia hispida, *R. kelseyi* Robinie	B1	Diese beiden, im VI und oftmals im VIII, IX zum zweiten Mal blühenden strauchigen Robinien sind reizvolle Bl.-str., Bl. rosa	bis 2	*R. hispida* ist ein niedriger, aufrechter Strauch. Bedarf, wenn wurzelecht, kaum des Schnittes. Veredelt jedoch außerordentlich brüchig. Verlangt windgeschützten Platz und im Spätherbst Rückschnitt auf halbe Länge. *R. kelseyi* bedarf keines Rückschnittes.
Rosa Wild-Rosen (Kultur-Rosen siehe Kapitel 6)	meist B1, vereinzelt auch B2 („remontieren")	In zahlreichen Arten und Formen zu finden, teils aufrecht-buschig, teils „Spreizklimmer", die sich mit ihren Stacheln zwischen fremdem Gezweig festhalten und so viele Meter hoch klettern können. Es gibt weder „Rank-Rosen" noch „Schling-Rosen", sondern nur „Kletter-Rosen".	1–3, auch bis 5	Die Rosen sind – wenn auf eigenen Wurzeln stehend und nicht veredelt – ein Paradebeispiel für basitone Verzweigung. Folgen wir in der Behandlung der Natur, und regen wir die Büsche an, durch fortgesetztes, allmähliches Herausnehmen der jeweils ältesten Stämme bis zum Boden ständig Nachwuchs aus der Basis

Name	Gruppe	Bemerkungen	Höhe m	Behandlung
Rosa (Fortsetzung)				zu bilden. So behalten die Büsche gewissermaßen ihre „ewige Jugend". Dieses Auslichten soll aber nicht in eine Gewaltmaßnahme ausarten: Nimmt man zuviel auf einmal heraus, so erfolgt auch ein vielfacher Durchtrieb, und die Büsche verwildern. Bei manchen Spreizklimmern jedoch können die einzelnen Stämme jahrzehntealt werden, verzweigen sich und blühen und fruchten viele Jahre lang. Hier muß man besondere Vorsicht walten lassen.
Rubus Brombeere Himbeere	B1	Schöne, oft auffällig bestachelte Bl.- und Fr.-str. od. Spreizklimmer, einige Arten im Wi. durch weißbereifte oder rotdrüsenborstige Stämme sehr zierend.	bis 2, kletternde bis 5	
a) strauchige und kletternde sommergrüne Arten		Ist bei den Rosen die Basitonie schon sehr ausgeprägt, so ist sie hier vollendet: Alle zweijährigen, abgeblühten und abgetragenen Stämme sterben ab.		In jedem Jahr die abgetragenen zweijährigen Stämme bis zum Boden herausnehmen. Bei den Arten mit auffälliger Rinde schon im Herbst damit die Schönheit der jungen Stämme voll zur Geltung kommt.
b) kletternde immergrüne Arten		Bei diesen Arten sterben die Stämme nicht nach dem zweiten Sommer ab, sondern sind langlebiger.	bis 3	Nur nach Bedarf auslichten. Triebspitzen evtl. im Sommer pinzieren, um Ausreifen des Holzes zu fördern.

Name	Gruppe	Bemerkungen	Höhe m	Behandlung
Ruscus Mäusedorn	A1	Niedriger, immergrüner derblaubiger Str. aus Südeuropa. Bl. wenig ansehnlich, IV, V. Fr. schöne rote Beeren, bei uns nur selten ausgebildet.	bis 0,8	Kein Schnitt, außer nach Frostschaden.
Salix Weide	A1	Eine Anzahl Weiden-Arten und Bastarde gehören zu den beliebtesten Frühlingsblühern, andere sind zierliche Steingartengehölze.	versch. 0,1−8	Größere Weiden, die der Blütenkätzchen wegen angepflanzt werden, verlangen jährlichen Rückschnitt, wenn man lange, mit Kätzchen besetzte Ruten haben will. Der Rückschnitt der vorjährigen Ruten erfolgt unmittelbar nach der Blüte auf nur einige Augen. Auch ein radikaler Rückschnitt der ganzen Büsche wird gut ertragen, wenn dieser nicht zu spät, d. h. wenn schon der Saft steigt, erfolgt. Die reichverzweigten Formen mit mehr oder weniger kugligem Wuchs (etwa *S. purpurea* 'Nana') sind ungeschnitten am zierlichsten. Die Hängeformen wie *S. caprea* 'Pendula' müssen, wenn hochstämmig veredelt, fortlaufend ausgelichtet werden, da sonst ein zu großes Zweiggewirr entsteht. Die kriechenden Zwerg-Weiden für Steingärten bedürfen keines Schnittes, außer sie breiten sich stark aus.

Name	Gruppe	Bemerkungen	Höhe m	Behandlung
Sambucus Holunder a) *S. racemosa*	A1	Volkstümliche, meist starkwüchsige Str. Blüht im IV in kleineren Rispen, gelblich. Fr. scharlachrot im VI, VII. Schön, aber stinkend.	bis 4	Vertragen starken Rückschnitt. Schnitt im Wi. nur erforderlich zur Verjüngung, die sowohl basiton wie mesoton erfolgt.
b) *S. canadensis* *S. coerulea* *S. nigra*	B1	Entfalten große, weiße Blütenschirme von VI bis VIII. Fruchtstände sehr auffällig. Fr. schwarzpurpurn oder blau, weiß bereift.	6–10	
Santolina Heiligenblume	B2	Niedrige, zartlaubige immergrüne Halbstr. mit gelben oder weißen Bl. in Köpfchen, VII, VIII.	bis 0,5	Rückschnitt der trockenen Blütenstände im Herbst. Starker Rückschnitt möglich, nach Frostschaden erforderlich. In mildem Klima hübsche Kleinhecken.
Sarcococca Fleischbeere	A2	Hübsche, bei uns meist niedrige, immergrüne Str. mit kurzen, weißlichen Bl.-trauben, oft schon im X, XI bis III. Beeren schwarz od. rot, doch selten bei uns ausgebildet.	bis 0,5	Frieren gelegentlich zurück. Schnitt sonst unnötig.
Sasa		Immergrüne Bambus-Arten.	bis 2	Kein Schnitt, wenn kein Frostschaden.
Schisandra Spaltkölbchen	A1	Seltener, sommergrüner Schlinger. Zur Fr.-zeit besonders schön. Bl. rosaweiß, V, VI. Fr. scharlach, X–XII. Zweihäusig, also beide Geschlechter anpflanzen.	bis 8	Schnitt auf notwendiges Auslichten beschränken.
Schizophragma Spalthortensie	B1	Seltener, sommergrüner, mit Haftwurzeln hochkletternder Strauch. Bl.-stände wie bei den Hortensien, VII. Randblüten mit einem großen vergrünenden Kelchblatt.	bis 10	Wie vorige.

180

Name	Gruppe	Bemerkungen	Höhe m	Behandlung
Securinega Beilholz	B2	Wenig auffälliger Str. von sparrigem Wuchs. Bl. unansehnlich. grünlich, VII bis VIII.	bis 2	Harter Str., jedoch die sehr feinen einjährigen Triebe bei uns fast regelmäßig im Winter vertrocknend, so daß in jedem Frühjahr ein gründliches Ausputzen erforderlich ist. Sonst kein Schnitt nötig.
Shepherdia Büffelbeere	A3	Dem Sanddorn ähnelnder, dorniger Str. von sparrigem Wuchs. Bl. zweihäusig, unscheinbar, III, IV. Fr. eirund, eßbar, rot. Bl.-kn. nackt überwinternd.	bis 4	Kein Schnitt nötig, nur auslichten.
Sibiraea Blauspiere	A2	Den Spiraeen verwandter, etwas dickzweigiger Str. mit weißen Bl. in Scheinähren. Auffällig früh austreibend, V.	bis 1,5	Kaum Schnitt erfordernd, da nicht sehr reichzweigig. Aber manchmal zurückfrierend.
Sinarundinaria		Immergrüne Bambusarten.	bis 4	Jeder Schnitt verdirbt die Figur.
Skimmia	A2	Immergrüne, niedrige, an die Lorbeer-Kirsche erinnernde Str. Bl.-stände, sich meist schon im Herbst entwickelnd, aber erst im Frühjahr aufblühend. Meist zweihäusig. Weibl. Formen auch schön in der Frucht.	bis 1	Schnitt nur, wenn zurückgefroren.
Smilax Stechwinde	A1	Die bei uns aushaltenden Arten sind sommergrüne Spreizklimmer und Rankenkletterer. Bl. unansehnlich, Fr. blau, aber meist versteckt.	bis 8	Erneuern sich ständig basiton. Stämme sind aber vieljährig. Nur nach Bedarf auslichten. Vorsicht, stechen sehr.

Name	Gruppe	Bemerkungen	Höhe m	Behandlung
Sorbaria Fiederspiere	B1	Früher zu den Spiraeen gerechnete Str. mit gefiederten B. und weißen Bl. in z.T. sehr großen Rispen, VI, VII, VIII, je nach Art.	versch. bis 6	Wenn zu üppig werdend, stärkster Rückschnitt möglich. Sonst Verjüngung durch fortgesetztes Auslichten wie bei Rosen. Starke Langtriebe im Sommer evtl. entspitzen.
Sorbus Eberesche	A3	Meist Bäume, nur wenige Arten zierliche Str. mit der Eberesche ähnlichen Bl.-ständen und weißen oder roten Fr.	versch.	Kein Schnitt nötig, vor allem Terminalknospen schonen.
Spartium Pfriemenginster	B2	Grünzweigiger Rutenstr. mit sehr kurzlebigen B. u. großen, gelben Schmetterlingsblüten von VI–IX.	1–1,5	Bei uns meist stark zurückfrierend oder auch erfrierend. Bedarf sonst keines Schnittes.
Spiraea Spierstrauch		In vielen Arten verbreitete mittelhohe Bl.-str. mit weißen, rosa oder roten Bl. in verschiedengestalteten Bl.-ständen.		
a) Frühjahrsblüher	A1	Hierher z.B. *S. × arguta, S. chamaedryfolia, S. prunifolia* 'Plena', *S. × thunbergii, S. × vanhouttei.*	versch. bis 2	Rückschnitt der abgeblühten Triebe bis zum nächsten Langtrieb gleich nach Blüte möglich. Natürlicher aber ist fortgesetzte Verjüngung durch beständiges Auslichten, wodurch der natürliche Wuchs erhalten bleibt. Sehr üppige Bodentriebe evtl. im So. entspitzen. Die feinzweigigen *S. × arguta* und *S. thunbergii* brauchen keinen Schnitt.
b) Frühsommerblüher	B1	Hierher alle Formen mit mehr oder weniger flachen, doldenrispigen Bl.-ständen, z.B. *S. albiflora, S. bella, S.*-Bumalda-Hybriden, *S. japonica, S. × margaritae* u.a.m.	versch. bis 1,5	Auslichten im Wi., vertragen auch stärksten Rückschnitt, wenn nötig. Hekkenartiger Schnitt immer mit Verlust eines Teiles der Blüten verbunden.

Name	Gruppe	Bemerkungen	Höhe m	Behandlung
		Starkwüchsige Arten wie *S. henryi*, *S. sargentiana*, *S. veitchii*, *S. wilsonii*.	2–4	Nur jeweils älteste Stämme herausnehmen, Wuchs nicht durch unnötigen Schnitt zerstören.
		Zwergformen wie *S. bullata*, *S. decumbens*, *S. lancifolia*, *S. pumilionum*.	0,2–0,4	Bedürfen keines Schnittes.
c) Sommerblüher	B1	Meist kräftig wachsende Str. mit schmal- bis breitpyramidalen Blütenrispen (Lampenputzerspiraeen) wie *S. latifolia*, *S. douglasii*, *S. lenneana*, *S. salicifolia*, *S. tomentosa* u. a.	versch. bis 2,5	Im Winter kräftig auslichten, damit immer Erneuerung von unten her, oder Rückschnitt der abgeblühten Triebe im Winter auf handlange Zapfen.
Stachyurus Schweifähre	A1	Aparter, doch leider empfindlicher, sommergrüner Str. Bl.-kn. nackt überwinternd. Bl. gelb, in hängenden Ähren, IV. Bl.-kn. leider häufig erfrierend.	bis 4	Kein Schnitt nötig, verdirbt nur die Figur.
Staphylea Pimpernuß	A2	Kräftig wachsende, sommergrüne Str. mit gefiederten B. Bl. weiß, in Rispen, IV, V. Fr. aufgeblasen.	2–5	Nur auslichten im Winter oder nach der Blüte. Werden unten leicht kahl, wogegen nichts zu machen ist.
Stephanandra Kranzspiere	B1	Zierlich wachsende und belaubte Str. mit weißen Bl. in Doldentrauben, VI VII.	bis 2	Nur auslichten und alle im Winter eingetrockneten Nebentriebe entfernen. Den eleganten Wuchs des zierlichen Gehölzes nicht beeinträchtigen.
Stewartia	B1	Prachtvoller sommergrüner Str., dessen weiße Bl. an kleine Paeonien erinnern, VII, VIII.	bis 3	Kein Schnitt, soweit kein Frostschaden.
Stranvaesia	B1	Immergrüner, etwas sparriger Str. mit weißdornartigen Bl.-ständen, VI, u. ebensolchen Fr.	bis 2	Nur zurückschneiden, soweit frostgeschädigt.

Name	Gruppe	Bemerkungen	Höhe m	Behandlung
Styrax Storaxbaum	B1	Hübsche, sommergrüne Bl.-str. od. kleine Bäume mit glockenförmigen Bl. im VI, VII.	bei uns bis 4	Man lasse sie ungestört wachsen. Als Einzelstrauch sehr hübsch in der Blüte.
Symphoricarpos Schneebeere, Korallenbeere	B2	Bekannte „Decksträucher", Bl. von VI–IX, Fr. X bis XII.	bis 2	Werden durch Wuchern leicht lästig. Jeder Schnitt vermehrt die Bildung von Wurzelausläufern.
Symplocos Rechenblume	A3	Sommergrüner, lockerer Str. mit mehr oder weniger waagerecht abstehenden Zweigen. Bl. weiß, sehr zierlich, federig, V. Fr. beerenartig, kobaltblau, IX.	bis 3	Nur nichts daran schneiden.
Syringa Flieder	A2	Eine der volkstümlichsten Bl.-str.-Gattungen. Bl. V, VI, einige auch schon E. IV.	bis 6	Schnitt nach der Blüte, bei den wenigen sommerblühenden Arten im Winter. Im wesentlichen auf Auslichten beschränken. Unten kahl gewordene Str. vertragen starke Verjüngung. Bei Formen, die Samen ansetzen, nach Möglichkeit Bl.-stände nach Blüte ausbrechen, um kraftraubende Fruchtbildung zu unterdrücken.
Tamarix Tamariske		Reizvolle, sehr zart belaubte Bl.-str., Bl. rosa, wie Heidekrautblüten, in großen Bl.-ständen.		Bei älteren Sträuchern ist ein starker Rückschnitt, wenn zu sparrig werdend, oft nicht zu umgehen.
a) Frühjahrsblüher	A1	*T.parviflora* und *T.tetranra*, Bl. V, auch schon E. IV.	bis 5	Schnitt der Frühjahrsblüher nach der Blüte, abgeblühte Zweige stark zurücknehmen.
b) Sommerblüher	B1	*T. gallica, T. pentandra, T. ramosissima*	bis 8	Rückschnitt der Sommerblüher im Nachwinter. Alle *Tamarix* blühen aber auch ohne Schnitt.

Name	Gruppe	Bemerkungen	Höhe m	Behandlung
Teucrium Gamander	B3	Kleiner immergrüner Str. mit purpurrosa Lippenblüten in endständigen Scheintrauben, VII–IX.	bis 0,3	Schnitt in jeder Weise möglich, auch als Kleinhecke. Evtl. im Nachwi. letztjährige trockene Bl.-stände abschneiden.
Toxicodendron- *(Rhus-)* Arten Gift-Sumach	A1 + 2			Man schneide wenig oder gar nicht. Wenn zu dicht werdend, nur auslichten. Wer mit den gefährlichen „*Rhus*"-Arten umgeht, sichere sich gegen Vergiftung. Lederhandschuhe beim Schneiden anziehen, mit diesen keine Gesichtshaut berühren. Unmittelbar nach Beendigung der Arbeit Hände gründlich mit Seife waschen. (Als Mittel gegen Vergiftungen alkoholische Bleiazetatlösung vorrätig halten, äußerlich anwenden). Vgl. auch Seite 144.
Ulex Stechginster	A1 B2	Sparriger, stark bedornter grünzweigiger Str., fast blattlos. Gelbe Schmetterlingsblüten von IV–VI, oft bis zum Winter.	1–2	Häufig stark zurückfrierend. Sonst nicht schneiden.
Vaccinium a) sommergrüne Arten, Heidelbeeren	A2	Meist reichverzweigte Str., glöckchenartige, meist weiße Bl. und zum Teil eßbare Früchte.	versch. bei uns bis 2	Kein Schnitt nötig.
b) immergrüne Arten, Preiselbeere, Moosbeere		Niedrige oder kriechende Str., Fr. rot, eßbar.	bis 0,3	Kein Schnitt nötig.
Veronica siehe *Hebe*				

Name	Gruppe	Bemerkungen	Höhe m	Behandlung
Viburnum Schneeball	meist A2, einige auch A1	Bekannte Blütenstr., Bl. weiß in meist großen verzweigten Schirmdolden, meist V, VI. Viele Arten mit schönen Früchten.	versch. 0,5–6 (bis 8)	Die immergrünen Arten u. die niedrigeren wie *V. carlesii, V.* × *burkwoodii, V.* × *juddii* bedürfen kaum des Schnittes. Bei den übrigen Arten, besonders *V. opulus*, beschränke man sich auf fortgesetztes Auslichten, um Langtriebe aus der Basis zu erhalten. Starker Rückschnitt eines Teiles der abgeblühten Triebe von *V. opulus* 'Roseum' ergibt schlanke Triebe zum Blütenschnitt im nächsten Jahr. Die wenigen baumartigen *(V. lentago, V. prunifolium)* brauchen nicht geschnitten zu werden, desgl. Arten wie *V. dentatum, V. farreri, V. plicatum* usw.
Vinca Immergrün	B2	Bekannter, kriechender Halbstrauch zur Bodenbedeckung.		Kein Schnitt nötig.
Vitex Keuschbaum	B1 + 3	Sommergrüne Str., große Blütenrispen mit violettblauen Blüten an den Zweigenden, VII-IX.	bis 2	Friert bei uns häufig bis zum Boden herunter. Treibt aber reich wieder durch u. blüht im Spätsommer wieder. Rückschnitt in jedem Fall im Nachwi. auf kurze Zapfen.

Name	Gruppe	Bemerkungen	Höhe m	Behandlung
Vitis Rebe	B2	Bekannte, schön belaubte Kletterpflanzen (Rankenkletterer).	bis 10	Wo sie etwa in größeren Bäumen nach Belieben klettern können, keinerlei Rückschnitt. Bei beschränktem Platz an Lauben usw. meist Rückschnitt des letztjährigen Triebes auf wenige Knospen. Ein geregelter Schnitt wie bei d. Weinrebe kommt nicht in Frage.
Weigela Weigelie	A1	Prachtvolle Bl.-str., Bl. weiß, gelblich, rosa bis dunkelrot im V, VI.	bis 3	Um stets Nachwuchs an jungem blühfähigem Holz zu haben, fortgesetzt auslichten. Verjüngt sich sehr gern aus der Basis. Auch Rückschnitt der abgeblühten Triebe nach der Blüte möglich, doch weniger zu empfehlen. Alte Str. vertragen radikale Verjüngung sehr gut.
Wisteria sog. Glyzine	A1 auch B2	Bekannte prachtvolle Kletterpflanzen (Winder) mit langen Trauben, meist blauvioletter Bl. im V, VI. Oft im Sommer geringere Nachblüte.	bis 10	Bei größeren Pflanzen an Laubgängen und Hauswänden beschränkt sich der Schnitt meist auf Auslichten und den Rückschnitt der langen letztjährigen Ruten. Das kurze Blühholz ist sorgfältig zu schonen. Man kann Wisterien durch Schnitt – ähnlich wie Formobst – auch zu sich selbst tragenden, aufrechten Büschen erziehen. Hierzu wird im Juni der Leittrieb jüngerer Pfl. eingekürzt. Alle anderen Triebe werden auf wenige Augen zurückgenommen.

Name	Gruppe	Bemerkungen	Höhe m	Behandlung
Wisteria (Fortsetzung)				Die unteren Knospen geben die Blütenanlagen, die darüberstehenden treiben durch. Dieser Durchtrieb wird im August wieder stark zurückgenommen oder pinziert. Im III, IV erfolgt der Winterschnitt, wobei der Leittrieb stark eingekürzt und der zweite Sommertrieb bis auf die unterste Verzweigung ganz entfernt wird. Das Verfahren erscheint komplizierter, als es ist.
Xanthoceras Gelbhorn	A2	Seltener, aber sehr schöner Strauch mit aufrechten Trauben weißen Bl. im IV, V.	bis 8, bei uns meist nur strauchig	Bedarf keines Schnittes.
Xanthorrhiza Gelbwurz	A2	Niedriger, ausläuferbildender Str. mit gefiedertem Laub, Bl. rotbraun, unscheinbar, IV, V.	0,6	Schnitt überflüssig.
Yucca Palmlilie	A2	Stammlose Str. mit immergrünen, grasartigen B. Bl. weiß, in großen, pyramidalen, rispig verzweigten Bl.-ständen, VII.	0,8 bis 2	Kein Schnitt nötig und auch nicht möglich.
Zanthoxylum Gelbholz	A1	Sommergrüne, fiederlaubige, bestachelte Str. mit unscheinbaren Bl., IV, V.	bis 4	Kein Schnitt erforderlich, allenfalls auslichten.
Zauschneria	B1 oder B3	Niedriger Halbstrauch m. zinnoberroten Bl. im VII, VIII.	0,4	Am besten jährlich bis über den Boden zurückschneiden.
Zenobia	A1	Mehr oder weniger wintergrüner Ericaceenstr. mit weißen Glockenblüten, V, VI.	bis 2	Kein Schnitt nötig.

Literaturverzeichnis

Bartosiewicz und Siewniak: Pielegnowanie Drzew Ozdobnych. Warszawa 1976.

Bean: Trees & Shrubs, hardy in the British Isles. London 1970.

Bleeker: Het Snoeien von Boomen en Struiken. Amsterdam o. J.

Boerner, F.: Laubgehölze, Rosen und Nadelgehölze. Nordhausen 1937.

Breloer, J.: 1000 Jahre? Rosenstock am Dom zu Hildesheim. Hildesheim 1974.

Butin, H., und Zycha, H.: Forstpathologie. Stuttgart 1973.

Fenska: Tree Expert Manual. New York 1947.

Fitschen, J., und Boerner, F.: Gehölzflora. Heidelberg 1959, 5. Auflage.

Gartenbau-Berufsgenossenschaft: Unfallverhütung bei Baumfäll- und Entastungsarbeiten. Kassel 1975.

Hansen, R., und Stahl, F.: Bäume und Sträucher im Garten. Stuttgart 1976.

Jahn, H.: Mitteleuropäische Porlinge und ihr Vorkommen in Westfalen. Detmold 1963.

Jahn, H.: Pilze rundum. Hamburg 1949.

Koch, H.: Stiefkind Baumpflege. Neue Landschaft 1, 1974.

Landwirtschaftskammer Rheinland: Gartenbauliche Versuchsberichte 1972.

Luncz: Les plantations routières et leur importance au point de vue forestier. Berlin 1942.

Mitteilungen der Deutschen Dendrologischen Gesellschaft 1 bis 61, 1892/1960.

Nultsch, W.: Allgemeine Botanik. Stuttgart 1974, 5. Auflage.

Olbrich, S.: Vermehrung und Schnitt der Ziergehölze. Stuttgart 1922. 3. Auflage.

Rauh, W.: Morphologie der Nutzpflanzen. Heidelberg 1950.

Rauh, W.: Über Gesetzmäßigkeiten der Verzweigung und deren Bedeutung für die Wuchsformen der Pflanzen. Mitteilungen der DDG, Jahrbuch Nr. 52, 1939.

Schneider, C.: Hecken im Garten. Stuttgart 1950.

Scholz, W.: Wachstumsregler für Hecken, Büsche und Ziergehölze. Gärtnermeister, 332–333, 1977.

Siewniak, M.: Die Wunde als Hauptproblem der Baumchirurgie, einer modernen Behandlung von Bäumen. Baum-Zeitung 10 (4), 1976.

Silva-Tarouca, E., und Schneider, C.: Unsere Freilandgehölze. Wien-Leipzig 1931, 3. Auflage.

Sorauer, P.: Handbuch der Pflanzenkrankheiten, Bd. I. Berlin 1933, 6. Auflage.

Tantau, M., und Weinhausen, K.: Die Rose, ihre Kultur und Verwendung. Stuttgart 1956, 2. Auflage.

Troll, W.: Vergleichende Morphologie der höheren Pflanzen. Erster Band: Vegetationsorgane. Berlin 1935.

Zander, Handwörterbuch der Pflanzennamen. Bearbeitet von F. Encke und G. Buchheim. Verlag Ulmer, Stuttgart 1972, 10. Auflage.

Gehölzregister

Die im Text genannten Bäume und Sträucher wurden sowohl deutsch-lateinisch als auch umgekehrt lateinisch-deutsch erfaßt, damit der Leser nicht fehlgeht, falls ihm nur einer der Namen geläufig ist. Das Gehölzregister beschränkt sich im lateinischen Teil auf die Gattungsnamen. Den Gartenbesitzer interessieren hauptsächlich die strauchigen Gehölze. Auf den Seiten 147–188 sind die **Ziersträucher** in alphabetischer Übersicht (nach den lateinischen Namen) zusammengestellt. Dort sind in prägnanter Form die besonderen Eigenschaften und Schnittmaßnahmen für jeden Gartenstrauch ersichtlich.

Sternchen* verweisen auf Abbildungen.

Abelia, Abelie 55
Abies, Tanne 11, 21, 27, 114, 115, 117
Acacia, Akazie 12
Acer, Ahorn 12, 21*, 25*, 28*, 29, 33, 40, 51, 71, 72, 73, 75, 76, 82, 96, 97, 101*, 102, 106*, 110, 131
Aesculus, Roßkastanie 11, 12, 27, 29*, 105, 125, 136
Ahorn, Acer 12, 21*, 25*, 28*, 29, 33, 40, 51, 71, 72, 73, 75, 76, 82, 96, 97, 101*, 102, 106*, 110, 131
Ährenheide, Bruckenthalia 86
Akazie, Acacia 12
Akebia, Akebie 87
Amberbaum, Liquidambar 145
Amelanchier, Felsenbirne 16*, 39*, 51, 54*
Andentanne, Araucaria 31
Apfel siehe Zier-Apfel
Aralia, Aralie 11, 37
Araucaria, Andentanne 31
Arctostaphylos, Bärentraube 87
Bambus, Sasa und Sinarundinaria 17*
Bärentraube, Arctostaphylos 87
Bartblume, Caryopteris 17, 39, 45
Baumhasel, Corylus 102
Beilholz, Securinega 55
Berberis, Berberitze 24, 44, 51, 70, 76, 88, 96
Besenginster siehe Geißklee
Besenheide siehe Heidekraut
Betula, Birke 18, 33, 125
Birke, Betula 18, 33, 125
Birne siehe Zier-Birne
Blasenstrauch, Colutea 45*, 55

Blaubohnenbaum, Decaisnea 37
Bohnenkraut, Satureja 85, 86
Bruckenthalia, Ährenheide 86
Buche, Fagus 11, 15*, 18, 21, 70, 71, 72, 73*, 79, 82, 98, 110
Buchsbaum, Buxus 70, 71, 78, 79
Buddleja, Sommerflieder 31, 39, 41, 45*, 57, 58*, 88
Buschklee, Lespedeza 40
Buxus, Buchsbaum 70, 71, 78, 79
Calluna, Heidekraut 45, 85*, 86
Calophaca, Schönhülse 96
Campsis, Trompetenblume 54, 56*
Caragana, Erbsenstrauch 45, 51, 96
Carpinus, Hainbuche 22, 70, 71, 72, 73*, 74, 76, 80, 82
Carya, Hickory 105
Caryopteris, Bartblume 17, 39, 45
Catalpa, Trompetenbaum 30*, 31, 33, 110
Ceanothus, Säckelblume 17
Cedrus, Zeder 12, 29, 115
Celtis, Zürgelbaum 22
Cercidiphyllum, Katsurabaum 29, 110
Cercis, Judasbaum 44*, 54
Chaenomeles, Zier-Quitte 50
Chamaecyparis, Scheinzypresse 11, 71, 72, 94, 97, 112, 114, 115, 117, 118
Cladrastis, Gelbholz 33, 131, 136
Clematis, Waldrebe 33, 42
Clethra, Scheineller 55
Colutea, Blasenstrauch 45*, 55
Coriaria, Gerberstrauch 56
Cornus, Hartriegel 36, 44, 76, 82

Sachregister

Sternchen* verweisen auf Abbildungen.

Wenn Sie das Thema vertiefen wollen ...

Dieser Farbatlas stellt verschiedene Krankheitsbilder dar, die an Garten- und Ziergehölzen, aber auch an Park- und Straßenbäumen auftreten können. Das Buch zeigt die Vielzahl von Symptomen, die durch Schädlinge, Mikroorganismen und Viren oder auch durch abiotische Faktoren hervorgerufen werden können. Zusätzlich ist eine Übersicht über die verschiedenen Schadbilder bei jeder der rund 20 Pflanzengattungen enthalten. Damit ist dieser Farbatlas ein unentbehrliches Nachschlagewerk für jeden Pflanzenfreund.

Farbatlas Gehölzkrankheiten. *Ziersträucher und Parkbäume. Prof. Dr. F. Nienhaus, Prof. Dr. H. Butin, Dr. B. Böhmer. 2., verb. Auflage 1996. 287 S., 429 Farbf. ISBN 3-8001-4122-1.*

Pflanzenschutz bei Ziergehölzen. *Prof. Dr. F. Nienhaus, L. Kiewnick. 1998. 460 Seiten, 98 Farbfotos, 250 Abb. ISBN 3-8001-5291-6.*

Das Buch stellt mit über 300 Abbildungen die wichtigsten Krankheiten und Beschädigungen an Parkbäumen und Ziersträuchern dar. Aus über 1.000 Gehölzarten wurde eine gute, weitreichende Auswahl getroffen. Klare Beschreibungen der Schadsymptome liefern Hinweise auf mögliche Ursachen der Erkrankung.

Mit diesem Buch können über 650 Gehölze im Winter nach ihren Knospen- und Zweigmerkmalen bestimmt werden. Alle einheimischen und häufiger gepflanzten Gehölze sind hier vertreten. Kurze einführende Kapitel geben Auskunft zur Systematik, Nomenklatur, Morphologie und zu den Bestimmungsmerkmalen. Im speziellen Teil führen die Schlüssel bis zu den Arten. Hier werden die Gehölze in systematischer Folge, nach Familien geordnet, mit einer Beschreibung und meist mehreren Abbildungen vorgestellt. Rund 1370 farbige Aquarellzeichnungen sowie ungefähr 80 kolorierte Federzeichnungen zeigen alle wichtigen Details.

Gehölzbestimmung im Winter. *B. Schulz. 1999. 329 Seiten, 1450 Zeichnungen. ISBN 3-8001-5074-3.*

Gartenflora Band 1: Gehölze. *Bestimmung, Herkunft und Lebensbereiche, Eigenschaften und Verwendung. Prof. Dr. A. Roloff, A. Bärtels. 1996. 694 Seiten, 1900 Zeichnungen. ISBN 3-8001-3479-9.*

Diese umfassende Gehölzflora ermöglicht die Bestimmung der fast 2.000 in Mitteleuropa winterharten einheimischen und fremdländischen Baum- und Straucharten.

... finden Sie hier die richtige Literatur.

Dieses Buch beschreibt detailliert die biologischen Grundlagen der Gehölze. Es erläutert die für die Baumpflege 10 wichtigsten Modelle der Kronenarchitektur und leitet daraus ab, wie die einzelnen Gehölzarten zu schneiden sind. Ein in dieser Weise sachkundig ausgeführter Schnitt trägt dazu bei, die Vitalität und Gesundheit der Gehölze auf Dauer zu erhalten.
Gehölzschnitt nach den Gesetzen der Natur. *Jochen A. Pfisterer. 1999. 300 Seiten, 87 Farbfotos, 138 Zeichnungen. ISBN 3-8001-6646-1.*

Kunstwerke in Grün. *Formgehölze erziehen und pflegen. R. Blancke. 2. Aufl. 1997. 196 S., 103 Farbf., 32 Zeichn. ISBN 3-8001-6629-1.*
Das Buch gibt Tipps zur Auswahl der Pflanzen sowie Anleitungen zum Einpflanzen, zur Pflege und zur Verwendung von Formpflanzen.

Der Baumpfleger. *J. von Malek. 1999. 569 Seiten, 52 Farbfotos, 457 sw-Fotos und Zeichn., 66 Tab. ISBN 3-8001-5073-5.*
Dieses Buch stellt den heutigen Stand des Wissens über die Baumpflege und die Baumsanierung dar. Ausführlich werden die wichtigsten Grundlagen und der aktuelle Stand der Technik in der Ausführung erläutert.

Mit diesem Werk liegt eine einmalige Zusammenstellung der Bäume und Sträucher vor, die in Gärten und Parkanlagen des mediterranen Raumes und in vergleichbaren Klimaregionen kultiviert werden. Es stellt über 700 Gehölzgattungen vor, dabei folgt die Beschreibung von Gattungen und Arten einem einheitlichen, detailliert ausgearbeitetem Schema. Dieses umfasst Angaben zur Herkunft, zu den Standort- und Kulturansprüchen, zur Vermehrung und zur Verwendung im Garten oder im öffentlichen Raum. Besondere Beachtung finden ökologische Qualitäten.
Gehölze für mediterrane Gärten – Hortus Mediterraneus. *Walter Schmidt. 1999. 672 Seiten, 236 Farbfotos, zahlreiche Listen und Tabellen. ISBN 3-8001-6590-2.*

Gehölze für den Garten. *Dipl.-Ing. Andreas Bärtels. 1993. 368 Seiten, 117 Farbfotos, 32 Zeichnungen. ISBN 3-8001-6536-8.*
Dieses Buch behandelt die wichtigsten Fragen zur Gartengestaltung. Neben allgemeinen Gestaltungsprinzipien werden typische Gartensituationen angesprochen. Zusätzlich werden Beispiele gezeigt, wie Bäume und Sträucher einzelne Gartenteile bereichern können.